Couvertures supérieure et inférieure en couleur

LE
POËME DE LUCRÈCE

MORALE — RELIGION — SCIENCE

PAR

CONSTANT MARTHA

MEMBRE DE L'INSTITUT
PROFESSEUR A LA FACULTÉ DES LETTRES DE PARIS

CINQUIÈME ÉDITION

PARIS
LIBRAIRIE HACHETTE ET Cie
79, BOULEVARD SAINT-GERMAIN, 79

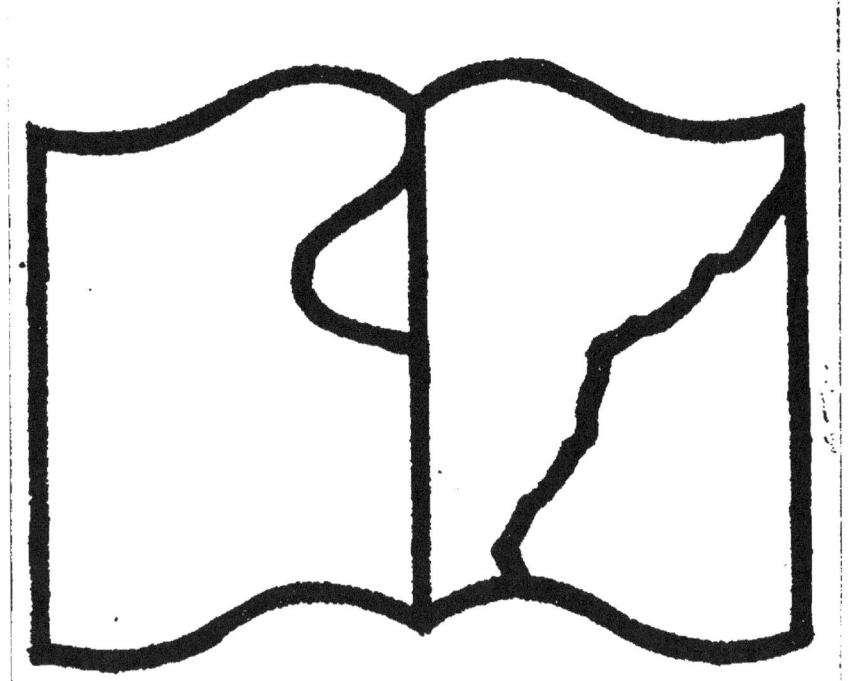

Texte détérioré — reliure défectueuse
NF Z 43-120-11

LE

POËME DE LUCRÈCE

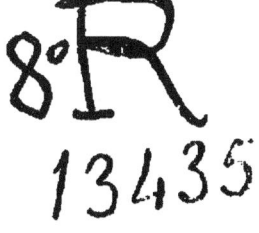

DU MÊME AUTEUR :

Les Moralistes sous l'Empire romain; 4ᵉ édition. 1 vol. in-16, broché . . . . 3 fr. 50
Ouvrage couronné par l'Académie française.

Études morales sur l'antiquité. 1 vol. in-16, broché. 3 fr. 50

La délicatesse dans l'art. 1 vol. in-16, broché . . . 3 fr. 50

LE POËME DE LUCRÈCE

MORALE — RELIGION — SCIENCE

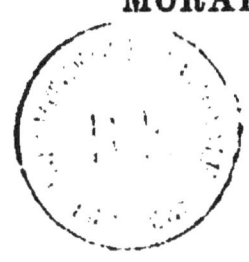

PAR

CONSTANT MARTHA

MEMBRE DE L'INSTITUT
PROFESSEUR A LA FACULTÉ DES LETTRES DE PARIS

CINQUIÈME ÉDITION

PARIS
LIBRAIRIE HACHETTE ET Cie
79, BOULEVARD SAINT-GERMAIN, 79

1896

Droits de traduction et de reproduction réservés.

AVANT-PROPOS

DE LA

DEUXIÈME ÉDITION.

Ce livre, bien accueilli du public et de l'Académie française qui l'a couronné, a pourtant soulevé dans la presse des objections diverses et souvent contraires. Les uns l'ont trouvé timide, d'autres hardi, ce qui me permet de penser que j'ai été dans mes jugements, sinon toujours juste, du moins modéré. Quant aux trop fins critiques qui ont cru voir chez l'auteur une rare habileté à insinuer une doctrine qu'il n'aurait pas eu le courage de propager ouvertement, je puis leur répondre avec sincérité : mon livre ne veut dire que ce qu'il dit. Mon unique pensée, clairement exprimée, a été de faire connaître Lucrèce et d'expliquer sa doctrine par l'histoire des opinions, des besoins et des mœurs antiques.

Je serais heureux si j'avais pu rendre plus accessibles à tout le monde et surtout à la jeunesse studieuse les grands problèmes que souvent on se fait un devoir de lui dérober. On s'imagine volontiers en France qu'on supprime les questions en les esquivant, et qu'on détruit les dangers de la science en la laissant ignorer. On va même jusqu'à faire de l'incuriosité une vertu. Sordide et faux calcul qui ne laisse plus à la jeunesse que la ressource des curiosités frivoles. Il faut au contraire lui ouvrir toutes les plus hautes sources de la poésie, de la philosophie, de l'éloquence. Où trouvera-t-elle plus que chez Lucrèce l'enthousiasme moral, les vastes pensées qui agrandissent l'esprit, le goût du sublime qui fait à jamais mépriser les petitesses de l'art, enfin cette naturelle magnificence qui d'un seul vers remplit l'imagination et qu'on ne peut comparer qu'à celle d'Homère ou de Bossuet?

Il ne s'agit pas de chercher dans le *Poëme de la Nature* une règle et une foi. Trop de personnes estiment qu'un livre n'est bon que s'il présente une doctrine toute faite qu'on peut revêtir comme un habit. On ne trouve pas chez Lucrèce la vérité, mais des vérités, avec beaucoup d'erreurs qu'il est utile de connaître et de démêler. Le grand profit d'une étude philosophique, c'est l'étude même. Si on ne rencontre pas le trésor espéré, on s'enrichit en le cherchant. C'est le cas de rappeler la leçon que le laboureur de La Fontaine donna à ses enfants.

Ceux-ci en retournant le champ paternel ne trouvèrent pas l'argent cherché, mais pour avoir remué la terre *de çà, de là,* ils firent une extraordinaire moisson.

On a fait dans cette nouvelle édition quelques changements. La plupart des notes ont été rejetées dans un appendice, quelques-unes ont été supprimées, d'autres ajoutées, d'autres enfin insérées dans le texte, où on a fait entrer aussi un important morceau, qui y manquait, sur l'origine du langage.

Qu'on me permette de rappeler ici qu'une grande partie de ce livre, dont la première édition parut en 1869, avait été déjà publiée en articles plusieurs années auparavant dans diverses revues sous ces titres : *de l'Inspiration poétique dans Lucrèce,* Revue contemporaine, 15 janvier 1858 ; *Pindare et le Génie lyrique,* Revue européenne, 15 novembre 1859 ; *le Poëte Lucrèce,* Revue des Deux Mondes, 1er mars 1863.

PRÉFACE

DE LA PREMIÈRE ÉDITION.

Au moment d'entreprendre une longue étude morale sur le *Poëme de la Nature* de l'épicurien Lucrèce, nous croyons devoir déclarer tout d'abord, pour n'avoir pas à rompre par d'inutiles réfutations le cours des pensées de notre poëte, que le vif intérêt qu'il nous inspire n'implique en rien une adhésion à sa doctrine. La précaution serait vaine, si de nos jours il ne s'était produit une philosophie assez semblable à celle d'Épicure, qui considère aussi toutes les croyances spiritualistes comme des préjugés sans fondement, prétend tout expliquer par les mouvements de la matière et supprime dans le monde la cause première et ordonnatrice. Comme ces doctrines contemporaines qui rappellent l'entreprise de Lucrèce sont fort célébrées, il nous paraît opportun et honnête de prévenir que nous n'avons aucun droit à la faveur dont elles sont en ce moment l'objet.

Tout en condamnant l'épicurisme, nous croyons que l'on peut, que l'on doit s'intéresser même à ses erreurs. Faudrait-il être de ces esprits timorés, comme on en rencontre aujourd'hui, qui repoussent avec un dédain peureux toutes les doctrines contraires à leur foi, qui voudraient qu'on les accablât sous le mépris ou qu'on les opprimât sous le silence, et regardent comme une forfaiture ou une preuve d'indifférence coupable de leur faire les honneurs d'une exposition clémente? Mais si on écoutait cette dureté doctrinale, l'histoire de la philosophie ne serait plus qu'une suite d'exécutions sommaires. Vous craignez de voir admirer Lucrèce parce que vous le prenez pour un athée, mais alors vous pourrez bien fermer les yeux à la belle morale de Sénèque, qui repose sur les principes du panthéisme stoïcien. Pour une raison de doctrine ou pour une autre vous serez insensible à la beauté de toute la morale antique. Où ce scrupule ne peut-il conduire? si votre unique souci est de préserver de tout contact impur l'intégrité de votre foi ou religieuse ou philosophique, vous risquez d'éliminer même les écrivains chrétiens. Lirez-vous Descartes? Mais son doute méthodique est le principe de toutes les témérités modernes. Malebranche? Mais il est soupçonné de spinosisme. Pascal? Mais vous serez peut-être effrayé par les cris de sa raison rebelle encore dans sa docilité. Chercherez-vous un refuge auprès du tendre Fénelon? Mais il a été condamné. Il ne vous reste plus que l'infaillible Bossuet. Mais le gallican Bossuet lui-même commence à devenir suspect et à inquiéter des consciences. D'exclusion en exclusion, nous voilà réduits à ces livres qu'on entend quelquefois recommander, qui sont sans péril parce qu'ils sont sans pensée, et qui ne prouvent que trop leur innocence.

S'il est juste, si c'est un devoir même pour chacun de maintenir la fermeté de ses principes en face des doctrines présentes qui les menacent, et de mettre, en quelque sorte, ses idées sur le pied de guerre pour la défense actuelle de ses convictions, il faut savoir aussi considérer tranquillement les anciennes doctrines qui sont loin de nous et ne sont un danger pour personne. A une certaine distance, l'histoire de la philosophie doit être pour nous un simple spectacle, une espèce de drame, dont les divers systèmes forment les actes, où l'esprit humain, comme le héros de la tragédie antique, est aux prises, non avec la fatalité, mais avec le problème de la destinée humaine, faisant effort pour percer les ténèbres qui l'enveloppent, essayant de se frayer un chemin vers la lumière, tour à tour invoquant une puissance suprême ou la reniant, tantôt éclatant en hymnes, tantôt en blasphèmes offrant enfin au spectateur les diverses attitudes de la confiance paisible, de l'espérance satisfaite, de la résignation sombre, de l'indifférence découragée. C'est donc avec la mansuétude d'un simple spectateur, avec une curiosité respectueuse pour la grande âme et les égarements sincères de Lucrèce, que nous nous proposons d'étudier son hardi poëme et de l'étudier en toute liberté.

Aussi bien, l'épicurisme, sous sa forme antique, est réfuté depuis des siècles. Il a eu la chance, pour lui fâcheuse, de rencontrer des adversaires, tels que Cicéron et Fénelon, sachant donner à leurs coups non-seulement la vigueur qui renverse, mais encore la bonne grâce qui empêche de plaindre le vaincu. Il ne se trouvera plus un Gassendi pour le relever du discrédit où il demeure à jamais enseveli. En effet, la science physique sur laquelle le système repose n'est que le roman de la nature, roman peu vraisemblable et qui n'a pas toujours le mérite de divertir. Sa théologie est d'une simplicité si enfantine qu'on se demande si elle est vraiment sérieuse. Sa morale, sans être volontairement corruptrice, est du moins équivoque et a le tort de mettre trop à l'aise tous ceux à qui il importe que le mot de vertu ne soit pas clairement défini. Enfin, les arguments qui paraissent les plus redoutables dans le système, ceux qui sont dirigés contre la Providence et le gouvernement divin du monde, ne sont plus pour nous qu'un antique appareil de guerre que l'histoire de la philosophie recueille et expose à nos regards, comme dans un musée, et dont on est quelquefois tenté de sourire, bien que ces armes vieillies aient été la terreur d'un autre âge.

Ce n'est pas que l'épicurisme ait entièrement disparu du monde et qu'il n'ait gardé des fidèles, mais il n'est plus une doctrine; ce n'est plus qu'un nom convenu dont on décore une élégante maladie de l'âme. Aujourd'hui on n'est plus épicurien à la façon de Lucrèce; on l'est par caractère, par tempérament, par habitude. L'épicurien de nos jours se passe volontiers de raisonnements et ne songe guère à se faire des dogmes; il professe de n'en point avoir, il fait gloire de ne relever d'aucun maître, de peur de rencontrer un joug incommode. Il n'est pas non plus enthousiaste, comme Lucrèce, et ne pense pas à faire des prosélytes; il se contente parfaitement de son propre bonheur, sans prétendre encore faire le bonheur d'autrui, et, s'il est parvenu à cette indifférence exquise qui est sa félicité suprême, ce n'est pas qu'il se soit attardé dans les sévères jardins d'Épicure, il s'est tout simplement assoupi sur le *mol oreiller* de Montaigne.

Quoique l'épicurisme, sous sa forme dogmatique, soit aujourd'hui abandonné, ce n'est pas à dire que le *Poëme de la Nature* ne soit qu'un brillant tissu d'erreurs et que nous n'aurons dans notre étude qu'à contempler un beau style décorant des idées fausses. Nous ne savons pas ainsi séparer la forme du fond et nous ne connaissons pas de beau vers qui ne soit en même temps un beau sentiment ou une belle pensée. Pour nous l'éclat poétique n'est que de la lumière condensée en éblouissante brièveté. Ce qui est mort, inanimé dans le livre, c'est le système, je veux dire un certain arrangement artificiel et peu solide, une suite d'hypothèses sans consistance, des principes hasardés, des conclusions téméraires, en un mot, ces formes étroites dans lesquelles la pensée d'une époque s'enferme, que l'esprit humain dédaigne en grandissant, dont il se dégage avec le temps et qu'il laisse tomber derrière lui pour revêtir une forme nouvelle. Tout système ressemble à ces enveloppes légères dont parle Lucrèce, qui nous fournit lui-même une juste comparaison, à ces tissus serrés et pourtant fragiles que des êtres vivants ont longtemps habités, jusqu'à ce que les premiers feux du printemps, en leur communiquant une vie nouvelle, les aient débarrassés de ce vêtement d'un jour, inerte dépouille qui flotte bientôt le long des buissons,

> Cum veteres ponunt tunicas æstate cicadæ...
> ...Nam sæpe videmus
> Illarum spoliis veprea volitantibus auctas.

Mais de ces formes desséchées s'échappe une pensée vivante, ailée, immortelle. Le système est faux, mais les sentiments du poëte ne le sont pas. La science est surannée, mais ce qui est toujours jeune et d'un intérêt impérissable, c'est l'enthousiasme du poëte pour la science, sa confiance dans ses découvertes et son admiration pour les lois immuables de la nature. Ses combinaisons d'atomes ne sont qu'une hypothèse arbitraire; mais quoi de plus vrai que ces vastes peintures où le poëte se plaît à montrer que rien ne périt dans le monde, que tout se transforme? Si les explications systématiques sont souvent erronées, les observations naturelles du poëte sont admirables et ses tableaux n'ont rien perdu de leur vérité ni de leur fraîcheur. A plus forte raison pouvons-nous dire que la partie morale du poëme est digne de la plus attentive curiosité. Il y a cette différence entre les erreurs physiques et les erreurs morales que les unes sont périssables et que les autres sont éternelles. L'erreur physique, une fois reconnue et condamnée par l'expérience, tombe à jamais dans l'oubli. L'erreur morale, mille fois convaincue, renaît, se transforme et subsiste toujours. Elle est indestructible comme la passion qui lui a donné naissance, et quand même elle paraît oubliée, que nous n'avons plus à la réfuter ni à la détester, elle nous intéresse encore, parce qu'elle est de l'homme et qu'elle fait partie de notre histoire. Qui de nous, à la lecture de certains livres célèbres, n'a point pris plaisir à contempler des erreurs auxquelles il était loin d'adhérer, et n'a trouvé comme un spectacle pathétique dans les égarements de quelque grand esprit! Parmi ces livres singuliers qui vous surprennent et vous touchent par leur audace même, le poëme de Lucrèce est au premier rang, parce que l'auteur unit au plus beau génie la plus noble candeur et une évidente sincérité.

En entreprenant cette étude, nous cédons à l'attrait sévère d'une œuvre poétique que rien dans la littérature latine ne surpasse peut-être en intérêt littéraire et moral, et qui offre encore cet avantage de n'avoir pas été épuisée par la critique. Les anciens et les modernes semblent s'être fait un devoir de n'en point parler. Chez nous quelques érudits, épris surtout de beau langage, ont bien pu rétablir ou pénétrer le texte, admirer la langue sans entrer dans les pensées et vanter la forme du vase antique sans trop goûter à la liqueur; d'autre part de libres esprits, tels que Montaigne, Gassendi ou Molière, inclinant vers la doctrine, ont fait du poëme l'objet de leurs méditations; mais les critiques proprement dits, ceux qui se chargent de célébrer pour tout le monde les mérites d'un bel ouvrage, paraissent avoir dédaigné le *Poëme de la Nature*, soit qu'ils aient été rebutés par l'antiquité d'une langue non encore parvenue à une élégance classique, soit que leur conscience religieuse ait imposé silence à leur admiration littéraire. Si au xviii° siècle, dans l'école philosophique, Lucrèce arrive tout à coup à la faveur, si on le cite même avec un empressement indiscret, c'est qu'on croit trouver en lui un allié. On ressuscite ses principes et son système, c'est-à-dire ce qui méritait le plus de périr. Une philosophie militante et agressive risque alors sous le nom de Lucrèce bien des hardiesses qu'elle n'ose pas toujours prendre à son propre compte. Mais ces éloges intéressés, où il entrait souvent plus de malice légère que de sérieuse étude, ont plutôt compromis la gloire de Lucrèce; ils lui ont donné je ne sais quel air d'irréligion frivole. Ce n'est vraiment que dans notre siècle que la poésie de Lucrèce a été goûtée avec une sympathie désintéressée et jugée avec une indépendance instructive. M. Villemain, dans une excellente notice aussi vive que courte, a fait le premier dignement les honneurs à ce grand poëte négligé, et depuis, M. Patin, dans une chaire de la Sorbonne, a si bien commenté le *Poëme de la Nature* qu'il en fait en quelque sorte son domaine réservé et qu'on aurait scrupule d'y toucher, si ses improvisations délicates avaient été recueillies dans un livre.

Quelque plausibles que soient les raisons de cet oubli volontaire dont nous parlions tout à l'heure et de cette suspicion qui date de l'antiquité même, il n'en est pas moins vrai que Lucrèce est un des plus grands poëtes de Rome, le plus grand peutêtre, à ne considérer que la force native de son génie. Si le temps où il a vécu ne lui permettait pas d'arriver à la perfection d'un art accompli, ni à ces enchantements soutenus du langage qui vous ravissent dans Virgile, du moins il n'a point sacrifié aux exigences d'un art timide les libres élans de son âme, ni la hardiesse de sa pensée. Il appartient à ces temps orageux de la république, où, grâce à une liberté sans limites et à la faveur même d'un épouvantable désordre politique et moral, chacun écrivait avec toute sa fougue, sans avoir à se plier à des convenances officielles, où l'on ne songeait pas encore, comme dans la suite, à faire d'une œuvre poétique l'amusement délicat d'une société oisive, ni la parure d'un règne. Quand même on ne serait curieux que de littérature, il y aurait grand intérêt à voir, au moment où la prose latine a rencontré la perfection avec Salluste, César et Cicéron, comment un grand esprit fait effort pour amener au même point la poésie encore attardée, par quel labeur il dompte un sujet aussi vaste que rebelle, comment enfin la vertu d'une inspiration puissante lui fait porter avec une robuste légèreté le plus lourd fardeau qui ait jamais pesé sur le génie d'un poëte. La langue de ce temps a encore la saveur d'un fruit dont l'art n'a pas trop tempéré l'âpreté piquante, et la poésie de cet âge enferme sous une vieille écorce une forte séve, puisée au sol natal et qu'une main savante n'a pas détournée de son cours naturel pour l'épanouir tout entière en gracieuse floraison. Les grands écrivains de ce temps-là, qui touchent au siècle d'Auguste et restent en deçà, font penser à ces autres grands esprits qui ouvrent le siècle de Louis XIV. Leur génie et leur langage ont quelque chose de haut et de fier, de brusque même parfois, mais qui ne déplaît pas. On aime, au contraire, ce vigoureux naturel d'un Descartes, d'un Pascal, d'un Corneille, dont la force n'a pas été réprimée ou réglée par une trop exquise culture, et qui, n'ayant pas toutes les grâces de l'art, n'en ont pas non plus les timidités. Pour emprunter à Lucrèce lui-même une nouvelle comparaison, les génies qui paraissent à l'aurore des grands siècles littéraires ressemblent à ces premiers hommes qui, dit-il, étaient plus robustes, parce que la terre qui les avait produits était encore dans toute sa vigueur, et dont le corps reposait sur une plus vaste et plus solide ossature :

> Et majoribus et solidis magis ossibus intus
> Fundatum...

Ces mérites littéraires de Lucrèce, aujourd'hui bien reconnus, ne seront point l'objet de notre étude. Le *Poëme de la Nature* offre un intérêt moral qui sollicite davantage notre attention : il renferme une sorte de mystère psychologique qu'il n'est point facile de pénétrer tout d'abord et dont l'obscurité nous tente. On est obligé de se demander d'où vient que ce poëte impie remue le cœur, on s'étonne que ce contempteur des dieux ait le ton d'un inspiré, on voudrait savoir comment cette âme ardente a prétendu trouver le repos et la paix dans la moins consolante des doctrines, dans la négation de la Providence divine et de l'immortalité de l'âme, car tout le poëme n'a été entrepris que pour aboutir à la destruction des vérités où l'humanité semble avoir voulu placer toujours ses plus chères espérances. S'il ne s'agissait que d'un frondeur, comme on en rencontre souvent dans l'histoire, qui attaque les croyances communes avec légèreté à la façon de Lucien, qui se complaît dans un scepticisme insouciant, l'incrédulité de Lucrèce n'offrirait rien de rare ni de touchant; mais Lucrèce n'est pas sceptique, ni un corrupteur frivole, ni un persifleur indifférent. Il a engagé toute son âme dans cette lutte contre la religion, il combat pour sa propre tranquillité, pour tout son être moral, avec une gravité, une foi et des transports qu'on ne voit d'ordinaire qu'à ceux qui combattent pour les idées religieuses. En effet, tandis que la plupart des hommes qui sont vraiment émus par le problème de la destinée humaine tournent les yeux vers le ciel et saluent avec joie toutes les lueurs qui viennent à briller de ce côté, Lucrèce, par un mouvement tout contraire, et avec non moins d'enthousiasme, proclame son bonheur quand il s'est démontré à lui-même que, dans cette vie et après cette vie, il n'a rien à espérer ni à craindre des dieux.

L'âme désolée de Pascal ne pousse pas des cris de joie plus profonds quand enfin elle se repose dans la possession de la vérité religieuse que Lucrèce lorsqu'il l'a mise sous ses pieds. Les saintes terreurs du janséniste en présence de l'idée divine ne sont égalées que par l'effroi farouche du poëte païen qui s'en éloigne et la fuit. Quel est donc cet étrange état d'esprit, bien fait pour étonner et pour confondre nos idées habituelles sur les besoins de l'âme ? Le seul poëte latin qui ait éprouvé vraiment une curiosité émue devant les grands problèmes de la vie, le plus sincère, le moins soupçonné d'artifice ou de déclamation, est précisément celui qui devient l'interprète passionné de la plus triste et de la plus mal famée des doctrines antiques. Nous voudrions examiner ce problème moral et historique avec un libre jugement, sans nous croire obligé par une vaine bienséance à des réfutations devenues inutiles, ni à des injures convenues contre le poëte, et en nous rappelant toujours que le système suranné de l'épicurisme sous sa forme antique n'a plus besoin d'être attaqué depuis qu'il n'est plus défendu et que la faiblesse généralement reconnue de la doctrine lui donne aujourd'hui une sorte d'innocence.

Pour mieux peindre Lucrèce, nous l'avons souvent laissé parler lui-même et nous avons traduit nos citations en vers français. Certains lecteurs trouveront peut-être que nous nous sommes donné là une peine dont ils nous eussent volontiers fait grâce. Nous pouvons leur répondre ingénument que la peine a été douce, qu'on la prend presque à son insu, que c'est un vrai et substantiel plaisir, dans les loisirs de la campagne et dans les solitudes,

> Per loca pastorum deserta atque otia dia,

de porter en soi les sentiments et les idées d'un grand poëte, de les presser en tous sens pour les soumettre à un rhythme nouveau, de poursuivre ce qui vous a fui d'abord, de voir tout à coup qu'une pensée est encore plus riche et plus pleine qu'on n'avait cru, de se remplir enfin de ce qu'on admire. Toutes les merveilles jusque-là cachées de la justesse parfaite, de l'harmonie expressive, de la couleur choisie vous apparaissent pour la première fois. C'est votre impuissance à les reproduire qui vous les révèle. On jouit ainsi de ce qu'on ne peut pas faire, autant que de ce qu'on fait, car dans l'union intime et familière avec un poëte qui vous est cher, comme dans une sorte d'amitié, on ne souffre pas de ce qui vous accable. Aussi savons-nous, sans en être humilié, combien il nous a fallu rester loin de cette magnificence poétique et de cette majesté romaine. Qu'on nous permette de dire pourtant que nous croyons avoir fait une tentative nouvelle, celle de conserver le mouvement, l'enchaînement logique, la trame serrée d'un poëte philosophe qui raisonne toujours même quand il peint. C'est une infidélité que d'offrir la poésie de Lucrèce en images brillantes, mais brisées. L'exactitude consiste ici à respecter avant tout la suite des pensées; le reste est un agréable surcroît qu'il faut donner si l'on peut. Mais c'est trop insister sur notre essai, car rien ne serait plus vain que de défendre des vers qui ne se défendraient pas eux-mêmes.

LE POËME DE LA NATURE

CHAPITRE I.

ÉPICURE.

Le système d'Épicure est si simple et si connu, qu'il serait à peine utile d'en marquer ici les principaux caractères, s'il ne fallait montrer à quels besoins il répondait, quelle a été sa fortune en Grèce, puis à Rome, ce qui le rendit populaire et capable encore, après plusieurs siècles, de ravir le génie d'un poëte tel que Lucrèce.

Quand Épicure ouvrit son école, la Grèce était endormie sous le protectorat des rois de Macédoine, de ces soldats couronnés qui avaient apporté de l'Asie conquise le despotisme oriental des Satrapes. La chute des institutions libres avait entraîné celle de la poésie, de l'éloquence, de la philosophie. Le peuple grec, autrefois amoureux de la gloire, des entreprises téméraires, du beau langage, des belles spéculations de l'esprit, avait perdu avec le sentiment de sa force celui de sa dignité. Il avait accepté son malheur avec la légèreté et l'insouciance qui lui étaient naturelles. Les citoyens, rejetés dans la vie privée, dépensèrent leur activité dans les plaisirs. La gloire militaire ne les tentait plus depuis qu'il n'y avait plus de patrie ; l'éloquence n'était plus un art utile et puissant qui menait aux honneurs et au pouvoir, mais un spectacle frivole offert par la vanité de l'orateur à la curiosité des oisifs. Si les lettres étaient cultivées, ce n'était plus pour être l'ornement des fêtes patriotiques et religieuses, pour enflammer l'âme de tout un peuple, mais pour servir de récréation à une société futile et raffinée, avide encore de jouissances délicates.

On comprend que, dans cette langueur générale, la philosophie ait renoncé aux hautes spéculations et aux recherches difficiles. De grandes doctrines, comme celles de Platon et d'Aristote, qui formaient à la fois des citoyens et des sages, n'étaient plus à la portée de cet abaissement et de cette indolence. Pour suivre Platon dans sa dialectique élevée, il fallait un esprit préparé par de longues études, le désir d'une rare perfection morale et un enthousiasme qui n'était plus dans les âmes ; le système d'Aristote était trop savant et demandait trop de patience. Alors on vit paraître presque en même temps plusieurs doctrines nouvelles, mieux appropriées à ces temps nouveaux, le stoïcisme qui essayait de combattre la mollesse universelle et qui constatait la profondeur du mal par l'énergie du remède, le scepticisme de Pyrrhon réduisant en système le doute qui régnait déjà dans les esprits, la nouvelle Académie qui flottait incertaine entre toutes les opinions, qui se donnait le plaisir de les discuter sans avoir l'embarras de se décider, enfin la doctrine d'Épicure qui n'imposait que des devoirs faciles et promettait le bonheur. A part le stoïcisme qui cherche à réveiller le siècle, toutes les doctrines, sans être volontairement corruptrices, semblent vouloir préparer à l'indolence des esprits et des âmes un doux et mol soutien.

De ces quatre doctrines la plus séduisante était celle d'Épicure; elle se décorait d'un nom charmant, faisait de la vertu un plaisir, n'apportait que des chaînes légères, et pourtant offrait des principes certains et une foi capable d'assurer la quiétude. Dans un temps où tout le monde avait le loisir et la prétention de philosopher, la foule lettrée, celle même qui ne l'était pas, dut accourir à ce jardin où le maître tenait son école et lire avec transport cette inscription qui, selon Sénèque, en ornait l'entrée : « Passant, tu peux rester ici, la volupté seule y donne des lois. *Hospes hic bene manebis; hic summum bonum voluptas est* [1]. »

Un autre attrait de cette école, qui ne pouvait être indifférent à une société amollie, non moins ennemie des longues études que des devoirs rigoureux,

---

[1]. *Lettres*, 21.

c'est qu'on y entrait de plain-pied, sans effort, sans pénible initiation. La doctrine n'avait ni secrets, ni mystères. Le chef de cette école commode en avait aplani l'entrée en écartant d'avance les épines de la science et la pure spéculation qui coûte de la peine et amène les disputes. Uniquement attaché à la pratique, il prétendait ne donner que des règles de conduite que le simple bon sens peut comprendre. Il rejetait les subtilités de la dialectique qui embarrasse les esprits et dont on n'a pas besoin pour définir le bonheur et déterminer les moyens qui y conduisent [1]. Le disciple pouvait même se passer d'une forte éducation littéraire, car Épicure avait proscrit avec les curiosités de la science les recherches du langage. Il méprisait également les grâces décevantes de la poésie et les artifices de la rhétorique. Il y avait dans cette simplicité peut-être cherchée un air de bonne foi qui frappait les imaginations. Le maître attaquait les opinions reçues sans songer à se défendre lui-même. En dédaignant les armes vantées de la dialectique, il laissait voir la confiance qu'il avait dans son système; en renonçant au faste des paroles, il paraissait mettre son scrupule à ne pas farder la vérité. Aussi les disciples affluèrent dans une école ouverte aux moins savants et s'attachèrent à un maître qui enseignait avec une candeur intrépide, s'exposait sans défense à la fureur de ses adversaires, ne leur opposait que

---

1. Cicéron, *de Finibus*, II, 4.

l'enjouement de ses épigrammes et témoignait de sa foi par son courage sans trouble et son honnêteté placide.

Est-il besoin de rappeler que la *volupté* n'est pas pour Épicure ce qu'on entend d'ordinaire par ce mot suspect? La santé du corps et de l'âme, c'est-à-dire l'exemption de la souffrance et de l'inquiétude, voilà la félicité du sage. De là tant de recommandations sur la continence, de là le mépris de la cupidité et de l'ambition. Le système, loin de donner l'essor aux passions, les arrête de toutes parts. La perfection consiste à se contenter de peu, à se retirer en soi-même pour être hors de prise du côté de la fortune et des hommes, pour ne pas rencontrer un accident fâcheux, ni se heurter aux passions d'autrui. Le plus près du bonheur est celui qui sait se retrancher le plus sans souffrir et circonscrire le plus étroitement son action et ses besoins. Le précepte du Portique *abstine et sustine* convient également à la doctrine épicurienne, et c'est en faisant allusion à ce courage de l'abstinence, courage négatif, il est vrai, mais respectable encore, que Sénèque a pu appeler Épicure « un héros déguisé en femme [1]. »

Ce qui donnait encore une belle apparence au système, c'est que toutes les vertus y étaient recommandées aussi bien que dans les doctrines les plus sévères. Seulement, au lieu d'être recherchées pour

---

1. *Lettres*, 33.

elles-mêmes, elles n'étaient que l'ornement de la vie et la condition de la sécurité. Épicure enseignait que le plus sûr moyen de rendre la vie tranquille est de se conformer aux lois de l'honnêteté, qu'une bonne conscience assure la tranquillité de l'âme, que la justice et la bienfaisance, en vous procurant des amis, contribuent à la félicité. Ainsi la volupté avait pour compagnes et pour cortége toutes les vertus et, selon l'ingénieux tableau du stoïcien Cléanthe, la volupté, vêtue en reine, était assise sur un trône, tandis que les vertus s'empressaient autour d'elle pour la servir [1].

Il manquait à cette tranquillité précieuse, unique objet de la doctrine, d'être protégée contre les craintes superstitieuses qui, chez les anciens, circonvenaient de toutes parts et harcelaient nuit et jour la crédulité. Des superstitions nouvelles, introduites en Grèce depuis le règne de Philippe et d'Alexandre, et qui surchargeaient la religion, donnaient au système plus d'opportunité. Épicure imagina ou plutôt emprunta une physique à Démocrite, par laquelle il essayait de prouver que l'univers n'obéit qu'à ses propres lois et ne doit rien à la main des dieux. Sans nier leur existence, il les rendit inutiles. Sous prétexte de les mieux honorer, il se plut à redire qu'à leur divine nature on ne devait attribuer ni le travail, ni la colère, ni l'amour. Il leur donna en quelque sorte le bon-

---

[1]. Cicéron, *de Fin.*, II, 21.

heur exquis qu'il recommandait à ses disciples, le bonheur de l'impassibilité. Il fit de la vie divine comme un idéal de la vie humaine. Avec le langage de la plus douce piété il déroba aux dieux le gouvernement du monde et des hommes.

Cette même physique, en enseignant que l'âme composée d'atomes se dissout et périt avec le corps, écartait les terribles fantômes de la vie future qui dans l'antiquité épouvantait les âmes sans les contenir. C'était un souci de moins dans la vie humaine. Ainsi tout l'appareil de ce système disposé avec une minutieuse industrie ne servait qu'à tenir à distance les inquiétudes superstitieuses, les accidents de la fortune, les passions, à garantir enfin de toute atteinte ce qu'il a plu au maître d'appeler la volupté et qu'on peut nommer, selon le degré d'estime qu'inspire la doctrine, apathie ou quiétisme.

Épicure n'a fait qu'asseoir et fixer sur la base solide d'une science un état naturel de l'âme, qu'il sentait en lui-même, qu'il observait autour de lui chez la plupart de ses contemporains et dont d'ailleurs, dans tous les temps, certains caractères nous offrent l'image. Qui n'a rencontré, même de nos jours, un sage pratique, épicurien sans le savoir, modéré dans ses goûts, honnête sans grande ambition morale, se piquant de bien conduire sa vie? Il se propose de tenir en santé son corps, son esprit et son âme, ne goûte que les plaisirs qui ne laissent pas de regrets, que les opinions qui n'agitent point, se garde de ses propres passions et esquive celles d'autrui. S'il ne se laisse pas tenter par les fonctions et les honneurs, c'est de peur de courir un risque ou d'être froissé dans une lutte. D'humeur libre, éclairé, plus ou moins ami de la science, il se contente de connaissances courantes. Sans trop s'inquiéter des problèmes métaphysiques, il a depuis longtemps placé Dieu si haut et si loin qu'il n'a rien à en espérer ni à en craindre. Quant à la vie future, il l'a, pour ainsi dire, effacée de son esprit et ne songe à la mort que pour s'y résigner un jour avec décence. Cependant il dispose sa vie avec une prudence timide, se ramasse en soi, se limite, ne se répand au dehors que dans l'amitié, qui lui paraît sûre, où il jouit des sentiments qu'il inspire et de ceux qu'il éprouve. Son égoïsme qui est noble, et qui voudrait être délicieux, a compris que la bienveillance est le charme de la vie, qu'on en soit l'objet ou qu'on l'accorde aux autres. Tracez comme vous voudrez ce caractère selon les observations et les rencontres que vous avez faites, ajoutez, retranchez certains traits, le fond sera toujours le même et vous représentera un épicurien inconscient. C'est à des hommes semblables, nombreux alors dans la Grèce oisive, qu'Épicure a proposé une morale savante et des règles précises. D'après eux et pour eux il composait l'idéal de son sage. A une société devenue voluptueuse, il recommanda la volupté de l'esprit, du cœur, de la sagesse. Sa doctrine fut moins une complaisance qu'une protestation contre de grossiers plaisirs. Il n'est pas venu, comme on dit, apporter l'incrédulité et la corruption; mais à des esprits revenus des fables du paganisme il offrit une explication du monde qui rejetait l'intervention de dieux déjà méprisés, à des âmes désabusées, condamnées au repos par le malheur des temps, il arrangea un repos durable, ferme et doux. S'il est vrai que les doctrines font les mœurs, n'est-il pas vrai aussi que les mœurs font les doctrines?

Ce système si opportun dut encore son prestige à la vie d'Épicure. On connaît la simplicité de ses mœurs et la sérénité de son esprit. Bien que tourmenté par une maladie cruelle, il montra toujours le courage inaltérable que promettait sa philosophie. Les cœurs étaient charmés et captivés par son aménité et son amitié généreuse. De tous les chefs d'école de l'antiquité il paraît avoir été le plus aimé. Cicéron, dont le témoignage ne peut être suspect, ne contredit pas dans un de ses dialogues ce disciple enthousiaste qui s'écrie : « Quelle nombreuse élite d'amis il rassemblait dans sa maison; quels intimes rapports d'affection mutuelle dans ce commun attachement au maître! Et cet exemple est encore suivi par tous les épicuriens [1]. » Comme les anciens se sont souvent étonnés de cette union si rare, sans pouvoir l'expliquer, nous voulons brièvement en marquer les causes et le caractère.

Quoique l'épicurisme ait été de tout temps, et non sans raison, l'objet de la réprobation publique,

---

1. *De Fin.* I, 20.

il faut reconnaître pourtant que dans l'antiquité il n'y eut pas d'école purement philosophique qui, par la fixité de ses principes et la simplicité de ses démonstrations, fût plus capable d'attirer des esprits avides de foi et de repos. Il semble qu'Épicure ait eu le dessein prémédité de fonder une sorte de religion, si on peut donner ce nom à une doctrine sans Dieu, ou du moins sans culte. Ce n'est pas une simple école, c'est une église profane avec des dogmes indiscutables, avec un enseignement qui ne change jamais, et entourée d'institutions qui assurent la docilité des adeptes et protégent la doctrine contre les innovations. D'abord Épicure se présentait au monde comme un révélateur de la science véritable, considérant comme non avenus tous les systèmes qui avaient précédé le sien. Parmi tous les fondateurs de doctrines, seul il osa se donner le surnom de *sage*[1]. Pour rendre, nous l'avons vu, son école accessible à tous, il ne demandait pas à ses futurs disciples d'études préparatoires, ni lettres, ni sciences, ni dialectique. Il se serait bien gardé d'écrire sur la porte de son école, comme avait fait Platon : « Nul n'entre ici, s'il ne sait la géométrie. » Pour devenir épicurien, il suffisait d'admettre un certain nombre de dogmes faciles à retenir et de savoir par cœur les manuels du maître. De plus, afin que cet enseignement fût immuable, Épicure eut la précaution de le placer sous la garde d'une

---

1. Cicéron, *de Fin.*, II, 3.

autorité. Par son testament, il légua ses jardins et ses livres à son disciple Hermarchus comme au nouveau chef de l'école et à tous ses successeurs à perpétuité. La doctrine alla de main en main, sans que dans la suite des siècles aucune hérésie en ait jamais menacé l'intégrité, et fut ainsi transmise dans sa pureté originelle pendant près de sept cents ans jusqu'à l'invasion des Barbares, où elle disparut dans l'écroulement du monde antique. Pour mieux assurer le respect de sa doctrine et de sa mémoire, Épicure avait expressément recommandé de célébrer chaque année par une fête l'anniversaire de sa naissance [1]. A cette solennité les disciples avaient ajouté l'usage de se réunir tous les mois dans des repas communs. Le maître était toujours comme présent au milieu de cette famille philosophique; on voyait partout chez ses adeptes son portrait en peinture, ou gravé sur les coupes et les anneaux. Sous ce patronage vénéré, les disciples restent unis par les liens d'une confraternité devenue célèbre. C'est ce respect si bien établi pour Épicure, toujours réveillé par des fêtes commémoratives, c'est encore cette ferveur de sentiments entretenus par la communion des esprits, qui explique l'enthousiasme surprenant des épicuriens pour leur maître. Peu s'en faut que, dans le fanatisme de leur admiration et de leur reconnaissance, ces contempteurs de toutes les divinités ne lui aient rendu des honneurs divins.

---

1. Cicéron, *de Fin.*, II, 31 ; V, 1. — Pline, *Hist. Nat.*, XXXV, 2.

« Il fut un dieu, oui, un dieu ! » s'écrie Lucrèce dans les transports de son ivresse poétique, en élevant autel contre autel. Ce langage presque religieux étonne moins quand on sait que la secte a toujours eu son culte philosophique, son chef dépositaire et gardien de la doctrine, sa tradition invariable et non interrompue. Chose singulière vraiment que ce soit la plus froide des doctrines, la plus morne, la moins faite pour exalter les âmes, la plus justement soupçonnée d'athéisme, qui ait été la mieux instituée pour mettre l'esprit à l'abri du doute et pour assurer par la foi et la concorde le repos de la vie !

Cette paix s'explique encore par cette langueur suave à laquelle l'école réduisait le souverain bien. Épicure, en désintéressant les hommes de la politique, de la religion, de la science, d'eux-mêmes, les avait, pour ainsi dire, désarmés. Il n'y a que les fortes passions qui se dévorent les unes les autres, que les vertus braves qui se heurtent. Une égale docilité à l'enseignement du maître empêchait toute dispute, le commun renoncement à l'action empêchait tout conflit. Les anciens, en célébrant l'innocence de l'école, ne remarquent pas que c'est l'innocence du sommeil. Aussi n'est-ce pas ce que nous louerons chez Épicure qui, tout libre penseur qu'il fût, arrêta la libre pensée et, pour avoir réduit la science en manuels, suspendit et rendit stagnant tout un grand courant philosophique qui aurait pu être fécond. Il a intercepté, sans en rien faire, la belle physique de Démocrite, et l'a immobilisée dans la foi ; singulière inconséquence d'un esprit audacieux qui avait fait passer sous sa critique tous les enseignements traditionnels, ceux de la religion, de la poésie, de la philosophie, et, après les avoir ruinés par le libre examen, obligea ses disciples à croire, lui qui avait poussé si loin, qu'on nous passe le mot, l'art de *décroire*.

Là n'est pas la gloire de la doctrine, qui a d'autres mérites moins contestables. Comme le temps n'était plus des vertus civiques, Épicure inventa la morale privée, ou du moins il fit sentir le prix de cette morale modeste qui n'a pas besoin de grand théâtre ni de spectateurs, qui procure un soutien et des satisfactions secrètes aux plus humbles conditions et aux âmes les moins vaillantes. Tout en la faisant douce, il sut la rendre noble. Comme les stoïciens, il vit quelque chose au delà des limites étroites de la patrie et de la politique, et conçut l'idée de la fraternité humaine. L'étranger ne fut plus pour lui un barbare, l'esclave fut à ses yeux un humble ami, les animaux mêmes ne furent pas oubliés par la mansuétude de sa doctrine. S'il n'a pas saisi aussi bien que Zénon la grandeur de la fraternité, il en a mieux senti le charme. L'amitié devint une joie nécessaire, la bienveillance un mérite honoré. Épicure, plus que tout autre, a introduit dans le monde ces vertus inoffensives et aimables, dont les siècles ne parlent pas, qui n'ont pas d'histoire, mais qui servent encore aujourd'hui à charmer les jours et les heures, qui font les délices de la vie. Regrettons les fortes vertus de la grande antiquité, ces vertus héroïques bien que dures, mais n'oublions pas de rendre un modeste hommage à ceux qui surent adoucir la vie, et qui, par des services que l'histoire oublie toujours, mirent en crédit la bonté.

Il n'est que juste de relever certains mérites d'Épicure, car il n'y a pas de philosophe ancien qui ait eu plus à souffrir de la calomnie. Les écoles rivales, les stoïciens surtout, s'attachèrent à ternir sa réputation, à discréditer sa doctrine. On lui prêta des opinions honteuses, on défigura l'histoire de sa vie, on en fit non-seulement un impie, mais un débauché. Tel était cet acharnement que Sénèque, tout stoïcien qu'il était, a protesté plus d'une fois contre cette iniquité : « Pour moi je pense, et j'ose le dire contre l'opinion des nôtres, que la morale d'Épicure est saine, droite, et même austère pour qui l'approfondit; je ne dis donc pas, comme la plupart de nos stoïciens, que la secte d'Épicure est l'école de la débauche; je dis qu'elle est décriée sans l'avoir mérité [1]. »

Il faut reconnaître pourtant que cette morale était périlleuse. Ceux qui ne comprenaient pas la doctrine ou feignaient de ne pas la comprendre pouvaient abriter leurs hontes sous l'autorité respectable d'un philosophe. On ne tarda pas à voir, en Grèce, des hommes effrontés, qui, en cédant à toutes leurs passions, prétendaient ne suivre que des

---

1. Sénèque, *De vita beata*, 13.

principes, qui n'avaient plus la pudeur de leurs vices depuis que la philosophie paraissait les avoir justifiés. Les faux épicuriens compromirent l'école en tout temps, et font excuser les stoïciens. L'épicurisme, en passant de la Grèce à Rome, arriva précédé de sa mauvaise renommée. On sait quel étonnement il causa aux vieux Romains. Tout le monde a vu dans Plutarque le tableau de ce souper où l'ambassadeur de Pyrrhus, le Grec Cinéas, expliquait la doctrine d'Épicure, quand tout à coup Fabricius, surpris de ces propos étranges, l'interrompit en s'écriant : « Plaise aux dieux que Pyrrhus et les Samnites conservent de pareilles opinions tant qu'ils nous feront la guerre ! » Plus tard, vers la fin de la république, quand Rome fut à la fois polie et corrompue, le système fut adopté par le monde élégant et prôné par tous ceux qui tenaient à couvrir et décorer leur corruption d'un nom philosophique. Ce n'est pas qu'il n'y eût à Rome de très-honnêtes épicuriens mettant en pratique les vrais préceptes du maître et se renfermant dans les limites qu'Épicure avait lui-même fixées. Il suffit de rappeler ces amis de Cicéron qui, dans ses dialogues, soutiennent leur doctrine avec tant de force et d'urbanité, et surtout Atticus, le modèle accompli de toutes ces vertus prudentes que l'école recommandait, pauvre citoyen, mais excellent homme, qui traversa les guerres civiles de Marius et de Sylla, de César et de Pompée, d'Octave et d'Antoine sans encombre, eut l'art sinon de bien vivre, du moins de vivre, rendit de bons offices à tous, ne se mêla de leurs sanglants débats que pour protéger quelquefois leurs victimes, et prouva enfin par un exemple mémorable, mais non pas digne en tout d'être suivi, que le détachement politique, l'indifférence, la bienveillance universelle sont en effet, comme l'assurait Épicure, le plus solide fondement de la sécurité.

Mais à côté de ces hommes aimables, dont les faibles vertus n'étaient pas sans charme, les ambitieux, les corrompus, tous ceux à qui l'ancienne morale pesait comme un joug, cherchaient à se persuader qu'ils étaient les disciples d'Épicure. Cet état d'esprit de quelques Romains a été dépeint par Cicéron avec beaucoup de finesse et d'ironie dans son discours contre Pison, un autre Verrès, qui avait pillé la Macédoine, et qui dans sa jeunesse s'était rendu célèbre par l'éclat de ses désordres. Le grand et malin orateur suppose une conversation entre le jeune Pison et un Grec qui lui expose naïvement le système d'Épicure : « Notre jeune étalon n'eut pas plus tôt entendu dans la bouche d'un philosophe un éloge si absolu de la volupté, qu'il n'examina plus rien. Il sentit tous ses appétits se réveiller, et, hennissant aux discours de ce Grec, il crut avoir trouvé en lui, non un précepteur de vertu, mais un maître de débauche. Le Grec de vouloir d'abord distinguer, expliquer le véritable sens de la doctrine. Mais notre homme de retenir, sans y rien changer, ce qu'il a entendu. « C'est bien cela, dit-il, j'y souscris, « j'adhère, je signe; il parle à merveille, votre Épi-

« cure. » Le Grec toujours complaisant et homme du monde n'a pas voulu soutenir trop obstinément son opinion contre un sénateur du peuple romain [1]. » Scène charmante, digne des *Provinciales,* plaisante collusion de la grossièreté romaine et de la servilité grecque! Plus d'un philosophe directeur, attaché, selon l'usage d'alors, à quelque grande maison, a dû faire ainsi fléchir les principes, et par politesse, par égard, n'a pas repoussé trop rudement des interprétations de la doctrine qui faisaient tant de plaisir à son riche protecteur.

C'est précisément pour avoir bien démêlé cette disposition des esprits que Cicéron a si souvent réfuté et même insulté Épicure. A voir la vivacité, la persistance de ses attaques, quelquefois l'injustice et la mauvaise foi de ses reproches, on est tenté de croire qu'il ne parle pas seulement en philosophe qui discute des opinions, mais en homme d'État qui veut épargner à sa patrie de dangereuses nouveautés. En effet, l'épicurisme, en prêchant la volupté, en ruinant la croyance à des dieux bienfaisants ou terribles, menaçait la morale publique, qui, à Rome surtout, reposait sur la religion. Aussi les politiques, qui avaient besoin des suffrages du peuple et qui devaient ménager l'opinion, n'osaient pas toujours avouer qu'ils étaient disciples d'Épicure, et Cicéron laisse voir quelles étaient alors les préventions contre cette doctrine mal famée, quand

---

1. *In Pisonem,* 28.

il dit à un de ses interlocuteurs épicuriens que de pareils paradoxes peuvent à la rigueur se soutenir dans le huis clos, mais qu'il le mettait au défi de les professer « dans le sénat, devant le peuple, à la tête d'une armée, devant les censeurs [1]. » Ces opinions paraissaient d'autant plus menaçantes qu'elles étaient, sous une forme ou sous une autre, partagées par la plupart des hommes cultivés, même par ceux qui ne relevaient pas d'Épicure. L'incrédulité était dans tous les esprits, dans ceux-là mêmes qui veillaient sur la religion. L'académicien Cotta, le grand pontife, disait : « Il est difficile de nier qu'il y ait des dieux ; oui, cela n'est pas aisé en public ; mais en particulier, discourant comme nous faisons ici, rien n'est plus facile. Pour moi, tout grand pontife que je suis..., je suis presque tenté de rejeter cette opinion [2]. » L'état général des esprits et des mœurs, l'incrédulité croissante, la mollesse, l'immoralité devenue élégante et prête à bien accueillir des principes commodes, tout cela explique la rapide fortune de l'épicurisme à Rome, et fait comprendre aussi pourquoi de graves politiques se sont fait un devoir de le discréditer.

On répète sans cesse, sur la foi de Montesquieu, que c'est la secte d'Épicure qui corrompit Rome. Non, les mœurs romaines n'ont pas été ruinées par une doctrine, mais par la conquête. Elles furent

---

1. *Tusc.*, III, 21 ; *de Fin.*, II, 22.
2. *De nat. Deor.*, I, 22.

submergées tout à coup par un torrent formé de tous les vices de l'univers. Après les victoires de Macédoine et de Syrie, après la prise de Carthage et de Corinthe, les Romains se crurent tout permis, selon le mot de Polybe, et de plus apprirent en Grèce et en Asie ce que la philosophie la plus dépravée n'aurait pu leur apprendre. L'abondance des richesses; l'or qui corrompt, surtout quand il est pillé; la victoire qui ose tout; le goût nouveau des voluptés étrangères et monstrueuses; le luxe, dont on pouvait épuiser tous les raffinements sans épuiser sa fortune; la cupidité féroce des chefs et des soldats, qui finit par vouloir conquérir les biens mêmes des citoyens par le meurtre et les proscriptions, voilà les vrais corrupteurs du peuple romain. Il s'agit bien de la fine et paisible morale d'Épicure! Même mal comprise, grossièrement pratiquée, elle était encore au-dessus des mœurs générales. Dira-t-on que l'épicurisme a ôté aux Romains le frein de la religion? Mais dans ce déchaînement des passions, les dieux, les trente mille dieux dont Varron nous a laissé le compte, n'auraient pas empêché un dévot païen de piller une province. Si on peut reprocher à la doctrine d'avoir fourni à l'incrédulité des arguments scientifiques, aux passions des prétextes honnêtes, du moins elle a obligé ces débauchés farouches et brutaux de prendre quelques grâces de l'humanité grecque et de donner à leurs vices des apparences plus décentes.

Parmi ces disciples romains si divers, dont les

uns profanaient l'épicurisme par des interprétations honteuses, dont les autres y cherchaient des leçons de prudence, il se rencontra, vers la fin de la république, un poëte de génie, personnage mystérieux, dont l'histoire ne nous a conservé que le nom et l'œuvre, et qui a compris le système avec une grandeur inattendue. L'auteur du *Poëme de la Nature*, tout en restant fidèle à la lettre de la doctrine, lui prête l'éclat de son imagination et y verse la chaleur de son âme. La vieille physique de Démocrite, nonchalamment exposée par Épicure, apparaît comme une nouveauté sublime à son inexpérience romaine, qui vient seulement d'ouvrir les yeux aux grands mystères de la philosophie. Sa surprise et sa candeur enthousiaste le rendent, pour ainsi dire, le contemporain de ces premiers interprètes de la nature, des Parménide et des Empédocle, qui chantaient, avec les transports d'un jeune étonnement, un univers non encore défiguré par les investigations humaines. Ce qu'Épicure enseignait, Lucrèce le voit, il s'en fait le tableau avec les yeux de la foi. Les mystères les plus reculés de la création, les abîmes de l'espace et du temps, les évolutions des atomes à l'origine des choses, sont pour lui aussi visibles que s'ils étaient éclairés par un soleil; ou, pour parler plus justement, sa raison est si bien entrée dans le système, elle s'en est si bien revêtue, elle s'est si profondément insinuée dans toutes les parties de cet univers, qu'elle en devient comme la puissance ordonnatrice. Cette physique conjecturale et froide paraît vivante ; elle est échauffée, rajeunie par le sentiment poétique, agrandie par la majesté des pensées. De même, la morale d'Épicure, œuvre du découragement et de la désillusion, cette morale équivoque, qui flottait un peu incertaine entre le bien et le mal, prend une fierté toute romaine et fixe les devoirs avec une décision impérieuse. Enfin, l'irréligion si discrète du maître, et si douce qu'elle a pu être soupçonnée d'hypocrisie, éclate dans le poëme en accents irrités, comme une revendication tribunitienne contre des dieux oppresseurs. En un mot, l'inerte système d'Épicure, célébré par Lucrèce, vous produit l'effet d'une pièce languissante qui serait tout à coup ranimée par le génie d'un grand acteur. Si nous nous donnons aujourd'hui la peine d'étudier ces visions philosophiques, ce n'est pas pour faire estimer une science qui est fausse, une sagesse qui est suspecte, mais pour contempler sous toutes ses faces une grande âme qui, jusque dans ses erreurs, offre un spectacle poétique et moral d'un intérêt immortel.

CHAPITRE II.

LA VIE ET LES SENTIMENTS DE LUCRÈCE.

Les anciens, qui admirent Lucrèce et l'imitent, ne nous apprennent rien de certain sur sa vie et son caractère. Ce grave et sombre génie ne fut jamais bien populaire, et si les lettrés et des poëtes tels que Virgile et Horace ont envié sa gloire et l'ont profondément étudié par une secrète sympathie pour sa doctrine ou pour dérober à son admirable langue de belles expressions, ils ne lui donnaient pas des louanges précises, et se contentaient, pour lui faire honneur, de quelques allusions flatteuses[1]. Seul le léger et libre Ovide a exprimé son admiration en des termes qui ne furent ni trop discrets ni équivoques. Il semble que certaines bienséances se

---

1. Que Virgile ne l'ait pas nommé dans son poëme sur l'agriculture, on le comprend; mais qu'Horace dans ses vers familiers, passant en revue tous ses devanciers, n'ait pas prononcé le nom du plus grand de tous, cela est d'autant plus remarquable que Lucrèce est toujours présent à sa pensée, à en juger par de nombreuses imitations.

soient opposées à l'éloge bien franc d'un poëte qui célébrait une doctrine hardie et qui passait à bon droit pour un ennemi des dieux. Dans la littérature latine, le poëme impie *de la Nature*, par le mystère qui l'entoure, fait penser à ces bois redoutables touchés par la foudre, que la religion romaine mettait en interdit et entourait de barrières, pour empêcher les simples et les imprudents de poser trop facilement le pied dans un lieu que le ciel avait frappé de réprobation.

T. Lucretius Carus naquit l'an 95 avant notre ère à Rome. Remarquons qu'il est, avec César, le seul homme de lettres que la ville de Rome ait produit. Tous les écrivains qui ont illustré la littérature latine sont venus, plus ou moins tard, des provinces, qui envoyaient à la reine du monde leurs hommes de génie, comme elles lui envoyaient leurs trésors. Sans vouloir donner à ce fait plus d'importance qu'il ne convient, on peut croire que le poëte dut au hasard de sa naissance et à l'éducation qu'il reçut dans la grande ville cette singulière liberté d'esprit qu'on ne prend d'ordinaire que dans les capitales. Voltaire est né aux portes de Paris.

Lucrèce a-t-il visité la Grèce et Athènes, selon la coutume de la jeunesse romaine? On l'a dit sans preuves, mais non sans vraisemblance. Ce poëte enthousiaste n'a pas dû froidement puiser sa science en des livres. On se le figure plutôt recueillant la parole vivante de quelque maître éloquent, de Zénon l'épicurien, par exemple, qui était alors le chef de l'école. Rien du moins n'empêche de croire qu'un si ardent génie a pris son feu dans le sanctuaire même de la doctrine.

Bien qu'il fût de la grande famille Lucretia, chevalier romain, et digne par sa naissance et ses talents de prétendre aux honneurs, il paraît être resté philosophe. S'il a pu être entraîné un moment dans la lutte des partis, il a dû s'en échapper de bonne heure et ne s'en est souvenu que pour les détester et les maudire.

Un auteur ecclésiastique d'une autorité contestable, du moins en cette matière, qui d'ailleurs écrivait plus de trois siècles après, saint Jérôme, nous a laissé sur Lucrèce quelques mots tragiques. Il nous apprend que le poëte était en proie à des accès de démence causés par un philtre d'amour qu'une femme jalouse lui avait donné, qu'il composa quelques livres dans les intervalles lucides de sa folie, et que, dans sa quarante-quatrième année, il termina sa vie par le suicide. Bien que cette tradition réponde à la triste impression que vous produit la lecture du poëme, il faut la tenir pour suspecte. Elle ressemble à tant d'autres qui ont été imaginées dans l'antiquité pour effrayer l'athéisme et pour servir de leçon à ceux qui seraient tentés d'imiter une audace sacrilége. Car l'imagination populaire, qui aime à mêler des récits merveilleux à la vie des héros et des saints, se plaît aussi quelquefois à composer une sinistre légende aux grands contempteurs des choses divines.

Une autre tradition, qui ne manque pas de grâce, rapporte que Lucrèce mourut le jour où Virgile prit la robe virile. Les anciens, sans trop se soucier des dates, imaginaient de ces rencontres et de ces concordances par lesquelles ils exprimaient quelquefois des jugements littéraires. Le futur auteur des *Géorgiques* paraissait ainsi marqué d'avance par le ciel pour recueillir l'héritage poétique du chantre de la *nature*.

Résignons-nous à ignorer la vie de ce poëte philosophe, qui s'est peut-être lui-même dérobé volontairement à ses contemporains et, par suite, à la postérité. Fidèle en tout à sa doctrine, il aura trop mis en pratique un des plus importants préceptes d'Épicure, qui est celui-ci : « *Cache ta vie.* »

Pour comprendre les sentiments et l'âme de Lucrèce, il importe de connaître, non ces détails biographiques plus ou moins vraisemblables, mais le temps où il a vécu. Sa vie est enfermée entre deux dates qu'il faut retenir, entre les commencements de Sylla et la mort du séditieux Clodius. Elle coïncide avec le temps le plus abominable de l'histoire romaine, où l'on pouvait faire les plus douloureuses réflexions sur le déchaînement des passions humaines. Lucrèce a pu voir dans son enfance Sylla chassant Marius, l'assaut de la ville jusqu'à ce jour inviolée, le premier combat entre citoyens dans les rues et sur le Forum comme dans une arène de gladiateurs ; puis après la rentrée de Marius et de Cinna, ce vaste égorgement qui dura sans relâche cinq jours et cinq nuits ; au retour de Sylla, la terrible bataille à la porte Colline, où l'armée des Italiens réclamant des droits civiques fut exterminée, où cinquante mille cadavres restèrent au pied des murailles. Le lendemain, il a pu entendre les cris de six mille prisonniers massacrés près du sénat, pendant que Sylla répondait froidement aux sénateurs épouvantés : « Ce n'est rien, quelques misérables que je fais châtier ! » De douze à seize ans, selon les calculs, il a pu voir les proscriptions du dictateur qui durèrent six mois, les listes du jour s'ajoutant à celles de la veille, les sicaires courant dans les rues, l'immolation de quinze consulaires, de quatre-vingt-dix sénateurs, de deux mille six cents chevaliers, sans compter tous ceux qui, dans cette confusion sanglante, furent assassinés par les haines privées. On parlait autour de lui de peuples entiers proscrits en masse, de cités vendues à l'encan ; on répétait le mot de Pompée, qui était le mot de tous les généraux : « N'alléguez pas les lois à qui porte une épée. » Après tant d'horreurs, il vit encore la paisible et l'insolente abdication de Sylla, qui semblait un défi jeté aux hommes et aux dieux. Pendant ce temps, plus de droit, plus de lois humaines ou divines, la religion impunément outragée ou, ce qui est pis encore, hypocritement honorée par des mains impies et rendue complice de tous les attentats. Enfin, vers trente-deux ans, il a partagé les angoisses de Rome pendant la conjuration de Catilina, et plus tard, en voyant la république livrée à Clodius pour préparer la dictature de César, qui passera bientôt le Rubicon. Ainsi, le poëte assista à la ruine des institutions. Et ce qu'il voyait n'était guère plus désolant que ce qu'on pouvait prévoir. Dans ce complet bouleversement des lois, quel écroulement de la morale publique et privée! Partout les inimitiés particulières, les appétits, les convoitises se jetant sur leur proie, une défiance universelle jusque dans les familles, une corruption inouïe et égale chez ceux qui dissipaient au plus vite le fruit de leurs rapines et chez ceux qui, non encore dépouillés, se hâtaient de profiter d'un jour sans lendemain[1]. Dans aucun temps pareil spectacle ne s'est offert aux méditations d'un sage. Combien la doctrine d'Épicure devait paraître belle et salutaire en enseignant que l'ambition et la cupidité sont la cause de tous les malheurs; combien vraie, en proclamant que les dieux ne s'occupent pas du monde!

Quoique Lucrèce, dans un poëme majestueux, tout entier consacré aux plus grands problèmes de la nature, ne trouve guère l'occasion de peindre ses sentiments personnels, on peut les surprendre çà et là, et se faire, d'après lui-même, une image plus ou moins exacte de son caractère. Ce qui frappe d'abord en lui, c'est le dégoût du monde et des affaires et l'horreur des passions qui désolaient alors la répu-

---

[1]. Salluste, *Catil.*, ch. 11, 43 et 51. — V. Paterculus, l. II, 22 et 28. — Florus, III, 21. — Lucain, I, 160; II, 148.

blique et dont il a été ou la victime ou le témoin. On ne peut douter que son cœur n'ait été profondément remué par des spectacles sanglants, quand on entend, dès le début du poëme, ses vœux pour la pacification de sa patrie, cette prière, la seule qui lui ait échappé et que le patriotisme ait pu arracher à son incrédulité, où il supplie la déesse de la Concorde et de l'Amour de désarmer le dieu de la Guerre et d'étendre sur les Romains sa protection maternelle. Aussi ce chevalier, auquel le rang de sa famille permettait de rêver les grandeurs, que son génie et sa naturelle éloquence auraient, à ce qu'il semble, facilement porté aux plus hautes charges, s'est rejeté dans la vie privée et dans l'innocence d'une condition obscure. Toute la partie morale de son poëme respire cette horreur et cette pitié pour les luttes intéressées, pour les débats furieux du Forum et surtout pour les crimes et les malheurs de l'ambition. On est quelquefois tenté de croire que Lucrèce a été engagé dans ce terrible conflit des rivalités romaines, que son âme a été violemment froissée ou meurtrie dans la mêlée, et que ce langage irrité et méprisant exprime l'amertume des espérances déçues. Le poëte semble se tracer à lui-même des tableaux de l'ambition triomphante, mais misérable dans sa grandeur, ou de l'ambition humiliée, pour repaître ses yeux de misères auxquelles il a eu le bonheur d'échapper. Quoi qu'il en soit, quand on considère la précision de ces tableaux romains, cette éloquence qui éclate parfois au milieu d'une démonstration scientifique, avec un emportement imprévu, quand on sent cette émotion de témoin contristé frémir encore sous la placidité superbe du philosophe contemplateur, on se persuade que Lucrèce n'a pas été un spectateur indifférent des guerres civiles, et que son âme a connu toutes les tristesses du désespoir politique.

On peut soupçonner encore, en parcourant la grande peinture qu'il nous a laissée des angoisses de l'amour, que cette âme intempérante a été la victime plus ou moins tragique de ses propres passions. Sans attacher beaucoup d'importance à la tradition qui représente le poëte livré à des transports de folie, causés par un philtre d'amour, cette espèce de légende montre que les anciens avaient été si fortement frappés de l'énergie insolite de ces tableaux, qu'ils ont cru devoir les attribuer au délire d'un insensé. Il faut reconnaître que les invectives de Lucrèce contre l'amour paraissent être les imprécations d'un homme qui en a connu toutes les peines, les hontes et les repentirs. Tandis que le sage et tranquille Épicure recommandait d'un ton paisible de fuir une passion dangereuse pour le repos de la vie, Lucrèce s'acharne à la détruire avec une sorte de ressentiment. Il n'est pas de personnage de tragédie persécuté par Vénus qui laisse échapper de pareils cris de douleur et de dégoût. Le feu de cette éloquence n'a pu jaillir que d'un cœur brûlant encore ou mal éteint. Pour rencontrer, dans l'antiquité, un pareil accent de poignante désillusion, il faut arriver jusqu'à ces premiers chrétiens qui méditaient dans le désert sur leurs égarements passés, sur l'inanité et les misères des passions humaines, en mêlant, il est vrai, aux souvenirs de leur imagination, demeurée païenne, et à ces regrets si cruellement ressentis par le poëte, les scrupules plus purs d'une âme régénérée par la pénitence.

Un autre sentiment, qui remplit tout le poëme, est la haine des superstitions antiques. Je croirais volontiers que, dans son enfance et sa jeunesse, Lucrèce, malgré l'incrédulité croissante du temps, a été livré par sa puissante imagination aux croyances sinistres du paganisme. Malebranche, qui connaît si bien les effets funestes de l'imagination, nous fournit des paroles pour décrire l'âme du poëte, quand il dit : « Il n'y a rien de plus terrible ni qui effraye davantage l'esprit ou qui produise dans le cerveau des vestiges plus profonds, que l'idée d'une puissance invisible qui ne cherche qu'à nous nuire, et à laquelle on ne peut résister [1]. » Le philosophe français ne pensait peindre que les rêveries de ces hommes simples qui croient au pouvoir de la sorcellerie, et il nous découvre l'âme de Lucrèce. Oui, le poëte latin paraît avoir longtemps vécu dans l'épouvante, au milieu des lugubres images de la religion païenne, comme certains superstitieux du moyen âge étaient sans cesse inquiétés par les visions des démonographes. On peut supposer, avec

---

1. *De la recherche de la vérité*, IIIe partie, chapitre dernier.

quelque vraisemblance, qu'éclairé par la doctrine d'Épicure, et tout frémissant encore de ses terreurs passées, il s'est retourné tout à coup contre des spectres malfaisants. D'où lui viendraient donc des emportements imprévus contre les dieux au milieu d'une démonstration scientifique? Pourquoi ne lui suffit-il pas de prouver, avec le calme d'une science convaincue et confiante en elle-même, la vanité des croyances païennes? Pourquoi ces assauts sans cesse répétés contre des idées qui, selon lui, n'ont pas de fondement? Pourquoi cette fureur enfin contre des ennemis qu'il est sûr d'avoir jetés par terre à jamais? Ce sont là les cris de soulagement d'une âme qui se sent enfin respirer, qui échappe à d'effrayantes ténèbres, dont la vengeance ne se contente pas d'avoir vaincu, qui tient encore à triompher [1]. A voir cette révolte si tenace, les soulèvements de cette éloquence animée par une indignation toujours nouvelle, on ne peut s'empêcher de penser que lui-même, quelque assuré qu'il fût dans sa doctrine, n'avait pas été toujours exempt de terreurs, et que son imagination, jadis fortement ébranlée, n'était pas entièrement remise de son trouble. Il ne parle pas comme un philosophe qui discute, mais comme un visionnaire encore ému au sortir d'une lutte contre des fantômes, et qui, s'en étant débarrassé, apprend aux hommes le moyen de s'en délivrer à leur tour. La violence de ses affirmations, l'amer-

---

1. I, 78; II, 1090.

tume de son dédain peuvent bien témoigner d'une raison convaincue, mais non pas d'un cœur rasséréné. Le calme est venu après la tempête, mais on croit apercevoir encore dans le lointain les nuages fuyants [1].

A cette haine de la superstition, à cette horreur de l'ambition et de l'amour, à cette fatigue des passions, il faut peut-être ajouter une maladie morale qu'il n'est pas facile de décrire, parce qu'elle n'a pas de caractères constants, et qu'on peut nommer pourtant d'un seul mot : l'ennui. Cette mélancolie dont notre siècle réclame le privilége, dont il s'est paré comme d'une nouveauté intéressante, et dont la description passionnée remplit, depuis Chateaubriand, nos romans et notre poésie lyrique, n'a pas été inconnue de l'antiquité à la fin de la république romaine et sous l'empire. Comme il arrive toujours aux époques orageuses, où les vastes commotions de la politique se communiquent au monde moral, les esprits romains, ceux du moins qui n'étaient pas emportés dans les tourbillons de la tempête, et qui avaient le temps de se reconnaître et de se regarder souffrir, éprouvaient un découragement profond, ne trouvant plus dans une société bouleversée l'emploi régulier de leurs forces et de leur vie. L'ébranlement des institutions, des vieilles mœurs et des idées, le scepticisme religieux et philosophique, les déréglements d'une imagination sans emploi et

---

1. V, 1195, 1205.

des passions oisives, quelquefois les oscillations d'un cœur hardi et faible qui convoite ce qu'il n'a pas l'énergie de conquérir, qui flotte entre l'audace qui rêve à tout et la défaillance qui n'ose rien, ensuite le sombre chagrin d'une âme qui se ramène en soi et se dégoûte d'elle-même après s'être dégoûtée du monde, qui n'a plus même la ressource de se distraire par le plaisir, devenu pour elle sans prix, toutes ces tristesses enfin que, sous une forme ou sous une autre, notre littérature nous a fait connaître à satiété, n'étaient pas ignorées des Romains[1]. Cette maladie prenait des caractères différents, selon les hommes. De là, chez les uns, cet ennui féroce qui demandait des voluptés sanglantes, chez les autres, une inconstance furieuse qui les entraînait dans les solitudes sauvages et les ramenait plus vite qu'ils n'étaient partis; enfin, chez quelques-uns, cet ennui salutaire qui accompagne souvent les crises morales, qui précède et prépare le renouvellement de l'âme en faisant désirer des principes fixes et une foi.

Lucrèce a décrit, en quelques traits rapides, mais un peu vagues comme le mal, cette langueur douloureuse, cette mort anticipée, ou plutôt cette espèce de sommeil pénible où l'homme est livré à des agitations vaines et sans suite, à des rêves inquiets, à des terreurs sans cause. Il a peint, en vers ardents et tristes, ce fardeau accablant qui pèse sur l'âme, et

---

1. Sénèque, *De la Tranquillité de l'âme*, ch. 1 et 2.

dont on ne sait rien, si ce n'est qu'il vous accable, cette inconstance impuissante qui, pour fuir sa misère, change sans cesse de lieu et la porte toujours avec elle : on ne parvient pas à s'échapper, dit-il, on reste comme attaché à soi-même, c'est-à-dire à son supplice, on se prend en haine. Il n'y a qu'un remède à cette maladie, c'est la connaissance de nous-mêmes et de l'univers, une philosophie dont les principes sont certains, la doctrine de la nature, en d'autres termes, l'épicurisme, pour lequel il faut tout quitter et renoncer au monde :

Jam rebus quisque relictis
Naturam primum studeat cognoscere *rerum*. (III, 1069.)

N'est-il pas permis de penser ici que Lucrèce se rappelle d'anciennes misères qu'il a traversées et qu'il fait la confession involontaire de ses troubles passés? Assurément, la sombre couleur des tableaux, le ton résolu du conseil avertissent que le poëte ne traite pas ce sujet avec indifférence. Aurait-il, à propos de l'ennui, recommandé, avec une gravité impérieuse, de renoncer à tout pour embrasser l'épicurisme, s'il n'avait su par expérience combien cette maladie, en apparence frivole, peut empoisonner la vie? Lucrèce parle en adepte enthousiaste, qui se félicite d'avoir trouvé la fin de ses inquiétudes dans une doctrine imperturbable, et qui vante aux autres l'asile où il a trouvé le repos.

Sans doute, il est toujours téméraire d'affirmer qu'un philosophe a nécessairement passé par tous les états de l'âme qu'il décrit, et, dans ce domaine de la conjecture, on risque de provoquer bien des objections; cependant, quand, de nos jours, nous lisons les conseils éloquents d'un moraliste chrétien qui, revenu des erreurs du monde, dépeint, avec une science passionnée, les tourments d'une raison en proie au doute, et promet la sécurité dans la foi religieuse, nous ne faisons pas difficulté de croire que lui-même a connu les souffrances du mal et l'efficacité du remède. Ainsi, selon nous, c'est pour fuir le monde de la politique et des affaires qui l'épouvante et le consterne, c'est pour se fuir encore lui-même, que Lucrèce s'est précipité sans retour dans l'épicurisme, qui n'est pas, comme on le dit, la doctrine de la volupté, qui mériterait un nom plus honorable et devrait être appelé la doctrine du renoncement, de l'indifférence et de la quiétude.

En général, on ne se rappelle pas assez, en lisant les philosophes anciens, ceux surtout qui appartiennent à la fin de la république et à l'empire, que les doctrines morales n'étaient pas seulement un sujet de curiosité scientifique, mais qu'elles offraient aussi des refuges où les consciences troublées, les âmes que la vie avait blessées allaient chercher le repos, un soutien, une foi. Les écoles étaient devenues des sectes et quelquefois de petites églises qui avaient leur propagande active, leur prédication journalière et passionnée, leurs adeptes et leurs prosélytes. Tous les hommes qui avaient quelque goût pour la perfection morale, des jeunes gens dont l'âme était généreuse ou pure, des politiques émérites ou désabusés, les victimes de leurs propres passions ou des passions d'autrui allaient demander, selon les besoins, à l'une ou l'autre de ces sectes des lumières, un appui ou des consolations. Les maîtres se chargent des âmes, les éclairent, les dirigent ou les fortifient. Par un singulier renversement de ce qui se passe dans nos sociétés chrétiennes, ce sont les philosophes qui, dans l'antiquité, remplissent quelques-unes des fonctions morales qui sont réservées chez les modernes aux ministres du culte. Tandis que chez nous les âmes tourmentées ou froissées vont d'ordinaire de la philosophie à la religion, les anciens, par les mêmes motifs, allaient de la religion à la philosophie. Pour peu qu'on y réfléchisse, on en saisit tout de suite les raisons. Les prêtres du paganisme n'étaient que de simples fonctionnaires politiques qui présidaient à des cérémonies. Ils n'avaient rien à enseigner, et à Rome, par exemple, ils ne comprenaient pas même le vieux formulaire en langue barbare dont ils avaient à réciter les paroles. Le paganisme lui-même n'offrait aucune lumière aux esprits ni aux consciences. Il ne renfermait pas un idéal moral auquel on pût conformer sa vie. Quant aux besoins d'une raison non satisfaite ou d'un cœur troublé, c'étaient là de ces choses qui échappaient entièrement à la compétence de l'Olympe. On pouvait bien demander aux dieux, au nom de leur toute-puissance, la richesse, la santé et tous les biens extérieurs, leur faire, comme à des princes, la cour pour en obtenir des faveurs, les rendre même les complices de ses passions et leur adresser quelquefois des prières intéressées et coupables qu'on aurait eu honte de laisser entendre par des hommes ; les biens de l'âme, on n'allait pas les chercher dans les temples, mais dans les écoles de philosophie. Diverses doctrines répondaient aux différents besoins des esprits à la recherche de la perfection morale. Le stoïcisme recevait les âmes fortes, portées à l'action, prêtes aux combats de la vie, qui voulaient tremper leur courage et s'armer de constance. L'épicurisme d'ordinaire, qui n'était pas, je le répète, une école de corruption, mais une doctrine triste, sévère aussi, indifférente aux luttes de la vie, recueillait les âmes timides, prudentes ou découragées, et pour apaiser leurs passions et leurs craintes, leur offrait l'asile d'un quiétisme païen.

Si jamais Romain morose et fatigué s'est jeté avec un complet abandon dans le sein de la philosophie, c'est assurément le poëte qui en a si bien chanté les calmes délices. Qui ne se rappelle ces beaux vers où Lucrèce, retiré du monde, dont les horribles spectacles l'épouvantent, et réfugié sur les hauteurs de la sagesse, contemple l'arène où les hommes s'agitent et fait un retour sur la paix intérieure qu'il a trouvée dans la doctrine? Par quelles grandes images il peint le bonheur de la sécurité dont il jouit! Il se compare à un homme qui, de l'immobile rivage, suivrait des yeux, sur la vaste mer, des matelots battus par la tempête, ou bien encore à celui qui, sans aucun péril, verrait dans la plaine, à ses pieds, deux puissantes armées prêtes à s'entrechoquer. Ce ne sont point là pour lui les plaisirs d'une curiosité inhumaine, mais les éclats de joie d'un homme à qui les dangers d'autrui font mieux savourer sa propre quiétude. Aucune éloquence plus haute n'a jamais célébré la joie philosophique d'un solitaire épris de félicité intérieure. Dans quel lointain et quelle petitesse le conflit des passions humaines apparaît à ce spectateur debout sur les sereines hauteurs d'une doctrine désintéressée[1]! *La paix! la paix!* Ce cri de Pascal est aussi celui de Lucrèce : la paix pour la république dont les terres et les mers sont sillonnées en tous sens par des armées et des flottes guerrières, la paix pour son ami Memmius, pour lequel il compose son poëme afin de partager avec lui les bienfaits de la doctrine, la paix enfin pour lui-même, *placidam pacem*. Cette paix ferme et constante, il ne la cherche plus, il l'a trouvée, il la possède, il s'en délecte, elle règne dans son esprit et dans son cœur, qui ne frémissent que pour la chanter ou la défendre, et tout d'abord se répandent en mâles actions de grâces adressées au fondateur de la doctrine.

---

1. II, 1-16.

CHAPITRE III.

ENTHOUSIASME POUR ÉPICURE, FOI, PROPAGANDE; MEMMIUS.

Jamais chef d'école n'a reçu d'un disciple pareils hommages, si beaux, si sincères, si simples et d'une naïveté si homérique. Épicure est, aux yeux de Lucrèce, non-seulement le sage par excellence, mais un révélateur au-dessus de l'humanité, et dont la venue a éteint toutes les gloires comme le soleil levant efface toutes les étoiles.

> Qui genus humanum ingenio superavit, et omnes
> Restinxit, stellas exortus uti ætherius sol.   (III, 1044.)

L'enthousiasme religieux des premiers chrétiens pour la parole révélée et divine n'a pas proclamé avec plus de mépris l'inanité de toute la sagesse antique[1]. Ce ne sont point là des transports fugitifs

---

1. Ainsi parle Bossuet : « Sitôt que la croix a commencé de paraître en ce monde... tout ce que l'on adorait dans la terre a été enseveli dans l'oubli. Le monde a ouvert les yeux... et s'est étonné de son ignorance. » Sermon *sur la vertu de la croix*.

et inconsidérés de poëte, ami de l'hyperbole [1]; ces ravissements se traduisent en langage médité et recommencent dans le poëme au début de chaque livre. Assez semblable aux rapsodes qui, dans leur dévotion naïve, avant de chanter prononçaient le nom de Jupiter, Lucrèce reprend quelquefois haleine pour invoquer Épicure et comme pour lui demander l'inspiration. Sa reconnaissance est si vive et si grave qu'elle ressemble à de la piété; ces chants lyriques de la science impie ont un accent religieux et la grandeur d'un langage sacré, et le poëte lui-même, en attaquant les divinités, fait penser au délire d'un hiérophante qui rend les oracles de son dieu.«

Ces hymnes redoublés ne sont pas des redites; ils célèbrent les bienfaits divers qu'Épicure apporta au genre humain. D'abord, dans le premier livre, le poëte exalte en vers puissants le courage d'esprit qu'il a fallu au fondateur de la doctrine pour oser le premier regarder en face le monstre de la superstition, pour le braver, le combattre, le mettre sous ses pieds. Plus loin, au début du troisième livre, son admiration s'adresse à l'inventeur d'une science

---

[1]. Tous les épicuriens parlent de même en prose, dans la conversation, mais avec une foi plus tranquille. Torquatus dit de son maître : « Quem ego arbitror *unum* vidisse verum... illo *inventore* veritatis. » Cicéron, *de Finib.*, I, 5 et 10. Ce sont presque les mots de Lucrèce : « Rerum *inventor*, III, 9. Qui *princeps* vitæ rationem invenit, V, 9. *Primus* graius homo, I, 66. Qui *primus* potuisti, III, 2. » Toutes les autres doctrines étaient non avenues.

nouvelle. Pour Lucrèce, étudier la physique de son maître, c'est assister à la subite révélation des plus profonds secrets de la nature et à des spectacles dont la grandeur jusqu'alors inconnue le remplit « de volupté divine et de saints frémissements. »

Dans le beau morceau qui ouvre le cinquième livre, auquel on peut joindre le début du sixième, Lucrèce ne parle plus que de la morale, mais en des termes qui ne peuvent être surpassés. Il compare à un dieu, *deus ille fuit, deus*, celui qui le premier a su trouver une sagesse plus qu'humaine et faire succéder le calme et la lumière à l'orage et aux ténèbres. Ce langage n'est pas pour lui une hyperbole poétique, mais une vérité qu'il va prouver en mêlant le raisonnement à son délire. Rappelant les anciennes découvertes qu'on attribue aux divinités, il fait voir qu'il n'en est pas de si précieuse qui mérite d'être comparée à celle d'Épicure. On prétend, dit-il, que Cérès fit connaître aux hommes les moissons et Bacchus la vigne; mais le genre humain ne pourrait-il pas subsister s'il n'avait reçu ces présents? On nous parle des travaux d'Hercule et des monstres qu'il a domptés; eh! comment aujourd'hui pourraient-ils nous nuire et aurions-nous besoin d'un dieu pour nous en débarrasser? Mais si une saine doctrine n'a purifié nos cœurs, que de combats à livrer en nous-mêmes! quels ravages ne font pas en nous l'orgueil, la débauche et toutes les passions? n'est-il pas plutôt un dieu celui qui a détruit ces monstres bien autrement redoutables, non avec une massue, mais avec les armes de la raison? On voit, par ce long raisonnement que je résume, jusqu'où s'emporte l'enthousiasme du poëte. Mais il ne faut pas méconnaître ce qu'il y a de vrai dans ce langage. Dans l'antiquité païenne, à mesure que la morale s'élève, la religion déchoit, parce que la mythologie, créée par des imaginations dans l'enfance, ne répond plus aux besoins nouveaux des intelligences cultivées. Qu'à l'origine des sociétés, les hommes aient divinisé ceux qui les avaient délivrés de certains fléaux et qui leur avaient appris les premiers arts, on le conçoit sans peine, mais on comprend aussi qu'après des siècles on n'ait plus apprécié des services qui paraissaient si faciles à rendre. Aux yeux d'un philosophe, un Socrate, un Platon, un Épicure était assurément un personnage plus respectable qu'Hercule et que Bacchus, et Lucrèce pouvait, sans trop d'exagération, proposer de rendre à son maître des hommages divins qu'on avait prodigués à un tueur de bêtes féroces et à l'inventeur du vin [1].

Ce triple enthousiasme, irréligieux, scientifique, moral, dont nous venons de marquer les caractères, anime Lucrèce dans sa vaste et laborieuse entreprise.

---

[1]. Ce raisonnement paraissait si juste que le grave Épictète l'emprunte à Lucrèce, en le tournant à la gloire de son maître à lui, de Chrysippe : « Eh bien! les hommes ont élevé des autels à Triptolème, parce qu'il leur a donné une nourriture plus douce; et celui qui a trouvé la vérité, non pas sur les moyens de vivre, mais sur les moyens de vivre heureux, est-il quelqu'un de vous qui lui ait construit un autel? » *Entretiens*, I, 4.

Jamais ce souffle puissant ne cessera un seul moment d'enfler sa voile. Comme on sait peu de chose sur le poëte, il faut ici recueillir, çà et là, dans ses vers les moindres vestiges qui peuvent faire connaître l'état de son âme et la plénitude de sa foi. Il se nourrit de toutes les paroles d'Épicure, il en épuise le suc, comme l'abeille qui, dans ses avides recherches, ne passe point une fleur.

> Florigeris ut apes in saltibus omnia libant,
> Omnia nos itidem depa cimur aurea dicta. (III, 11.)

C'est pour lui un bonheur de consacrer à la doctrine ses veilles durant le calme des nuits sereines.

> Noctes vigilare serenas. (I, 142.)

Bien plus, même dans le sommeil, sa pensée appartient encore au système ; les rêves ramènent à son esprit les problèmes de la nature.

> In somnis. . . . .
> Nos agere hoc autem, et naturam quærere rerum
> Semper. . . . . (IV, 966.)

Cette obsession le charme ; aucun travail ne lui coûte pour trouver des tours heureux, des expressions poétiquement lumineuses qui feront éclater aux yeux, dans toute leur splendeur, les mystères les plus reculés de la nature.

> Quærentem dictis quibus, et quo carmine demum
> Clara tuæ possim præpandere lumina menti,
> Res quibus occultas penitus convisere possis. (I, 144.)

Cependant la tâche est rude. Mettre en vers la physique d'Épicure, vouloir prêter des ornements à un système si fort ennemi de l'imagination et qui consiste en démonstrations scientifiques et en raisonnements rigoureux, c'était assurément une entreprise difficile, et le seul courage de l'avoir tentée montre assez combien les convictions de Lucrèce étaient ardentes et fermes. Si, de plus, on se rappelle qu'alors la langue latine n'avait pas encore été façonnée à l'expression des vérités philosophiques, qu'elle manquait de la précision que la science exige, qu'elle ne fournissait pas même les termes les plus nécessaires, que, par conséquent, il fallait d'abord créer les mots indispensables et leur donner ensuite un certain lustre poétique, on comprendra mieux encore quelle était la témérité de ce poëte novateur. Pour la langue, Lucrèce s'en plaint lui-même, et plus d'une fois il s'arrête dans la pénible exposition de son système pour constater cette disette de mots, cette indigence incapable de mettre dans un beau jour les profondes révélations de la Grèce, si neuves pour des Romains :

>   Nec me animi fallit Graiorum obscura reperta
>   Difficile inlustrare Latinis versibus esse
>   (Multa novis verbis præsertim cum sit agendum),
>   Propter egestatem linguæ et rerum novitatem.   (I, 137.)

Mais, après ces courtes plaintes, il poursuit son travail à la recherche de ses précieuses découvertes avec la foi d'un mineur qui, ayant un moment gémi sur son trop lourd instrument, de nouveau pousse en avant, certain de trouver à chaque coup de l'or.

Cette lutte contre une langue rebelle l'excite sans l'irriter. Il sent que l'obstacle fortifie son génie, que l'effort lui assure mieux ses conquêtes. Jamais il ne doute du succès, et, au milieu de ses peines, il laisse échapper comme des cris d'espérance et de triomphe. Il dit lui-même et redit, précisément dans les passages les plus arides du poëme, que ce pénible travail lui est doux. Ainsi, quand il traite des atomes, de leurs mouvements, de leur prétendue couleur, et qu'il est aux prises avec le sujet le plus réfractaire à la poésie, il ne peut contenir sa joie :

> Nunc age, dicta meo dulci quæsita labore
> Percipe. . . . . (II, 730.)

Ce vers lui échappe encore en joyeux refrain, quand il discute sur la nature de l'âme :

> Conquisita diu, dulcique reperta labore. (III, 420.)

Voilà bien l'esprit du sectaire qui trouve des délices jusque dans les sécheresses de la doctrine, parce que les principes renferment des conséquences désirées, car il ne s'agit point pour Lucrèce de spéculations oisives, de démonstrations qui ne sont que curieuses; il sait, il ne perd point de vue que de la théorie physique découle la morale ; que la destinée de l'homme, ses devoirs, son bonheur sont engagés dans ces problèmes ardus sur l'origine des choses. Le chemin mal aisé de la science le mène au séjour de la sérénité.

La foi de Lucrèce paraît encore dans l'impatience que lui causent les objections faites à sa doctrine. Sans les discuter, il les repousse avec insolence d'un mot : *Desipere est.* Dédaigneux et tranchant quand il réfute, il laisse voir une assurance hautaine quand il affirme. Aux vérités qu'il apporte, il ose donner le nom réservé aux arrêts du destin, il les appelle *Fata.* Ses propres paroles, dit-il encore, sont plus sacrées et plus sûres que les oracles de la Pythie, couronnée de lauriers sur le trépied d'Apollon,

> Sanctius, et multo certa ratione magis, quam
> Pythia quæ tripode e Phœbi, lauroque profatur. (V, 112.)

Bien plus, il est telle découverte d'Épicure qui lui semble d'une grandeur si extraordinaire, qu'il n'ose pas l'annoncer aux hommes sans précaution et sans ménagement, de peur de les accabler par la surprise et par l'admiration. Il craint que la nouveauté de ces enseignements ne renverse les esprits. Il prévient qu'à la longue l'accoutumance, en nous les rendant familiers, les fera paraître moins merveilleux. Singulier scrupule que celui qui hésite à proclamer une vérité parce qu'elle est trop belle ! c'est que pour le poëte, ces vérités, comme il dit, risquent de produire sur les âmes la ravissante et terrible impression que pourrait faire sur des hommes qui n'ont jamais vu que les ténèbres la première apparition du soleil et des corps célestes :

. . . . ut cœli clarum purumque colorem
Lunæque et solis. . . . .
Omnia quæ si nunc primum mortalibus adsint.
(II, 1033.)

En effet, l'épicurisme n'est-il pas la vraie, l'unique lumière?

Aussi, avec quelle joie il propage la doctrine! Dans l'ardeur de son prosélytisme, il s'exalte à la seule pensée que le premier il apporte aux Romains de si belles vérités. Le poëte d'ordinaire si impérieux rencontre alors des paroles pleines d'une condescendance charmante et d'une sollicitude presque maternelle pour l'ignorance qu'il prétend instruire. Il faut ici le suivre dans une de ces effusions où à l'ivresse de l'orgueil se mêle la grâce du bonheur :

Des Muses je parcours les chemins non frayés
Qu'aucun homme avant moi n'a touchés de ses pieds,
Je veux, je veux goûter une source nouvelle
Où jamais n'a trempé nulle lèvre mortelle,
Et ces fleurs dont jamais les Muses de leurs mains
N'avaient paré le front des vulgaires humains,
A mon front je les tresse en couronne éclatante.
Et d'abord il est grand le sujet que je chante,
Et puis je fais tomber sous mon savant mépris
Les fers religieux dont les cœurs sont meurtris,
Enfin pour éclairer une obscure matière
Aux vers j'ai demandé leur grâce et leur lumière.
Il le faut : quand l'enfant, rebelle au médecin,
Craint un breuvage amer qu'on lui présente en vain,
D'un miel qui rit aux yeux une coupe entourée
Peut attirer sa lèvre à la liqueur dorée,
Et l'enfant jusqu'au fond du vase détesté

Dans son erreur candide aspire la santé.
Ainsi, puisqu'en mes vers la raison salutaire
Offense les regards de l'ignorant vulgaire,
Et qu'effrayé d'abord et reculant d'horreur
Il n'ose de mes chants sonder la profondeur,
Pour tromper son dégoût, mon innocente ruse
A versé sur mes vers le doux miel de la Muse[1]. (IV, 4.)

Ce fier et gracieux transport est d'autant plus remarquable qu'il était plus insolite dans l'école d'Épicure. En général, la propagande épicurienne était calme, et, bien qu'elle pût être obstinée, elle ne recourait pas à l'éloquence et ressemblait peu à celle des stoïciens, par exemple. Ceux-ci, du moins

---

[1]. Avia Pieridum peragro loca nullius ante
Trita solo : juvat integros accedere fontes
Atque haurire; juvatque novos decerpere flores,
Insignemque meo capiti petere inde coronam,
Unde prius nulli velarint tempora Musæ.
Primum, quod magnis doceo de rebus, et arctis
Relligionum animos nodis exsolvere pergo;
Deinde, quod obscura de re tam lucida pango
Carmina, musæo contingens cuncta lepore.
Id quoque enim non ab nulla ratione videtur;
Nam veluti pueris absinthia tetra medentes
Cum dare conantur, prius oras, pocula circum,
Contingunt mellis dulci flavoque liquore,
Ut puerorum ætas improvida ludificetur
Labrorum tenus; interea perpotet amarum
Absinthi laticem, deceptaque non capiatur,
Sed potius tali facto recreata valescat :
Sic ego nunc, quoniam hæc ratio plerumque videtur
Tristior esse, quibus non est tractata, retroque
Volgus abhorret ab hac, volui tibi suaviloquenti
Carmine Pierio rationem exponere nostram,
Et quasi musæo dulci contingere melle.

au temps de l'empire, faisaient en tous lieux, dans les écoles, dans le monde, quelquefois sur la place publique, de véritables sermons, non sans véhémence, et mettaient l'éloquence au service de la philosophie. Ils ne se contentaient pas d'exposer leurs principes, mais cherchaient à exalter, à entraîner les âmes. Leur morale virile, assez conforme au vieil esprit romain, pouvait se produire au grand jour sans causer d'étonnement. Elle ne blessait pas les idées reçues sur les mœurs et la religion. L'épicurisme, au contraire, se prêtait peu à l'éloquence et à la prédication publique, d'abord parce que la doctrine avait été réduite par Épicure lui-même en un petit nombre de règles et de *canons,* ensuite parce que des idées si particulières sur la religion et la morale risquaient d'offenser bien des oreilles. D'ailleurs, la doctrine qui ne recommandait en tout que l'indifférence et le repos ne devait pas se montrer souvent impétueuse. On ne s'échauffe guère pour apprendre aux hommes à se tenir tranquilles. L'épicurisme, sans doute, répondait trop bien au scepticisme contemporain pour n'avoir pas quelquefois frappé les esprits par la simplicité dogmatique de ses leçons; mais il n'a pas dû essayer souvent, comme le stoïcisme, d'enlever les cœurs par une vive prédication. Je me figure qu'en général il s'est recruté, homme par homme, disciple par disciple, dans le secret des entretiens privés. Car l'école formait partout une société choisie qui avait ses réunions, ses célébrations réglées, une sorte de rituel philosophique, ses fêtes intimes, auxquelles on ne pouvait associer le premier venu. N'est-ce pas l'amitié qui devait ouvrir la porte de ces petites églises profanes?

Aussi, bien que le *Poëme de la Nature* s'adresse à tous les hommes, il est plus particulièrement consacré à la conversion d'un ami, de Memmius, ainsi que le poëte le déclare lui-même : « Ta vertu et l'espérance charmante de contenter ton amitié, qui fait ma joie, m'engagent à supporter toutes les fatigues de mon entreprise. »

> Sed tua me virtus tamen, et sperata voluptas
> Suavis amicitiæ, quemvis perferre laborem
> Suadet. . . . . (I, 141.)

Quel est ce personnage qui paraît à Lucrèce digne de son poëme? Il convient de n'en dire ici que ce qui intéresse notre sujet[1].

C. Memmius Gemellus, d'une famille illustre, fils et neveu d'orateurs connus, lui-même orateur distingué et fâcheux à rencontrer dans les luttes du Forum, parut de bonne heure dans la vie publique et dans les honneurs. Nommé gouverneur de la Bithynie, il emmena dans sa province le grammairien Curtius Nicias et le poëte Catulle, selon la coutume des personnages politiques, qui, pour leur utilité, par vanité ou par goût de l'esprit, tenaient à se faire un cortége de lettrés qui servaient comme

---

1. M. Patin a fait sur Memmius une notice spirituelle et complète.

de parure à leur autorité. A son retour il fut accusé par César, se défendit avec violence par des allusions flétrissantes aux mœurs de son adversaire et fut probablement absous. Souvent accusateur à son tour, il s'attaqua au célèbre L. Lucullus, le vainqueur de Mithridate, dont il voulut empêcher le triomphe, et fit voir ainsi, par l'importance de ses adversaires, quelle fut son importance à lui-même. Après avoir été questeur et préteur, il disputa le consulat à trois prétendants dans une lutte si ardente qu'il fut, avec les autres candidats, accusé de brigue et condamné à l'exil, où il mourut.

Cette vie agitée n'est pas celle d'un tranquille épicurien qui pratique la doctrine, et Memmius avait bien besoin des préceptes de Lucrèce. Je croirais volontiers que si Lucrèce parle si souvent avec des accents si passionnés, dans un poëme sur la physique, de l'ambition, de ses misères, de ses déconvenues, c'est pour l'instruction de son ami. Une fois rejeté de la vie publique, Memmius paraît ne s'être plus occupé que de lettres et de plaisirs. Il supporta son malheur avec une certaine bonne grâce, se rendit à Athènes où il avait étudié dans sa jeunesse et où nous le voyons engagé dans un procès obscur et singulier avec la secte d'Épicure. Il s'était fait concéder par l'aréopage une partie des fameux jardins d'Épicure, pour y bâtir. Était-ce une maison ou une sorte de chapelle? On l'ignore. Le philosophe Patron, qui était alors le chef de l'école, revendiqua ce terrain, qui avait été légué expressément à la secte par le fondateur de la doctrine à perpétuité. Cicéron employa, en faveur de Patron, ses bons offices auprès de Memmius[1]. Il est assez naturel que l'ami de Lucrèce ait tenu à posséder, à embellir peut-être une terre qui fut le berceau sacré de la doctrine célébrée par le grand poëte.

Memmius paraît avoir été un épicurien, non pas dans le sens dogmatique et sévère du mot, mais selon le monde. Il était indolent et la paresse nuisit même à son éloquence. Cicéron dit « que cet orateur ingénieux, à la parole séduisante, fuyait la peine, non-seulement de parler, mais encore de penser[2]. » Il avait sans doute de beaux réveils et redevenait à ses heures citoyen actif. Comme les autres raffinés du temps, il admirait surtout la Grèce, ses élégances et sa littérature, où il était passé maître, et dédaignait fort les lettres latines un peu rudes encore. Lucrèce semble s'excuser de lui offrir des vers latins. La paresse et plus tard l'exil lui ayant fait des loisirs, il s'amusait à composer des vers, qui étaient négligés et durs, comme le sont d'ordinaire les vers d'amateur, et qui s'étaient fait remarquer surtout par des licences qui n'étaient pas seulement des licences poétiques. Chez les anciens, ni la morale, ni le goût ne réprouvaient les jeux impudiques de la Muse. Les mœurs de Mem-

---

1. *Lettres fam.*, XIII, 1, 2, 3; *A Atticus*, V, 11.
2. *Brutus*, 70.

mius n'étaient pas moins légères, et son nom pourrait figurer dans une histoire de la galanterie romaine. En amour, comme en politique, il eut des succès et des revers assez éclatants pour que le souvenir s'en soit conservé. Il semble avoir mis sa gloire à faire des conquêtes difficiles, car il adressa ses hommages précisément à la dame romaine qui passait pour aimer le plus son mari, à la femme de Pompée. Celle-ci, en vraie fille de César, pensant *qu'une femme ne doit pas même être soupçonnée*, montra le billet doux à son vieil époux chéri, qui interdit désormais sa maison au messager d'amour, Curtius Nicias[1]. Les grammairiens attachés aux grandes maisons rendaient, on le voit, à leur patron, des services qui n'étaient pas toujours littéraires. Un autre esclandre fit plus de bruit encore, car il empêcha le peuple romain de célébrer une fête publique, la fête de la Jeunesse, à laquelle Memmius devait présider sans doute. Nous laissons parler Cicéron, qui raconte le fait avec grâce : « Memmius a fait voir d'autres mystères à la femme de M. Lucullus. Le nouveau Ménélas, ayant mal pris les choses, a répudié son Hélène. L'ancien Pâris n'avait offensé que Ménélas, mais le Pâris du jour a tenu à blesser encore Agamemnon[2]. » Ce dernier trait est une allusion au discours par lequel Memmius s'était opposé au triomphe du grand Lucullus.

---

1. Suét., *de Illustr. Gramm.*, XIV.
2. *Lettres à Atticus*, I, 18.

frère du mari supplanté. Pour la famille des Lucullus, Memmius fut aussi dangereux ami qu'adversaire incommode au Forum[1].

La foi, qui est commune à toute la secte, et le prosélytisme de l'amitié ne suffisent point à expliquer la constante éloquence du poëte. Il est une passion personnelle qui soutient et anime sans relâche son génie. Lucrèce défend l'asile où s'est réfugiée sa raison. Ne le prenez pas pour un de ces disciples récemment éblouis de vérités nouvelles et

---

[1]. On a dit finement que Lucrèce lui-même fait une allusion aux bonnes fortunes de son ami, lorsque, dans son *Invocation à Vénus*, il assure que Memmius a reçu de cette déesse tous les dons :

> Memmiadæ nostro, quem tu, Dea, tempore in omni
> Omnibus ornatum voluisti excellere rebus.   (I, 26.)

Cela nous paraît plus ingénieux que juste. Un si grave poëte, ennemi de l'amour et de ses désordres, aurait-il fait une allusion flatteuse à un déréglement de mœurs? Je propose une explication nouvelle de ces vers sur lesquels on a discuté. Je crois que Lucrèce faisait de Memmius un protégé de Vénus, parce que cette déesse était l'objet d'un culte particulier dans la famille Memmia. En parcourant, en effet, la collection des médailles *consulaires*, on remarque que la plupart des monnaies au nom de Memmius portent au revers une tête de Vénus que couronne Cupidon. Il y en a cinq de cette espèce et deux autres où Vénus est représentée sur un bige *(Descript. générale des monnaies de la répub.*, par Cohen). On voit donc que Lucrèce en invoquant Vénus, la mère des Romains, *Æneadum genitrix*, et la divinité protectrice des Memmius, faisait une allusion doublement délicate au culte national des Romains et au culte domestique de son ami. Tout cela est comme entraîné et fondu dans la grande allégorie philosophique qui a été souvent si mal comprise. Voyez la page 64 de ce volume et les pages suivantes.

qui les proclament avec la chaleur légère d'un premier transport, ni pour un de ces poëtes épris de la difficulté vaincue, comme on en a vu quelquefois, qui s'amusent à mettre en vers un système en renom, avec l'espoir qu'on admirera leur talent plus encore que leur doctrine. Lui, il tient à la sagesse épicurienne comme à son bien, il s'attache à ces dogmes solidement enchaînés qui l'abritent contre les frayeurs de la vie et de la mort. C'est pourquoi, en exposant la doctrine, il semble lutter pour son propre intérêt et plaider pour lui-même. De là vient qu'une simple exposition de vérités physiques ressemble à une suite de harangues; et s'il est vrai que l'absence d'une conviction véritable se reconnaît au style déclamatoire, on ne peut mettre en doute la sincérité de ce poëte orateur, qui est certainement le moins déclamateur de tous les orateurs romains.

La passion du philosophe se reconnaît encore à la rare obstination qu'il met à dompter une matière qui résiste, à l'intensité sans exemple de l'effort poétique. On peut dire que Lucrèce pèse sans cesse sur son sujet de toute la force, de tout le poids de son génie. Il n'est pas un de ces auteurs complaisants pour eux-mêmes qui, par tiédeur pour leur doctrine, laissent en quelque sorte reposer leurs facultés l'une après l'autre, qui renvoient leur imagination quand ils dissertent et leur raison quand ils chantent. Il est toujours en possession de toute sa vigueur; il y a de la passion dans le détail de son raisonnement, comme il y a de la logique dans toutes les effusions de son enthousiasme. Ce mélange de dialectique et d'inspiration a frappé les anciens. Stace dit excellemment : *Docti furor arduus Lucreti*[1]. Tant de patience unie à une fougue qui se contient à peine est le signe certain d'une profonde conviction et aussi le plus sûr moyen de la faire partager aux autres. Si la doctrine d'Épicure n'était pas si discréditée, si nous pouvions encore être trompés par des erreurs évidentes, nous apprendrions, par l'effet que produirait sur nous l'éloquence de Lucrèce, que la plus grande puissance de persuasion tient précisément à cette alliance de la logique et de la poésie. C'est à ces deux forces réunies que la plupart des grands réformateurs ont dû leur triomphe. Quand la dialectique a ébranlé les préjugés, ruiné lentement le fondement des opinions contraires, enfin, quand elle a ouvert la brèche, il est facile à la furie poétique de passer au travers.

Pourquoi tant de passion dans un simple traité de physique? Lucrèce est-il donc à ce point curieux de science que la découverte des moindres mouvements de la matière doive lui causer tant de joie? Non, ce qui le ravit, nous l'avons déjà fait pressentir : ce sont les conclusions implicites de la doctrine. Tout système a un but, avoué ou non, vers lequel tout converge : une grande idée motrice en pousse

---

1. *Silves*, II, 7.

tous les ressorts. Ainsi, toute la science épicurienne, même dans ses principes les plus lointains, prépare, accumule des arguments contre la religion païenne, qui repose sur cette croyance que rien n'est réglé d'avance dans la nature, que tout marche selon le caprice de dieux terribles. Toute explication raisonnable et scientifique d'un phénomène naturel sera donc une conquête précieuse et comme une prise sur la superstition. En assistant au concours des atomes, au vaste et sourd travail de l'univers se formant de lui-même, le poëte s'assure que l'intervention des dieux est inutile. Dès lors, plus de vengeances célestes, plus de craintes religieuses, plus de troubles d'esprit. La paix est rendue à la superstition tremblante. Voilà ce qui enflamme et soutient Lucrèce dans son étonnant labeur, voilà le secret de son enthousiasme, de son obstination, de son prosélytisme véhément, secret qu'il ne tarde pas à laisser échapper, nous l'allons voir, dès le début de son poëme.

CHAPITRE IV.

LA RELIGION DE LUCRÈCE.

Nous sommes à l'aise pour parler de l'incrédulité agressive de Lucrèce, et nous ne nous croyons pas tenu de flétrir d'avance le poëte par cela qu'il est un impie. Que nous importe l'impiété envers les croyances païennes? Ce n'est pas à nous à prendre leur défense. Je sais bien que le système de Lucrèce, dans ses principes généraux, enveloppe tous les cultes dans une égale réprobation; mais n'est-il pas évident que dans ses intentions le paganisme seul est l'objet de ses attaques et que tout le système n'est qu'une machine de guerre mise en mouvement par la haine des superstitions antiques? Il ne s'en prend qu'à la mythologie; dès le début il le déclare lui-même, et plus d'une fois. Son poëme est destiné à rassurer les hommes contre les effrayantes fictions que les poëtes ont répandues dans le monde : *Vatum terriloquis dictis* [1].

Relligionibus atque minis obsistere vatum.   (I, 140.)

---

1. I, 102.

Dans cet assaut l'intérêt est du côté de Lucrèce, non pas qu'il oppose à des erreurs religieuses des vérités philosophiques plus incontestables : il combat souvent l'erreur par l'erreur; mais dans ce conflit la cause du poëte vaut l'autre. Son explication matérialiste de l'origine des choses n'est pas plus chimérique que la plupart des anciennes cosmogonies, sa morale n'est pas plus corruptrice que celle de la mythologie. Dans cette lutte de l'erreur contre l'erreur nous n'avons donc pas à prendre parti pour l'une ou pour l'autre, mais nous pouvons, sans scrupule, nous intéresser à la belle furie de l'assaillant.

Selon nous, l'entreprise d'Épicure n'est pas, comme on se le figure et comme on le répète souvent, une attaque contre ce que nous appelons les doctrines spiritualistes. Il ne les a pas attaquées, par la bonne raison qu'il les ignorait ou ne s'en inquiétait pas. Il connaît peu les grands systèmes qui ont précédé le sien et se pique même de ne pas les connaître. Sa nonchalance recule devant toutes les spéculations métaphysiques, et pour se mettre l'esprit en repos, il affecte de dédaigner tout ce qui lui coûterait de la peine à étudier. Qu'il se soit rencontré un Anaxagore reconnaissant dans le monde une cause première et divine, c'est ce dont Épicure ne se soucie point; que Platon adore dans l'univers la main d'un suprême ouvrier, Épicure n'en sait rien et ne songe pas à le contredire; que Socrate ait entrevu et proclamé l'immortalité de l'âme et une autre vie où s'exercera la justice divine, Épicure n'y pense pas, ou du moins il ne s'en met pas en peine. Il demeure bien au-dessous de ces doctrines; il n'a pas de si grandes visées philosophiques : ni son ignorance volontaire, ni son dédain n'auraient pu monter si haut. Il n'est, à vrai dire, qu'un païen désabusé qui fait la guerre à la religion païenne et qui au matérialisme des religions oppose son matérialisme scientifique. Sans doute quelques-uns de ses principes peuvent, par hasard, servir encore aujourd'hui d'objections à nos croyances, mais le vieux philosophe ne leur donnait point cette portée. Y a-t-il un dieu unique, créateur et soutien du monde, y a-t-il une Providence, voilà une question qu'Épicure ne s'est pas même posée, et nous sommes, nous autres, chrétiens ou déistes, tout à fait désintéressés dans ce débat. Tout l'effort de l'épicurisme est dirigé contre ces dieux malfaisants, sans justice comme sans bonté, dont l'intervention perpétuelle, inique et fantasque empoisonnait la vie humaine et dégradait les âmes. A la place de ces dieux armés de leurs terribles caprices, Épicure en imagina d'autres qui ne sont pas redoutables, qui vivent étrangers au monde, laissent le gouvernement de la nature à la nature elle-même, se renferment dans leur béatitude inoffensive, et qui, s'ils n'ont pas le mérite de travailler au bonheur des hommes, ont du moins celui de ne pas les tourmenter. Il ne supprime pas la Divinité, il la désarme; il la désarme de ces **odieuses fantaisies que lui prêtait la superstition** antique. L'épicurisme n'est qu'une révolte de libres esprits, plus libres que savants, contre la tyrannie céleste, et si l'intervention de ces dieux nouveaux imaginés par Épicure n'est qu'un expédient pitoyable, qui oserait dire que du moins la révolte contre les anciens dieux n'est pas juste?

Mais comment se fait-il que le poëme de Lucrèce, de cet ardent incrédule, s'ouvre par un hymne adressé à une divinité? L'invocation à Vénus n'est-elle donc qu'un de ces ornements convenus qui, dans l'antiquité, décorent le fronton des grands monuments poétiques? S'agit-il ici d'une de ces prières banales imposées par un usage littéraire, et que le poëte prononce au plus vite, comme pour s'acquitter d'une obligation gênante? Non, Virgile dans son épopée nationale, Horace dans ses transports lyriques, n'ont jamais été entraînés par une inspiration si puissante et si naturelle. C'est avec toute la fougue et la grâce du génie amoureux de son entreprise que Lucrèce entonne cet hymne, le plus beau qui soit sorti de la bouche d'un païen.

On s'est étonné plus d'une fois qu'un philosophe qui n'écrit que pour renverser les croyances établies ait placé au commencement de son hardi poëme une prière qu'on ne peut concilier avec son impiété. Les uns y ont vu une contradiction, d'autres une concession habile faite aux superstitions populaires, d'autres enfin une défaillance de l'incrédulité. Ce serait, selon nous, méconnaître la grandeur simple de cette poésie que d'y voir une inconséquence, une ruse ou une faiblesse.

Lucrèce pouvait, sans être infidèle à sa doctrine, invoquer poétiquement Vénus, puisqu'elle représente à ses yeux la grande loi de la génération, la puissance féconde de la nature, qui propage et conserve la vie dans le monde. Cette Vénus universelle, Lucrèce pouvait la chanter sans se démentir, puisque dans tout le poëme elle sera l'objet de son culte philosophique. Le poëte physicien ne faisait que proclamer, en commençant, un des principes les plus importants de son système, et pour peu qu'on veuille soulever le voile de l'allégorie et chercher le sens caché de cette personnification divine, on verra que ces belles images empruntées au culte national recouvrent une profession de foi et un dogme fondamental de la philosophie épicurienne. Lucrèce croit véritablement à cette puissance souveraine, la seule, selon lui, qui gouverne l'univers :

> Quæ quoniam rerum naturam sola gubernas... (I, 21.)

Aussi, avec quelle admiration et quel saint transport il l'invoque et la célèbre ! A son approche l'univers est en fête, le peuple infini des êtres tressaille, l'insensible matière elle-même se pare en son honneur, et le poëte enthousiaste, comme s'il voulait, lui aussi, remplir dignement un rôle dans la célébration de cette fête universelle et mêler aux fleurs, aux parfums et aux muets hommages de la nature inintelligente les plus belles offrandes de l'humaine raison, verse aux pieds de cette puissance divinisée tous les trésors de son génie. Mais quelle traduction donnera l'idée de cette simple magnificence? C'est le moment de nous rappeler les mots de Lucrèce lui-même disant à son maître :

« Si je m'attache à tes traces, ce n'est pas pour lutter avec toi, mais par amour et par le désir de t'imiter. Eh quoi! l'hirondelle pourrait-elle se mesurer avec le cygne, roi des airs? »

> Non ita certandi cupidus quam propter amorem,
> Quod te imitari aveo : quid enim contendat hirundo
> Cycnis ? (III, 5.)

Puisque la prose serait encore plus impuissante et plus empruntée dans ces hautes régions de l'enthousiasme philosophique, il faut bien prendre son parti de tous les hasards d'un langage plus aventureux, au risque de tomber de plus haut.

> Douce et sainte Vénus, mère de nos Romains,
> Suprême volupté des dieux et des humains,
> Qui, sous la voûte immense où tournent les étoiles,
> Peuples les champs féconds, l'onde où courent les voiles,
> Par toi tout vit, respire éclos sous ton amour
> Et monte, heureux de naître, aux rivages du jour.
> Aussi devant tes pas le vent fuit, les nuages
> A ta divine approche emportent les orages,
> Pour toi la terre épand ses parfums et ses fleurs,
> Pour toi la mer sourit retenant ses fureurs,
> Le ciel s'épanouit et se fond en lumière.
> Car sitôt qu'il revêt sa splendeur printanière
> Et que par les hivers le zéphyr arrêté

Reprend enfin sa course et sa fécondité,
Les oiseaux, les premiers, frappés par ta puissance,
O charmante déesse, annoncent ta présence,
Le lourd troupeau bondit dans les prés renaissants
Et, plein de toi, se jette à travers les torrents ;
Sensibles à tes feux, séduites par tes grâces,
Ainsi des animaux les innombrables races,
Dans le transport errant des amoureux ébats,
Où tu veux les mener s'élancent sur tes pas.
Enfin au fond des mers, sur les rudes montagnes,
Dans les fleuves fougueux, dans les jeunes campagnes,
Dans les nids des oiseaux et leurs asiles verts,
Soumis à ton pouvoir, tous les êtres divers,
Le cœur blessé d'amour, frissonnant de caresses,
Brûlent de propager leur race et leurs espèces.

Puis donc que la nature est toute sous ta loi,
Qu'aux douceurs du soleil rien n'arrive sans toi,
Que sans toi rien n'est beau, rien n'est aimable, inspire,
Unie à mes travaux, les vers que je vais dire.
J'explique la nature à mon cher Memmius,
Et comme tu l'ornas de toutes tes vertus,
Répands en sa faveur, sur une œuvre si belle,
Déesse de la grâce, une grâce immortelle[1]. (I, 1-28.)

---

1. Æneadum genetrix, hominum divomque voluptas,
   Alma Venus, cœli subter labentia signa
   Quæ mare navigerum, quæ terras frugiferentes
   Concelebras; per te quoniam genus omne animantum
   Concipitur, visitque exortum lumina solis :
   Te, Dea, te fugiunt venti, te nubila cœli,
   Adventumque tuum; tibi suaves dædala tellus
   Summittit flores; tibi rident æquora ponti,
   Placatumque nitet diffuso lumine cœlum.
   Nam simul ac species patefacta est verna diei,
   Et reserata viget genitabilis aura Favoni,
   Aeriæ primum volucres te, Diva, tuumque

La suite de cette invocation était bien faite pour toucher le cœur des Romains, quand Lucrèce, confondant de plus en plus la Vénus universelle avec la mère vénérée de la race romaine, et parlant cette fois en citoyen attristé par le spectacle sanglant des guerres civiles qui déchiraient alors la république, supplie la déesse de l'amour, de la concorde, de l'harmonie, d'exercer sa puissance sur le dieu des batailles, de l'entourer de ses divines caresses et de demander la paix pour Rome et pour le monde. Les vœux les plus patriotiques viennent donner un intérêt présent à la prière du philosophe.

> Fais aussi que la guerre et ses affreux travaux
> S'arrêtent endormis sur la terre et les flots ;
> Seule tu peux fléchir par ton charme paisible
> Mars le dieu des combats, puisque ce cœur terrible,

Significant initum, perculsæ corda tua vi.
Inde feræ pecudes persultant pabula læta,
Et rapidos tranant amnes; ita capta lepore
Illecebrisque tuis, omnis natura animantum
Te sequitur cupide, quo quamque inducere pergis.
Denique per maria ac montes, fluviosque rapaces,
Frondiferasque domos avium, camposque virentes,
Omnibus incutiens blandum per pectora amorem
Efficis ut cupide generatim secla propagent.
   Quæ quoniam rerum naturam sola gubernas,
Nec sine te quicquam dias in luminis oras
Exoritur, neque fit lætum neque amabile quicquam,
Te sociam studeo scribendis versibus esse,
Quos ego de Rerum Natura pangere conor
Memmiadæ nostro, quem tu, Dea, tempore in omni
Omnibus ornatum voluisti excellere rebus :
Quo magis æternum da dictis, Diva, leporem.

Vaincu par toi, revient sur ton sein chaque jour
Reposer sa blessure éternelle d'amour.
Ah ! lorsque renversé sur ta sainte poitrine,
Les yeux levés vers toi, de ta beauté divine
Il repaît lentement son regard éperdu,
Qu'à tes lèvres enfin l'amour l'a suspendu,
Penche sur lui ton front, et tes mains adorées
Enveloppant le dieu de caresses sacrées,
Fais couler dans son cœur de ces mots souverains
Qui demandent la paix pour tes fils les Romains ;
Car je ne puis, à l'heure où souffre ma patrie,
Célébrer les douceurs de la philosophie,
Et le grand Memmius, défenseur de l'État,
Ne peut, pour m'écouter, déserter le combat[1]. (I, 29.)

Ce tableau plein de grâce voluptueuse est en même temps d'une gravité chaste qui remplit l'âme comme d'un saint respect pour ces amours divines. Et pourtant on ne peut y voir de la part de Lucrèce qu'un simple jeu d'imagination et non un retour à la crédulité. Mais la vénération du poëte pour la puissance

---

1. Effice ut interea fera mœnera militiaï
Per maria ac terras omnes sopita quiescant.
Nam tu sola potes tranquilla pace juvare
Mortales, quoniam belli fera mœnera Mavors
Armipotens regit, in gremium qui sæpe tuum se
Rejicit, æterno devictus volnere amoris :
Atque ita, suspiciens tereti cervice reposta,
Pascit amore avidos, inhians in te, Dea, visus,
Eque tuo pendet resupini spiritus ore.
Hunc tu, Diva, tuo recubantem corpore sancto
Circumfusa super, suaves ex ore loquelas
Funde, petens placidam Romanis, incluta, pacem;
Nam neque nos agere hoc patriaï tempore iniquo
Possumus æquo animo, nec Memmi clara propago
Talibus in rebus communi deesse saluti.

féconde de la nature qu'il se figure un moment sous les traits consacrés de la divinité romaine, son émotion à la vue des malheurs de sa patrie, ses sentiments civiques qui se mêlent ici aux plus hautes conceptions de la science, donnent à cette peinture de l'amour une grandeur pure qu'on ne trouverait pas ailleurs en un si gracieux sujet.

Ainsi, comme dans toutes les allégories antiques où la science emprunte les formes de la religion, il y a dans ce morceau souvent mal expliqué deux sens, l'un scientifique, l'autre religieux. Ne parlons pas ici de calcul, de prudence, d'hypocrisie ou de piété. Ne voyons qu'un art exquis et légitime qui, pour être compris de tout le monde, contente à la fois les imaginations imbues de superstitions païennes et les esprits philosophiques. Là où le peuple ne verra que la peinture enchantée d'une histoire fabuleuse, les plus savants saisiront un symbole et un point de doctrine. Sans vouloir comparer un art si noble à un objet de vulgaire industrie, nous croyons pouvoir dire que cette peinture à deux faces rappelle ces tableaux populaires qui, par un arrangement ingénieux de perspective, présentent des figures différentes selon la place qu'occupe le spectateur. D'ici vous voyez la Vénus de la fable, la mère des Romains, l'amante de Mars; de là vous contemplez la mère de tous les êtres, la puissance créatrice qui répare sans cesse la destruction et qui tient toute la nature sous le charme de ses lois.

Cette *invocation*, malgré les apparences contraires,

a donc une valeur doctrinale. L'épicurien Lucrèce célèbre Vénus, comme le stoïcien Cléanthe célébrait Jupiter dans un hymne moins brillant de poésie, mais non moins sublime, où, sous le nom du maître de l'Olympe, il rendait cet hommage à la Raison souveraine et à la Providence divine :

« O le plus glorieux des immortels... Jupiter, principe de la nature, gouvernant tout avec justice, salut !... Il ne se fait pas sur terre une œuvre en dehors de toi, ni dans le cercle immense de l'éther divin, ni sur la mer, hormis ce que font les méchants dans l'égarement de leurs âmes... O Jupiter, dispensateur suprême... délivre les hommes de leur funeste ignorance... et donne-leur d'atteindre à la pensée sur laquelle tu t'appuies, pour tout régir avec justice ; afin qu'ainsi nous-mêmes honorés, nous te rendions honneur en retour, célébrant tes œuvres, dans nos hymnes sans interruption, comme il convient à l'être mortel ; puisqu'il n'y a pas pour les humains, ni même pour les dieux, autre emploi plus grand que de célébrer, en esprit de justice, la loi générale du monde [1]. » Voilà dans leur contraste les deux professions de foi les plus graves et les plus belles de la philosophie antique. Car Lucrèce, lui aussi, n'imagine *rien de plus grand que de célébrer la loi générale du monde*. Seulement les deux poëtes philosophes ne la comprennent pas de même. L'un adresse son hymne à l'aveugle et sourde matière,

---

1. Traduction de M. Villemain, *Essai sur le génie de Pindare*.

l'autre à l'intelligence suprême. Si la prière du stoïcien, qu'anime ici un souffle de Platon, est d'un sentiment plus pur et d'une raison plus haute, le chant de l'épicurien est plus magnifique. Chose digne de remarque ! c'est le matérialisme, auquel on reproche justement de dessécher l'imagination, qui rencontre les couleurs les plus éclatantes, tant le génie de Lucrèce est au-dessus de sa doctrine. Ces deux *invocations* seront éternellement les hymnes de la philosophie et, comme on le voit de plus en plus de notre temps, où les systèmes intermédiaires tendent à disparaître, la raison humaine n'a que le choix entre la prière de Cléanthe et l'hymne de Lucrèce.

Si le sens de l'*invocation à Vénus* peut au premier abord paraître douteux et si même un certain accent religieux fait un moment illusion, on ne tarde pas à rencontrer une profession de foi explicite où l'impiété du poëte se déclare avec la sincérité la plus audacieuse. Il est si pressé de courir où l'entraîne sa véritable passion et d'attaquer la religion, qui est à ses yeux la plus grande ennemie du genre humain, qu'il ne prend que le temps d'annoncer à Memmius le sujet de son poëme en ces vers sèchement précis :

> Puisses-tu, noble ami, délivré de ces peines,
> Prêter ton libre esprit à nos leçons certaines,
> Et ne pas rejeter, sans les approfondir,
> Ces fidèles leçons que j'ose ici t'offrir ;
> Car du ciel et des dieux je découvre l'essence,

> Je dis les éléments par lesquels tout commence,
> Et par quoi la nature accroît, forme et nourrit
> Et puis en quoi résout l'être quand il périt ;
> Corps subtils, de la vie impalpable poussière,
> Qu'on appelle *semence, atomes* ou *matière,*
> Ou plutôt *corps premiers,* et qui sont bien nommés,
> Puisque de ces corps seuls les êtres sont formés[1]. (I, 50.)

Aussitôt les sentiments irréligieux du poëte éclatent dans un magnifique éloge d'Épicure, qui le premier a osé braver le monstre de la superstition. Le disciple célèbre son maître avec une admiration et une reconnaissance dont il convient d'expliquer d'abord le généreux emportement.

Pour comprendre ce qu'il y avait de légitime dans l'entreprise d'Épicure renouvelée par Lucrèce, il faut se rappeler combien la superstition antique était accablante et ce qu'elle inspirait de viles terreurs. A la distance où nous nous trouvons placés, nous modernes, dans cet éloignement favorable à la poésie, nous ne jugeons plus assez sévèrement la mythologie, accoutumés que nous sommes à la con-

---

1. Quod superest, vacuas aures mihi, animumque sagacem
Semotum a curis, adhibe veram ad rationem,
Ne mea dona, tibi studio disposta fideli,
Intellecta prius quam sint, contempta relinquas.
Nam tibi de summa cœli ratione Deûmque
Disserere incipiam, et rerum primordia pandam,
Unde omnes natura creet res, auctet alatque,
Quoque eadem rursum natura perempta resolvat;
Quæ nos *materiem* et *genitalia corpora* rebus
Reddunda in ratione vocare, et *semina* rerum
Appellare suëmus, et hæc eadem usurpare
Corpora prima, quod ex illis sunt omnia primis.

sidérer de loin comme un charmant décor d'opéra composé tout exprès pour le plaisir des yeux et de l'esprit. Mais que notre imagination se replace dans l'antiquité, qu'on veuille se représenter un moment la peur confuse et éperdue de la dévotion païenne entourée et comme harcelée par des dieux innombrables, envieux, vindicatifs et cruels, par des dieux, non-seulement sans justice, sans miséricorde, mais sans loyauté, prenant plaisir à tourmenter l'homme, à l'abuser, à déconcerter sa prudence et sa piété par des fantaisies bizarres et même par de formidables espiégleries. L'homme ne peut faire un pas sans risquer de mettre le pied sur un piége divin. Pour lui toutes choses sont à craindre, la terre, la mer, l'air, le ciel, les ténèbres, la lumière, le bruit, le silence. Il ne peut ni parler, ni penser, ni même éternuer, sans s'exposer à une céleste vengeance. S'il cherche du moins un refuge dans l'innocence du sommeil, des dieux acharnés ou cruellement badins se hâtent de lui envoyer des songes pénibles et, qui pis est, des songes trompeurs. Il se lève pour les fléchir; mais la prière elle-même peut avoir ses manquements fortuits et renferme des embûches. Il court au temple pour offrir un sacrifice, mais il pâlit sous sa couronne de fleurs, il met l'encens sur le feu, mais d'une main branlante, et, selon le mot du religieux Plutarque, il entre dans le sanctuaire comme si c'était une caverne d'ours ou le trou d'un dragon. Aussi vit-on plus d'une fois un dévot, ne sachant comment vivre en paix avec ces dieux impitoyables et changeants, exaspéré dans sa religion, ne supportant plus les angoisses de sa piété, prendre un parti absurde et extrême, nier résolûment l'existence de la Divinité pour n'avoir plus à redouter que le poids d'une seule colère et se ruer les yeux fermés, avec le courage de la peur, dans l'athéisme. Cette peur honteuse qui insultait les dieux et dégradait les hommes, Épicure est venu la rassurer, en dissipant ces obscurités mystérieuses peuplées de dieux sans nombre. Car, pour emprunter le langage de Lucrèce,

> De même que l'enfant se sent pris de frissons
> Marchant dans un lieu sombre, ainsi nous frémissons
> En plein jour, nous formant mille spectres funèbres
> Comme ceux que croit voir l'enfant dans les ténèbres.
> Ce n'est pas le soleil avec tous ses rayons
> Qui chassera la nuit terrible où nous vivons,
> Mais le clair examen de la nature même
> Dont je vais à tes yeux dérouler le système [1]. (II, 55.)

Ce système, qui ne manque pas de grandeur, consiste à montrer que la nature n'est pas soumise à une tyrannie puérile, à un gouvernement de bon plaisir, qu'il y a dans l'univers des lois stables et qui se soutiennent par elles-mêmes. Épicure est le

---

[1]. Lucrèce répète ces vers trois fois, liv. II, 55; III, 87; VI, 35
> Nam veluti pueri trepidant, atque omnia cæcis
> In tenebris metuunt, sic nos in luce timemus
> Interdum, nihilo quæ sunt metuenda magis, quam
> Quæ pueri in tenebris pavitant, finguntque futura.
> Hunc igitur terrorem animi tenebrasque necesse est
> Non radii solis, neque lucida tela diei
> Discutiant, sed naturæ species ratioque.

premier qui ait fait entrer l'idée de loi, je ne dis pas dans la philosophie spéculative, où elle régnait déjà depuis longtemps, mais dans les imaginations populaires. Selon les religions antiques, il n'y a point de loi, tout dans la nature est arbitraire et décousu, les phénomènes dépendent d'un caprice divin, la foudre, les éclipses, les mouvements célestes, les plus simples choses, le vol d'un oiseau, le ruisseau qui coule, *adeo minimis etiam rebus prava religio inserit deos*[1]. Il n'y a pas de science physique, il n'y a qu'un art utile, celui des aruspices et des devins, puisqu'à chaque instant tout peut être dérangé par la mauvaise humeur, la bienveillance, ou même la distraction de la divinité compétente. L'histoire ancienne est souvent sur ce point d'accord avec la fable. Si la grêle a ravagé les oliviers des Athéniens, c'est qu'un dieu, ce jour-là, a voulu faire plaisir aux Spartiates. Si le monde tout à coup semble péricliter, s'il y a du trouble dans la nature et les affaires humaines, c'est que le roi de l'Olympe est allé dîner pendant douze jours chez les Éthiopiens, et tout va de travers parce que la Providence est en voyage. Dans les circonstances les plus ordinaires de la vie, tout s'explique de la même façon. Si un matin le jour tarde à paraître, c'est que, selon la réflexion de l'impatient Sosie, le blond Phébus a de la peine à se lever pour avoir bu la veille plus que de coutume. On peut dire qu'aux yeux de la

---

1. Tite-Live, XXVII, 23.

crédulité païenne, non-seulement il n'existe pas de lois physiques, mais il n'y a pas de lois politiques et morales. Quand Rome et Carthage sont aux prises, que leurs flottes vont s'entre-choquer, les peuples en suspens ne se demandent pas de quel côté est le droit et la justice, de quel côté sont les meilleurs généraux, les plus vaillants soldats; en un mot, de quel côté est la vertu, mais si les poulets sacrés consentiront à manger. C'est l'appétit d'un oiseau qui doit décider à qui appartiendra l'empire du monde. Il n'est pas besoin de dire à quelles aberrations naïves, à quelles duperies méditées devait dès lors donner lieu l'art de prévoir, de conjurer, d'esquiver la volonté si peu immuable de divinités uniquement occupées à tout brouiller dans la nature; à quels renversements de la raison et de la conscience, à quelles frayeurs insensées. Quelles que soient les erreurs d'Épicure, il a eu le bon sens et le courage de montrer qu'il y a dans le monde un ordre naturel, un rapport explicable entre les effets et les causes, et des lois permanentes. Qu'il ait parlé au nom d'une science, d'une physique erronée, qu'importe, si aujourd'hui encore, à quelque doctrine que nous appartenions, nous nous accordons pour reconnaître que l'univers obéit à des lois. Le flambeau sauveur de sa philosophie, selon Lucrèce, a mis en déroute tous les fantômes de ces divinités brouillonnes qui troublaient à la fois la nature et l'homme. Il rendit à la nature l'ordre et la paix, aux imaginations le calme. Entreprise qui nous paraît aujourd'hui bien simple, mais qui fut pour les païens une révélation et une délivrance, et qui fit jeter à Virgile ce cri, non d'impiété, mais de soulagement :

> Felix qui potuit rerum cognoscere causas...

Voilà pourquoi Lucrèce, en des vers célèbres, que nous venons ainsi d'expliquer d'avance, entonne en l'honneur d'Épicure comme un chant de triomphe, dont la traduction ne peut rendre ni la sombre fureur, ni le frémissement d'orgueil, ni l'harmonie lugubre.

> Le genre humain, frappé d'une divine horreur,
> Traînait honteusement le joug de sa terreur,
> Et la religion aux mortels qu'elle accable
> Montrait du haut du ciel sa tête épouvantable,
> Quand un Grec, le premier, sur des spectres affreux
> Leva son œil mortel sans plier devant eux.
> Ni le pouvoir vanté des dieux, ni le tonnerre,
> Ce grondement du ciel qu'on nomme leur colère,
> Ne purent incliner le front du combattant ;
> Tout ce vain bruit l'irrite, et son emportement
> Veut être le premier à forcer la barrière
> Où la sombre nature enferma son mystère.
> Sa science vaillante est passée au travers
> De ces murs enflammés qui couvrent l'univers,
> Et dans l'immensité du grand Tout élancée
> Longtemps se promena son âme et sa pensée.
> Il revint en vainqueur, enseignant aux humains
> Qu'il est dans l'univers des principes certains,
> Comment tout naît, tout meurt, comment à chaque chose
> Telle force préside et telle loi s'impose :

Voilà donc sous nos pieds le vain culte des dieux,
C'est nous que la victoire a fait monter aux cieux[1]! (I, 56.)

Ces vers où Lucrèce peint à grands traits et avec une énergie sans pareille l'entreprise hardie d'Épicure sont-ils bien conformes à la vérité de l'histoire? Le poëte n'a-t-il pas prêté à son maître la fureur dont il était lui-même animé? Ces cris belliqueux, cette marche impétueuse, cette ardeur guerrière, cette joie du triomphe, tous ces emportements nous représentent plutôt les sentiments habituels de Lucrèce. Le maître n'avait point cette allure de Titan révolté contre le ciel. On peut croire qu'il attaquait la superstition avec moins de furie, et qu'il avait marché à la conquête de la science avec une audace plus tranquille. En Grèce, on pouvait se

---

1. Humana ante oculos fœde cum vita jaceret
In terris, oppressa gravi sub Relligione,
Quæ caput a cœli regionibus ostendebat,
Horribili super aspectu mortalibus instans,
Primum Graius homo mortales tollere contra
Est oculos ausus, primusque obsistere contra :
Quem neque fama Deûm, nec fulmina, nec minitanti
Murmure compressit cœlum; sed eo magis acrem
Irritat animi virtutem, effringere ut arcta
Naturæ primus portarum claustra cupiret.
Ergo vivida vis animi pervicit, et extra
Processit longe flammantia mœnia mundi,
Atque omne immensum peragravit mente animoque :
Unde refert nobis victor, quid possit oriri,
Quid nequeat; finita potestas denique cuique
Quanam sit ratione, atque alte terminus hærens.
Quare Relligio pedibus subjecta vicissim
Obteritur; nos exæquat victoria cœlo.

moquer des histoires fabuleuses sur l'origine des dieux, des opinions philosophiques sur leur nature, pourvu qu'on ne niât pas leur existence, qu'on ne brisât pas leurs statues ou qu'on ne révélât pas leurs *mystères*. On sait, en effet, qu'Épicure n'avait pas une incrédulité provocante, que tout en ruinant les croyances établies et les préjugés populaires, il conservait, au milieu de ses luttes contre l'opinion, la sérénité d'un sage; que son impiété était si débonnaire qu'elle ressemblait parfois à un culte épuré; qu'en niant la providence des dieux, en les plaçant loin du monde, il ne se croyait pas dispensé de leur rendre des hommages, et qu'enfin il avait écrit sur la *sainteté* un livre qui paraissait à Cicéron digne de la main d'un prêtre.

Cette différence de sentiments chez le maître et le disciple, la clémence de l'un, la colère de l'autre, tient non-seulement à la différence de leur caractère et de leur génie, mais encore à celle des religions qu'ils avaient à combattre. En Grèce, la religion était sinon plus raisonnable, du moins plus commode, et son joug était plus léger. La mythologie grecque, formée par des poëtes, a quelque chose de gracieux qui pouvait plaire même à l'imagination d'un incrédule. Les symboles vivants des forces de la nature ou des passions humaines représentent une grande philosophie égayée par de riantes fictions. Les dieux grecs sont faciles, accommodants, et souffrent même que les poëtes et les sages leur prêtent tous les jours des attributs nouveaux. La libre pensée peut, pour ainsi dire, les corriger et les embellir. Ils ne s'occupent pas avec une exactitude ombrageuse de tous les détails de la vie humaine, ils ne demandent pas à être honorés, à heure fixe, par des prêtres qu'ils ont choisis. Tout homme, pourvu qu'il ait un esprit riche et fécond, peut faire monter vers le ciel un agréable hommage, et je ne sais s'il ne serait pas permis de dire qu'ils sont moins heureux de recevoir les prières de la vertu que les hymnes du génie. Le culte lui-même est poétique, les cérémonies sont des fêtes. L'incrédulité pouvait en sourire, mais non s'irriter. Aussi l'impiété grecque n'a rien de farouche; elle est calme, elle est douce, et, comme on le voit par l'exemple du philosophe Épicure et même du satirique Lucien, en renversant le pouvoir des dieux, elle est encore pleine d'égards pour ces aimables tyrans.

Rome, au contraire, est soumise à d'obscures divinités, sans beauté, sans histoire, et qui, sorties de quelque coin de l'Italie et accompagnées de superstitions grossières et disparates, ont été transportées pêle-mêle dans la ville ouverte à tous les vaincus, et y ont reçu le droit de cité. Ces dieux ne parlent ni au cœur ni à l'imagination, et ne peuvent inspirer que de la crainte et de la répugnance. Ils président minutieusement à tous les actes de la vie civile et domestique, surveillent l'homme et le citoyen, et, comme des magistrats subalternes, exercent une sorte de police tracassière. Dans les grandes entreprises comme dans les plus simples affaires, il fallait recourir à une consultation religieuse qui devait faire connaître la volonté de ces divinités vétilleuses; cérémonies dont le sens était oublié, formules vides, prières en langue perdue que les prêtres eux-mêmes ne comprenaient plus, toutes ces pratiques extérieures qui choquaient la raison, embarrassaient encore à chaque heure la vie d'un Romain. A Rome, la superstition était bien plus pesante et ne désarmait pas l'incrédulité par sa grâce. Aussi l'impiété de Lucrèce est plus violente que celle d'Épicure, et sous son fanatisme dogmatique on croit voir un ressentiment personnel contre la religion romaine.

De plus, tandis qu'Épicure vivait dans la tranquille société de la molle Athènes, Lucrèce avait assisté aux luttes horribles de Marius et de Sylla. S'il est vrai, comme le répètent sans cesse les anciens, que les malheurs publics accusent l'indifférence des dieux et que les générations qui en sont les victimes se portent à tous les excès de l'impiété, on comprend que Lucrèce, plus qu'Épicure, ait mêlé à l'exposition de sa doctrine une sorte d'irritation civique et comme un esprit de vengeance, lui qui avait vu, pendant les guerres civiles, la religion au service de tous les partis et de tous les crimes, les présages les plus certains ne point empêcher le triomphe du plus fort, et les dieux, indifférents ou imbéciles, contempler sans colère du haut de leur Capitole le massacre des plus honnêtes gens.

Nous croyons pouvoir prêter à Lucrèce de pareils

sentiments, parce qu'ils sont ceux de l'antiquité et qu'ils ont été souvent exprimés hautement par des poëtes et des philosophes dont la doctrine n'est pas en général irréligieuse. Rien n'est plus commun que ces révoltes contre le ciel, à propos de malheurs publics. A la mort du bien-aimé Germanicus, le peuple lapida les temples et renversa les autels. Ce que sans doute Lucrèce pensait, Sénèque le dira plus tard avec une sentencieuse énergie, en faisant allusion précisément au temps où vécut notre poëte et aux sanglantes iniquités dont il avait été le témoin : « Le bonheur de Sylla est le crime des dieux; *deorum crimen erat Sylla tam felix*[1]. » De même Lucain, en parlant de la liberté romaine tombée dans les champs de Pharsale, déclare qu'il n'est point de puissance divine, que les choses humaines sont emportées par un aveugle hasard, que c'est mensonge de prétendre que Jupiter gouverne le monde,

Mentimur regnare Jovem [2].

Quelquefois ce sentiment se révèle avec une naïveté qui fait sourire. Claudien, par exemple, pour avoir vu l'élévation d'un ministre ambitieux et cruel, de Rufin, est tenté de se faire épicurien ou athée; mais voilà que tout à coup le puissant favori de Théodose tombe en disgrâce, et aussitôt l'excellent Claudien

---

1. *Consol. ad Marciam*, 12.
2. *Phars.*, VII, 447. Lucain un peu plus loin adopte la formule épicurienne :

... mortalia nulli
Sunt curata Deo.

revient à la religion en s'écriant : « Les dieux sont absous. » Ce ne sont pas seulement les Romains qui, dans l'accablement du malheur, mettent en doute la Providence divine ; le peuple de David lui-même, en voyant la prospérité des méchants, se laissait aller à dire : « Comment est-il possible que Dieu connaisse ce qui se passe [1] ? »

Aussi, durant les guerres civiles, la religion fut négligée. Le peuple romain ne se soucia plus de ses dieux qui paraissaient si peu se soucier de lui. On répondit à leur indifférence par l'incrédulité. Les cérémonies les plus saintes furent souvent oubliées ; on laissa tomber en ruine les temples noircis par la fumée des incendies. « L'araignée, dit Properce, couvrit de ses réseaux les autels, et l'herbe envahit les dieux abandonnés [2], » jusqu'au moment où Auguste, plus par politique que par piété, releva les édifices sacrés, essaya de ranimer le culte et ramena aux antiques croyances les âmes que la paix publique et la prospérité nouvelle de l'empire avaient, pour ainsi dire, réconciliées avec le ciel.

Dans cette espèce de profession de foi qui forme le début du poëme, ce n'est pas assez pour Lucrèce d'avoir montré en quelques traits énergiques que la superstition est contraire à la science et qu'elle remplit l'âme de folles terreurs, il tient encore à prouver qu'elle est barbare et qu'elle offense l'hu-

---

1. *Psaumes*, LXXII, 11.
2. II, 6.

manité. N'est-ce pas la superstition qui autorise et réclame des sacrifices humains? Aussi le poëte se hâte de mettre sous nos yeux le sacrifice d'Iphigénie, non pas pour avoir le plaisir et le mérite de refaire, après tant d'autres, une peinture classique, mais parce que l'exemple d'un père tout-puissant, du roi des rois, obligé d'égorger une fille chérie fera mieux comprendre combien la religion peut dénaturer les sentiments. Il ne s'agit pas ici d'une colère poétique et surannée à propos d'une vieille histoire fabuleuse ; ces sacrifices subsistaient encore dans les temps historiques et jusqu'à l'époque même de Lucrèce. Sans parler des Gaulois et de leurs mystérieuses forêts où chaque arbre, dit Lucain, était arrosé par d'horribles lustrations de sang humain,

Omnis et humanis lustrata cruoribus arbor,

sans parler non plus des Carthaginois qui offraient à Saturne des hécatombes d'enfants, leurs propres enfants, nous savons qu'en Grèce comme à Rome de pareilles immolations n'étaient pas entièrement tombées en désuétude. Au plus beau temps d'Athènes Thémistocle n'avait-il pas immolé à Diane trois jeunes Perses de noble famille? Les Spartiates n'ont-ils pas continué, jusqu'au temps de Plutarque qui en fut encore témoin, à frapper de verges jusqu'à en mourir des adolescents choisis, en l'honneur d'une déesse? Marseille, une colonie grecque vantée par la douceur de ses mœurs, quand elle était menacée de la peste, engraissait un pauvre, un homme de bonne volonté, et après l'avoir promené couvert de fleurs et l'avoir chargé de toutes les iniquités du peuple, l'offrait en holocauste à des dieux irrités. Mais sans chercher nos exemples hors de Rome, ne savons-nous pas qu'après la bataille de Cannes, le peuple romain épouvanté, moins par ce désastre que par le crime de deux vestales, enterra vivants, non point les vestales, mais un Grec et une Grecque, un Gaulois et une Gauloise, sur un Forum, dans un lieu, dit Tite-Live, déjà précédemment ensanglanté par des victimes humaines [1]. Plus tard encore, deux ans seulement avant la naissance de Lucrèce, il fallut faire, on ne sait à quelle occasion, un sénatus-consulte pour abolir ces monstrueux sacrifices. Il ne faut donc pas voir dans les vers de Lucrèce un courroux littéraire et joué contre une barbarie antique. Le sacrifice qu'il dépeint remonte aux premiers âges, mais l'indignation du poëte est présente, sincère, justifiée. Aussi avec quelle force, quelle ironie tragique il attaque ces religieuses barbaries et avec quel mouvement soudain ! Après ses vers sur Épicure il sent bien que quelque dévot païen le traitera d'impie; il repousse d'avance le reproche, il le renvoie à la religion et rebondit contre l'injure :

> Peut-être diras-tu que ma philosophie
> Ouvre la route au crime en rendant l'homme impie ;

---

1. XXII, 57.

Non, non, l'impiété, le crime est trop souvent
De la religion même l'horrible enfant.
Vois comme dans Aulis avec ignominie
On souilla les autels du sang d'Iphigénie ;
C'étaient pourtant des rois que tous ces meurtriers,
Oui, les chefs de la Grèce et la fleur des guerriers.
Contemple tout d'abord la pieuse famille
Prenant le soin cruel d'orner la jeune fille,
Pour que des deux côtés de ce front virginal
Tous les rubans sacrés flottent en nombre égal.
Pour ce cœur ingénu quel coup, quelle lumière
Quand elle vit debout, devant l'autel, son père,
Les yeux baissés, l'air morne, et sous leur saint manteau
Des prêtres assassins cachant mal leur couteau ;
Plus loin, en cercle affreux, toute la foule émue
Portant les yeux sur elle et pleurant à sa vue !
Muette de terreur et les implorant tous,
Cette royale enfant tombe sur les genoux ;
Mais rien ne peut sauver celle qui la première
Pourtant au roi des rois donna le nom de père ;.
On l'entraîne, on la porte effarée à l'autel,
Non pour y célébrer dans le rit solennel
La fête de l'amour, pour être accompagnée,
Jusqu'au toit de l'époux, d'un beau chant d'hyménée ;
Non, sur ce chaste corps, à l'âge de l'hymen,
C'est un ministre vil qui va porter la main ;
Il faut qu'elle périsse, et pour plus de misère
Se sente encor mourir par l'ordre de son père.
Et pourquoi ? Comprenez leur saint raisonnement ·
C'est pour sortir du port, au souffle d'un bon vent,
Que l'on va t'égorger, noble et tendre victime !
Tant la religion peut enfanter le crime [1] !   (I, 80.)

---

1.   Illud in his rebus vereor ne forte rearis
     Impia te rationis inire elementa, viamque
     Indugredi sceleris ; quod contra sæpius illa

Ce vers qui sert de conclusion:

Tantum relligio potuit suadere malorum !

est vraiment la clef de voûte de tout l'épicurisme. Car il ne faut pas l'oublier, Épicure n'a eu d'autre dessein que de renverser le culte. Il ne s'est pas proposé, comme on le croit souvent, un but scientifique. Le grand appareil de sa physique n'est qu'un instrument commode pour ruiner par la base les vieilles croyances religieuses. Sa science ne peut point avoir pour nous du crédit, parce qu'elle n'est qu'un expédient de polémique. Épicure ne procède pas comme certains philosophes modernes qui, après avoir étudié profondément la nature, voyant l'enchaînement des causes secondes et croyant voir

---

Relligio peperit scelerosa atque impia facta :
Aulide quo pacto Triviaï virginis aram
Iphianassaï turparunt sanguine fœde
Ductores Danaum delecti, prima virorum.
Cui simul infula virgineos circumdata comptus
Ex utraque pari malarum parte profusa est,
Et mœstum simul ante aras adstare parentem
Sensit, et hunc propter ferrum celare ministros,
Aspectuque suo lacrumas effundere cives;
Muta metu, terram genibus submissa petebat :
Nec miseræ prodesse in tali tempore quibat
Quod patrio princeps donarat nomine regem;
Nam sublata virum manibus, tremebundaque ad aras
Deducta est; non ut, solemni more sacrorum
Perfecto, posset claro comitari hymenæo :
Sed casta inceste, nubendi tempore in ipso,
Hostia concideret mactatu mœsta parentis,
Exitus ut classi felix faustusque daretur.
Tantum relligio potuit suadere malorum!

à tort que tout s'explique par elles, aboutissent à nier une cause première et divine. Lui, qui est surtout un moraliste, il suit une marche inverse. Décidé d'avance, pour assurer la paix de l'âme, à nier le pouvoir des dieux, il se met après coup en quête d'arguments tirés de l'étude de la nature. Comme son indolence est incapable de recherches personnelles et laborieuses, il s'empare de la vieille physique de Démocrite, physique arriérée, mais que lui importe ? Il la rend sienne, il la développe, il la ressasse en d'innombrables ouvrages en style précis mais vulgaire, avec la sécheresse qu'on peut attendre de l'indifférence scientifique. Il s'accommode de ce système tout fait, d'abord parce qu'il est tout fait, ensuite parce que des disciples peu studieux comme lui pourront y reposer mollement leur incrédulité. Pourquoi hésiterions-nous à comparer Épicure à ces oiseaux nonchalants et sans industrie qui, sans prendre la peine de se construire une demeure, vont déposer leur jeune famille dans quelque vieux nid abandonné et ne travaillent des pieds et de l'aile que pour arranger selon leurs besoins cet asile emprunté ?

Ce système, si peu fait pour allumer l'imagination, paraît à l'inexpérience romaine de Lucrèce le dernier mot et le chef-d'œuvre de l'humaine raison. Il l'adopte, il en fait la règle de sa vie, il l'embellit avec la sublime candeur d'un poëte des vieux âges. Il n'a point prétendu, comme on l'a dit, ôter aux hommes tout frein moral, mais les défendre contre les frayeurs insensées qui dans l'antiquité troublaient la vie. Le paganisme romain surtout offrait aux âmes peu de consolations et d'espérances, et paraissait n'être qu'un immense instrument de terreur. Le ciel, la terre, les enfers étaient peuplés de mille divinités terribles qui exerçaient sur le genre humain une tyrannie inexplicable et ridicule. La nature entière était infestée de ces ennemis invisibles, observateurs importuns et malveillants, et d'autant plus dangereux qu'on risquait sans cesse de les offenser sans le savoir, dont il était difficile de connaître les volontés. De là, la science augurale, l'art des aruspices, la divination et les pratiques lugubres par lesquelles les hommes, dans leur incertitude pleine d'angoisses, essayaient de deviner les caprices divins. Et ce n'étaient pas seulement les mauvaises consciences qui avaient à trembler sous des dieux vengeurs : on eût pu leur savoir gré d'être si redoutables, s'ils n'avaient tourmenté que l'injustice et le crime ; mais l'innocence elle-même n'était pas rassurée, et se demandait sans cesse si, par oubli de quelque pratique, par une parole de mauvais augure, elle n'était pas devenue criminelle. A Rome, plus qu'ailleurs, ils étaient vrais ces vers que la colère enflamme : « La superstition montrait dans le ciel sa tête hideuse et de son horrible aspect accablait le cœur des mortels. »

Quæ caput a cœli regionibus ostendebat,
Horribili super aspectu mortalibus instans. (I, 65.)

Il ne faudrait pas croire que l'incrédulité, générale au temps de Lucrèce, mît les Romains à l'abri de ces terreurs et que le poëte se soit donné une peine inutile en combattant des chimères surannées. Sans doute les hommes cultivés, les beaux esprits, ceux par exemple qui discutent avec tant de grâce et de sans façon sur les dieux dans les charmants dialogues de Cicéron, étaient au-dessus de ces frayeurs et dormaient sur le commode oreiller de leur scepticisme religieux, sans être en proie à des visions funestes. Dans la liberté d'une conversation familière et dans les confidences de l'amitié, il ne leur coûtait pas de railler les dieux, de raconter la chronique scandaleuse de l'Olympe, et, bien qu'ils fussent quelquefois grands pontifes, de rappeler le mot de Caton sur les aruspices; mais que l'un ou l'autre de ces libres esprits éprouvât quelque malheur, il lui arrivait souvent de se mettre en règle avec ces dieux, objets de ses mépris, et d'accomplir à la hâte une des plus puériles formalités du culte national. Lucrèce connaissait cette fausse bravoure, et le premier il a dit :

> Le masque tombe, l'homme reste,
> Et le héros s'évanouit [1].

L'incrédulité était rarement entière, sans retour, et l'accoutumance, à de certains moments, ramenait les hommes les plus résolus aux croyances et aux

---

[1]. Nam veræ voces tum demum pectore ab imo
Ejiciuntur, et eripitur persona, manet res. (III, 57.)

pratiques les plus discréditées. La plupart des Romains flottaient entre la foi et l'incrédulité, allant de l'une à l'autre dans leur scepticisme perplexe, et démentant en plus d'une circonstance leurs paroles par leur conduite. Sans en donner des preuves nombreuses, sans parler des poëtes qui paraissent souvent rendre hommage, avec une pieuse fidélité, aux plus ridicules traditions, sans parler non plus des historiens tels que Tite-Live et Tacite qui de bonne foi rapportent les présages et les prodiges, qui ne se rappelle Sylla, un esprit fort celui-là, traitant les dieux comme il avait coutume de traiter les hommes, qui avait mis au pillage le sanctuaire de Delphes, avait même ajouté le persiflage au sacrilége en raillant les signes de colère que donnait Apollon, ce qui ne l'empêcha point plus tard, dans un danger pressant, de tirer de son sein la petite statue d'or du même Apollon dont il avait pillé le temple, de baiser dévotement cette image qu'il avait volée sur les autels et d'adresser à ce dieu impudemment outragé une prière touchante[1]? Si de tels hommes, accoutumés à ne reculer devant aucun attentat, se sentaient tout à coup frappés d'inquiétudes et de remords, et tremblaient encore devant le prétendu pouvoir de ces dieux, que ne devait pas éprouver la foule, surtout dans ces temps malheureux où l'Italie nageait dans le sang, où Rome était livrée aux proscriptions, en ces temps

---

1. Plutarque, *Sylla*, 29.

qui vont de Marius à Catilina, où le ciel semblait vouloir lancer sur le monde toutes ses colères? A un poëte tel que Lucrèce, persuadé jusqu'au fond du cœur que la superstition est pour tous une cause de trouble et d'épouvante, il pouvait paraître utile et opportun, malgré les progrès de l'incrédulité, d'apporter aux Romains la doctrine salutaire d'Épicure, et de leur prouver le néant de ces formidables chimères qui tourmentaient la vie humaine.

D'ailleurs, si la religion officielle obtenait moins de crédit, en revanche les cultes étrangers introduits à Rome avaient tout à coup donné à la superstition un caractère plus ignoble et plus terrible. Après les guerres puniques, le culte orgiaque de Bacchus, celui de Cybèle, et plus tard certaines pratiques monstrueuses de l'Orient avaient troublé et corrompu bien des imaginations. Des affiliations clandestines s'étaient formées pour célébrer d'immondes et de sanglants mystères, assez nombreuses et puissantes pour couvrir de leur vaste réseau Rome et l'Italie. On sait, par un beau et tragique récit de Tite-Live, quelle fut la consternation universelle quand les voiles furent soudain levés sur la célébration des Bacchanales, et par quelle sévère répression le sénat livra d'un seul coup au supplice des milliers de Romains et de Romaines. Ajoutons à cela les devins, les magiciens, les nécromanciens et tous ceux qui faisaient métier de connaître la volonté des dieux, de prédire l'avenir, d'évoquer les morts. La religion avait cédé la place à un fanatisme nouveau plus dangereux et plus dégradant. Une incrédulité qui n'était pas fondée sur des principes n'avait fait qu'ouvrir les esprits à de pires superstitions, et la croyance au surnaturel envahit de tous côtés les âmes quand l'ancienne discipline religieuse ne lui fit plus sa part.

Lucrèce vient donc, au nom de son maître Épicure, comme au nom d'un libérateur, affranchir les Romains de leur pieuse servitude[1]. Selon lui, les hommes arriveront à la sécurité ; ils seront délivrés de leurs craintes puériles quand ils sauront que le monde n'est pas l'ouvrage des dieux, qu'il n'est pas soumis à leur pouvoir, que la nature est indépendante et n'obéit qu'à ses propres lois. Faute de connaître ces lois naturelles, nous nous prenons à trembler dans notre ignorance, comme les enfants frissonnent dans les ténèbres. A l'aide d'un simple traité de physique mis en vers, le poëte prétend porter dans les esprits une lumière bienfaisante, et par ces clartés nouvelles faire évanouir toute cette effrayante fantasmagorie de la religion. Il nous apprendra que l'univers est sorti du concours fortuit des atomes, que les combinaisons infinies de la matière agitée par un éternel mouvement ont produit le ciel, la terre, les plantes, les animaux, l'homme, et tout cet ordre apparent dont nous croyons devoir

---

1. C'est le langage de l'école : « Ills terroribus ab Epicuro soluti, et in libertatem vindicati... » *De nat. Deor.*, I, 48.

faire honneur à la main souveraine des dieux. Ce n'est pas le moment de dérouler dans leur ensemble ces hypothèses hardies dont la simplicité frappe tous les yeux et dont les conséquences sont si palpables. Tout ce système physique, si laborieusement exposé, ne tend qu'à supprimer les dieux en prouvant qu'ils sont inutiles. Ce vaste appareil de science n'est qu'un rempart élevé contre les invasions de l'idée divine.

L'originalité de cette œuvre ne tient pas à la nouveauté de cette science ni même à l'audace de l'entreprise, mais uniquement aux sentiments personnels de l'auteur, à sa passion qui éclate en éloquence. La science est empruntée et appartient aux Grecs; l'entreprise a été plus d'une fois tentée. Dans l'antiquité et dans les temps modernes, on peut signaler bien des tentatives semblables contre les idées religieuses. On a vu souvent des philosophes expliquer le monde par les seules combinaisons de la matière livrée à elle-même et se passer dans leur système d'un souverain ordonnateur. On en a vu d'autres renverser les croyances populaires, ruiner les religions par des démonstrations ou des épigrammes, tantôt au profit du déisme, tantôt au profit de l'athéisme, tantôt au nom d'une morale épurée ou d'une morale commode. Il faut le remarquer néanmoins, quelle que soit l'entreprise de ces philosophes destructeurs, ils ont tous cela de commun qu'ils ne sont pas émus, qu'ils gardent le calme de la science ou la légèreté railleuse du dédain, que pour eux la vue de l'erreur n'est pas une souffrance, et qu'en attaquant les préjugés ils ne paraissent pas vouloir se défendre eux-mêmes contre des erreurs douloureuses. Lucrèce est le seul qui, en argumentant contre les dieux, ait l'air de plaider sa propre cause, de venger une injure, d'exhaler les chagrins d'une âme longtemps opprimée et de pousser des cris de révolte contre la tyrannie céleste. On ne peut comparer cette haine qu'à celle de Prométhée enchaîné par les messagers de Jupiter, par ces terribles et muets personnages qu'Eschyle appelle la *Force* et la *Violence,* refusant de courber la tête sous les menaces de son divin oppresseur, et annonçant au maître des dieux, dans de prophétiques imprécations et des chants de triomphe, une chute ignominieuse, irréparable. Spectacle curieux et triste à la fois que celui d'un si grand poëte, dont le génie élevé, l'imagination magnifique étaient faits pour comprendre et célébrer les plus hautes spéculations de la philosophie, les grandes idées d'Anaxagore et de Platon sur l'intelligence divine, et que la peur des superstitions antiques a jeté dans une espèce de fanatisme contraire, qui, pour renverser une erreur, méconnaît les plus belles vérités, et pour détruire l'idole risque d'anéantir le dieu.

Parcourez tout le poëme, et vous verrez que la seule inspiration de ces attaques irréligieuses est la terreur. C'est elle qui fournit à Lucrèce ses arguments aussi bien que son éloquence. Lorsque, par exemple, dans un morceau célèbre il essaye de peindre l'origine des religions, il ne se demande pas si la croyance à un Dieu est un besoin de l'esprit, une donnée de la raison, une nécessité logique, un instinct de l'âme ou le fondement de la morale ; la peur du genre humain lui suffit pour tout expliquer. Selon lui, la vue des phénomènes du ciel, dont la régularité paraissait inexplicable et dont l'effrayant aspect semblait révéler une puissance mystérieuse, a fait naître dans le cœur consterné des mortels cette idée funeste de la Divinité :

> Ainsi, l'homme voyant dans les célestes plaines
> Les saisons revenir à des heures certaines,
> Ne pouvant pénétrer ce mystère des cieux,
> Sa raison impuissante avait recours aux dieux,
> Remettait l'univers à leurs mains protectrices
> Et faisait tout mouvoir au gré de leurs caprices.
> Dans le ciel il plaça leur éternel séjour,
> Dans ces lieux où paraît l'astre brillant du jour
> Et le flambeau nocturne et ces flammes funèbres
> Qui de leur vol errant sillonnent les ténèbres,
> D'où descendent la pluie et la neige et le vent,
> La fureur du tonnerre et son mugissement.
> O race des humains, quelles sont tes misères
> Depuis ces dieux armés d'éternelles colères !
> Hélas ! que de douleurs, que de gémissements
> Vous avez amassés pour vous et vos enfants[1] ! (V, 1482.)

---

1. Præterea, cœli rationes ordine certo
  Et varia annorum cernebant tempora verti ;
  Nec poterant quibus id fieret cognoscere causis :
  Ergo perfugium sibi habebant omnia Divis
  Tradere, et illorum nutu facere omnia flecti.

LA RELIGION DE LUCRÈCE.

Lucrèce est encore tout irrité contre ces premiers hommes qui ont légué à leurs descendants un si triste héritage d'erreurs. Son amer dédain se reporte aussitôt sur les pratiques religieuses de son temps auxquelles continue à recourir l'imbécillité humaine. Il ose, lui Romain, par des allusions précises[1], railler les plus saintes coutumes de la piété romaine, non point avec le léger sourire du scepticisme ou de l'incrédulité indifférente, mais avec toute l'insolence d'un cœur révolté :

> Quoi ! pour être pieux, faut-il près d'une pierre,
> A droite, voile au front, diriger sa prière,
> Ramper sur les parvis aux pieds de dieux mortels,
> Ouvrir ses bras tremblants devant tous les autels,
> Les inonder du sang d'innocentes victimes,
> Entasser sur des vœux des vœux pusillanimes ?
> Non, non, l'homme pieux, d'un cœur tranquille et doux,
> Doit contempler le ciel, sans craindre son courroux[2].
> (V, 1197.)

In cœloque Deûm sedes et templa locarunt,
Per cœlum volvi quia nox et luna videtur,
Luna, dies, et nox, et noctis signa severa,
Noctivagæque faces cœli, flammæque volantes,
Nubila, sol, imbres, nix, venti, fulmina, grando,
Et rapidi fremitus, et murmura magna minarum.
 O genus infelix humanum, talia Divis
 Cum tribuit facta, atque iras adjunxit acerbas !
 Quantos tum gemitus ipsi sibi, quantaque nobis
 Volnera, quas lacrimas peperere minoribu' nostris !

1. En priant on avait la tête voilée, pour n'être pas troublé par une face ennemie, *hostilis facies* (*Énéide*, III, 407). On se tournait à droite, ainsi que le recommande un esclave de Plaute : « Si Deos salutas, dextrovorsum censeo. » *Curculio*, 70.

2. Nec pietas ulla est velatum sæpe videri

Lucrèce, malgré son incrédulité intrépide, n'est pas tout à fait exempt de cette crainte qui troublait les premiers hommes. Il semble qu'il n'ait pas été étranger à ce sentiment qui faisait dire à Pascal : « Le silence éternel de ces espaces infinis m'effraye ! » Quelquefois, en présence d'une nuit étoilée, quand il réfléchit sur la régularité des grands mouvements du ciel, il se demande si l'univers est vraiment un simple produit de la matière. A-t-il commencé, doit-il finir, comme le veut Épicure, ou bien, comme le pensent d'autres philosophes, serait-il un ouvrage des dieux, destiné à une durée éternelle ? Il chasse bien vite cette idée d'un dieu créateur, comme si son âme était tentée par la superstition. Dans sa contemplation nocturne de la nature, il éprouve autant d'effroi à trouver un dieu que d'autres pourraient en éprouver à n'en trouver pas :

> Lorsqu'on lève les yeux vers cette voûte sombre,
> Ce ciel mystérieux semé de feux sans nombre,
> Qu'on pense à ces flambeaux de la nuit et du jour
> Qui sans se démentir accomplissent leur tour,
> Alors par les soucis autrefois écrasée
> Au fond de notre cœur une vieille pensée
> Se réveille et soudain lève un front odieux :
> « Peut-être, se dit-on, c'est le bras de nos dieux
> Qui mène en sens divers ces astres sur leur route. »
> Car notre esprit, en proie aux caprices du doute,

Vertier ad lapidem, atque omnes accedere ad aras,
Nec procumbere humi prostratum, et pandere palmas
Ante Deûm delubra, neque aras sanguine multo
Spargere quadrupedum, nec votis nectere vota;
Sed mage pacata posse omnia mente tueri.

Ne sait si l'univers de lui-même est produit,
Ni s'il doit retomber dans sa première nuit,
Lorsque de ces grands corps l'imposante machine
Ne pourra plus suffire à l'effort qui la mine,
Ou s'il peut, soutenu par des dieux tout-puissants,
Supporter la fatigue éternelle du temps [1]. (V, 1203.)

Puisque la simple contemplation d'une nature même paisible fait entrer dans notre esprit cette déplorable idée de la Divinité, il faut bien tenir son courage, car il n'est que trop d'occasions terribles où nous en aurons besoin. Que sera-ce quand nous assistons à des désastres, quand des villes sont renversées par des tremblements de terre, quand la mer engloutit de grandes armées! Il n'est pas étonnant que le genre humain, dans l'humilité de sa faiblesse et de son épouvante, s'avise alors d'imaginer des dieux et cherche un refuge sous leur protection. Ici encore le hardi poëte semble n'avoir pas été toujours à l'abri de cette universelle terreur :

---

1. Nam cum suspicimus magni cœlestia mundi
   Templa, super stellisque micantibus æthera fixum,
   Et venit in mentem solis lunæque viarum,
   Tunc, aliis oppressa malis, in pectore cura
   Illa quoque expergefactum caput erigere infit,
   Ne quæ forte Deum nobis immensa potestas
   Sit, vario motu quae candida sidera verset :
   Tentat enim dubiam mentem rationis egestas,
   Ecquænam fuerit mundi genitalis origo,
   Et simul, ecquæ sit finis, quoad moenia mundi
   Solliciti motus hunc possint ferre laborem ;
   An, divinitus æterna donata salute,
   Perpetuo possint ævi labentia tractu
   Immensi validas ævi contempere vires.

> Eh ! quel homme, s'il croit que c'est un dieu qui tonne,
> Dont l'âme ne se serre et le corps ne frissonne,
> Quand sous des feux tombant tout tremble et qu'on entend
> Les cieux nous menacer de leur long grondement ?
> Vois ces peuples entiers dont l'âme est consternée ;
> Leur roi même abaissant sa tête couronnée,
> Saisi par le frisson de ce divin courroux,
> Sous la peur se ramasse et sent fuir ses genoux,
> Craignant qu'un noir forfait ou qu'un mot téméraire
> N'ait attiré sur lui la céleste colère[1]. (V, 1217.)

La forte imagination de Lucrèce se représente successivement toutes les catastrophes qui peuvent éveiller dans l'homme, par la terreur, le sentiment religieux. Il nous fait voir en de magnifiques tableaux la détresse de l'homme en péril recourant à la prière, prière bien inutile, puisqu'il n'est pas de dieu pour l'entendre, et que dans l'univers il n'y a d'autre maître qu'un aveugle et insensible hasard :

> Quand roulent sur la mer, balayés par les vents,
> Vaisseaux et légions avec leurs éléphants,
> Leur chef tremblant, priant, courbant sa fière tête,
> Pense apaiser les dieux armés de leur tempête :
> C'est en vain ; la tourmente en un dernier effort
> Vous prend toute l'armée et l'entraîne à la mort ;

---

1. Præterea cui non animus formidine Divum
Contrahitur ? cui non correpunt membra pavore,
Fulminis horribili cum plaga torrida tellus
Contremit, et magnum percurrunt murmura cœlum ?
Non populi gentesque tremunt ? regesque superbi
Corripiunt Divum perculsi membra timore,
Fœde ne quid ob admissum, dictumve superbe,
Pœnarum grave sit solvendi tempus adultum ?

Car d'un obscur pouvoir la force souveraine
Se joue, en l'écrasant, de la faiblesse humaine,
Et quelquefois s'amuse à briser de ses mains
La hache consulaire et les faisceaux romains[1]. (V, 1225.)

On voit avec quelle persistance Lucrèce attribue l'origine des cultes uniquement à la terreur[2]. C'est elle qui a créé les dieux, c'est par elle qu'ils règnent encore sur les esprits. Tant que l'homme ne les aura pas chassés de son imagination, il ne pourra jouir ni du calme de sa raison, ni des douceurs de la vie. Ne craignons pas de répéter ce que Lucrèce répète sans cesse en de lugubres refrains. Aussi cette parole toujours frémissante et même quelques aveux implicites permettent de supposer, comme nous l'avons fait, que le poëte, en attaquant les dieux, défendait son propre repos, qu'il veillait en armes sur sa raison, et s'il est vrai que c'est la peur qui a jeté les hommes dans la religion, on peut affirmer avec non

---

1 Summa etiam cum vis violenti per mare venti
Induperatorem classis super æquora verrit
Cum validis pariter legionibus atque elephantis,
Non Divum pacem votis adit ac prece quæsit
Ventorum pavidus paces animasque secundas,
Nequidquam, quoniam violento turbine sæpe
Correptus nihilo fertur minus ad vada leti?
Usque adeo res humanas vis abdita quædam
Obterit, et pulchros fasces sævasque secures
Proculcare ac ludibrio sibi habere videtur.

2. « Primus in orbe Deos fecit timor... » Ce vers, souvent cité, n'est pas de Lucrèce, mais de Pétrone. On le retrouve dans la *Thébaïde* de Stace, III, 604.

moins de vraisemblance que la peur aussi a jeté Lucrèce dans l'incrédulité.

Lucrèce est-il athée, nous n'oserions l'affirmer. Les ennemis d'Épicure lui ont souvent reproché un athéisme déguisé, mais le philosophe répondait assez noblement que l'impie n'est pas celui qui dépouille les dieux de leur forme mensongère, mais celui qui leur prête des passions contraires à la sublimité de leur nature. On peut dire qu'Épicure était contraint par son système d'admettre des divinités puisque, selon sa canonique, selon la logique de sa doctrine, toute idée répond à un objet, et que les dieux sont reconnus par le consentement universel. Il se sentit donc obligé de faire aux dieux une petite place dans son système. Si on ne pouvait les exclure, il n'était pas facile de les conserver, étant donnée sa physique qui avait précisément pour but de se passer d'eux. Quelle forme leur attribuer, quelles fonctions? Qu'en faire, où les placer? Le matérialisme de la doctrine ne permettait pas de les représenter comme des esprits, on ne pouvait pas non plus, sans déranger tout le système, reconnaître leur action sur le monde. Dans cet embarras, ne voulant pas les supprimer, ne pouvant pas les conserver tels que les montrait la religion, il tenta de se faire une théologie fort simple, la plus pauvre que jamais philosophe ait imaginée, une théologie calquée, pour ainsi dire, sur les croyances populaires, avec cette différence que les dieux étaient dépouillés de leur caractère redoutable. Il leur donna la forme humaine, parce qu'il n'y a point de forme plus parfaite, et qu'ils apparaissent d'ailleurs sous cette forme à l'imagination[1]. Mais pour faire honneur à leur divinité, il voulut que leur corps fût, en quelque sorte, d'une plus fine étoffe que celui des hommes. « Ce n'était pas un corps, disait-on, mais comme un corps, non pas du sang, mais comme du sang. » On peut définir cette nature divine, à la fois si déliée et si matérielle, par ces vers de La Fontaine :

> Je subtiliserais un morceau de matière
> Que l'on ne pourrait plus concevoir sans effort,
> Quintessence d'atome, extrait de la lumière,
> Je ne sais quoi plus vif et plus mobile encor
> Que le feu...

Épicure relégua ces dieux loin du monde, pour n'avoir rien à craindre; il supposa qu'ils étaient heureux et qu'ils goûtaient éternellement les douceurs de la plus parfaite oisiveté. Il les rendit épicuriens pour être conséquent avec sa doctrine morale, mais surtout pour qu'on ne parlât plus de leur intervention dans le monde et les affaires humaines. Leur sérénité indifférente, étrangère à toute passion, à la bienveillance aussi bien qu'à la colère, ne demandait ni culte, ni offrande, ni prières. Ces dieux sans consistance, ni esprits ni corps, ayant pourtant la figure humaine, ne sont que de belles peintures suspendues au-dessus du système, peut-être pour

---

[1]. Lucrèce, V, 1168; VI, 76. — Cic. *De nat. Deor.*, I, 18 et 27.

écarter les reproches d'impiété, mais surtout pour représenter l'idéal de la félicité épicurienne. Si le fougueux Lucrèce, d'ordinaire si acharné contre les dieux, s'arrête de temps en temps dans la contemplation de cette vie divine si paisible, et s'incline avec respect devant le nouvel Olympe, cette admiration presque attendrie ne doit pas être prise pour de l'inconséquence ou de l'hypocrisie ; c'est le contentement profond d'une impiété toujours fidèle à elle-même, qui se plaît à voir la Divinité enchaînée dans sa béatitude. En un mot, cette bizarre théologie consiste à rendre aux dieux en délicieuse tranquillité ce qu'on ôte à leur puissance. La doctrine d'Épicure ne rappelle pas mal la politique de ces rebelles de l'Orient, qui laissent au peuple ses rois, mais en les plongeant dans la mollesse, qui les entourent d'un vain hommage et d'un cérémonial innocent, et, en les livrant à la plus entière inertie, ont le double avantage de n'avoir rien à en craindre, et de paraître pourtant respecter leur personne et leur majesté royale.

Il est bien difficile de décider quels étaient les vrais sentiments d'Épicure. L'académicien Cotta dit : « J'ai connu des épicuriens dont la dévotion craignait d'oublier les moindres simulacres... cependant on accuse Épicure de n'avoir point cru l'existence des dieux... on juge mal d'un homme incapable d'y entendre finesse[1]. » L'épicurien Philodème

---

[1]. Cicéron, *De nat. Deor.*, I, 31.

reproche aux stoïciens d'être athées. Au milieu de toutes ces singularités équivoques et peu discutables, une seule chose est bien manifeste, c'est l'hostilité de la doctrine contre les dieux populaires. Quant aux hommages extérieurs rendus aux dieux, il faut se rappeler que chez les anciens la religion était civile et qu'un honnête citoyen se conformait aux usages établis tout en ayant une doctrine particulière; témoin Socrate et beaucoup d'autres. Chez nous, au contraire, l'État étant indifférent en religion, chacun n'a d'autres devoirs religieux à remplir que ceux qui lui sont imposés par sa conscience et par sa foi. Dans l'antiquité on se soumettait à certaines coutumes religieuses, comme chez nous on obéit à une loi civile, même quand on ne la trouve pas bonne. Les épicuriens dévots n'étaient pas des hypocrites, puisqu'ils exprimaient hautement leurs véritables sentiments sur la religion païenne. S'ils avaient un masque, ce n'était point pour se cacher; ils ne le portaient pas sur le visage; ils le tenaient à la main.

Quoi qu'il en soit, cette théologie, si on la prend à la lettre, telle que nous la présente Cicéron, est vraiment indigne d'un philosophe, et ne mérite, en effet, que des réfutations plaisantes. Mais peut-être Épicure ne parlait il ainsi que pour le vulgaire. Je remarque que le langage même du maître, dans sa *lettre à Ménécée,* est bien loin d'être ridicule : « Souviens-toi de ce que je t'ai souvent recommandé, règle là-dessus tes pensées et ta conduite ; c'est la source et le principe du bonheur. Mets-toi d'abord dans l'esprit que Dieu est un être immortel et bienheureux. Garde-toi donc de lui rien attribuer qui ne puisse s'accorder avec son immortalité et sa béatitude. Cela une fois hors d'atteinte, tu peux donner à ton esprit sur cet être divin tel essor qu'il te plaira. Oui, il y a des dieux, nous en avons en nous la notion évidente; mais ils ne sont pas tels que se les figure la multitude. L'impie n'est pas celui qui nie l'existence de ces dieux du vulgaire, c'est au contraire celui qui attache à la Divinité ces indignes attributs que le vulgaire imagine[1]. » Ce noble et philosophique langage semble prouver qu'Épicure avait placé au-dessus de son système (et même un peu en dehors, car le système ne l'exigeait pas) une essence divine mal définie dont il allait jusqu'à faire un objet d'adoration. On nous dit que sa piété était ineffable, qu'il avait composé un livre sur la sainteté. Sénèque est vivement frappé de ce culte désintéressé qu'Épicure rendait à un dieu sans puissance, sans armes, qu'il honorait « propter majestatem ejus eximiam singularemque naturam... Hoc facis nulla spe, nullo pretio inductus[2]. » Épicure paraît avoir voulu établir un culte moral, sans crainte religieuse et sans espérance mercenaire. Il était, avec les différences que comportent les idées païennes, dans un état d'esprit analogue à celui de

---

1. Diogène de Laerte, X, 123.
2. *De Benef.*, IV, 19.

nos quiétistes chrétiens qui dépouillent Dieu de sa toute-puissance, de sa justice, de sa bonté, et n'honorent que son impassible essence. Nous n'estimons pas qu'il vaille la peine de discuter longuement sur la théologie d'Épicure, qui témoigne d'une grande négligence scientifique, mais il n'est pas sans intérêt de remarquer que ce philosophe, dont la morale est une espèce de quiétisme, est aussi un quiétiste en religion.

Cette théologie si simple, si inutile dans le système, et qui dans le détail a pu avoir bien des ridicules, n'était pas pourtant sans valeur comme œuvre de polémique contre la religion païenne. Elle achevait et menait à bout le grand travail qu'avait entrepris la philosophie contre les dieux populaires. Depuis Xénophane, la raison de tous les sages protestait contre la superstition, qui prêtait à la majesté divine les passions humaines. Non-seulement la morale éclairée par le temps réprouvait les légendes antiques qui racontaient les fraudes, les adultères, les incestes de l'Olympe, mais encore se refusait à croire que les dieux fussent vindicatifs, cruels, sordidement avides d'offrandes. On se moqua des sacrifices intéressés, qui n'étaient qu'un trafic d'usuriers entre la dévotion cupide et le ciel vénal. Les uns ôtèrent aux dieux la colère en leur laissant la bonté, d'autres prétendirent que la bienveillance même est indigne de leur sublime nature. En un mot, il semble que toutes les écoles aient conspiré pour éliminer peu à peu les grossières conceptions des vieux âges sur lesquelles reposait le paganisme. Les grands systèmes de métaphysique, qui étaient bien au-dessus de cette polémique, ne laissaient pas de favoriser ces idées nouvelles. Le dieu d'Aristote, enfermé dans son immobilité, ignore le monde ; Platon, dans le *Philèbe*, veut que la nature divine soit inaccessible aux impressions variables de la sensibilité, étrangère à la joie et à la douleur. Épicure ôta aux dieux non-seulement la haine, l'amour, mais encore la puissance; il ne leur laissa que l'immortalité et le bonheur. Tandis que la plupart des écoles avaient tenté d'épurer la religion, Épicure la supprima. Il réduisit la piété à une admiration inerte, et dans une sorte de mysticisme épais, qui n'était peut-être qu'un expédient commode, il tomba en extase devant des dieux qu'il avait si bien désarmés.

Si cette polémique, par certains arguments généraux, risque d'offenser toutes les religions, il n'en est pas moins vrai que le système n'avait en vue que le paganisme. Lucrèce, comme son maître, n'attaque point la providence de Socrate ni celle des stoïciens, la puissance divine, unique, universelle, bienfaisante, qui dirige le monde et les hommes. Il n'est aux prises qu'avec ce pouvoir divin fractionné, irrationnel, qui dérange la nature, inquiète l'homme et n'explique rien, ce pouvoir mesquin, injuste, étourdi. Entendons la profession de foi du poëte lui-même, qui, après de longues démonstrations scientifiques, ramasse ses forces comme dans une péroraison pressante où il interroge les dieux, non sans ironie, où il leur montre que la crédulité populaire leur attribue des sentiments et des actes dont ils sont incapables, et même des maladresses qui ne leur font pas honneur :

> Apprends ces vérités, et si tu les pénètres,
> La nature aussitôt à de superbes maîtres
> Échappe, et désormais calme et libre à tes yeux
> Se gouverne elle-même et sans répondre aux dieux.
> O vous, dieux, à qui j'ôte et le trouble et la haine,
> Que belle est votre paix, que votre âme est sereine !
> Qui de vous pourrait donc, conducteur souverain,
> Mener tout l'univers les rênes dans la main ;
> Qui de vous fait mouvoir tous les cieux, dans ce monde
> Dispense à chaque terre une chaleur féconde ;
> Qui de vous se chargeant en roi de ce grand tout,
> En tous lieux, en tous temps, attentif et debout
> Prend le soin d'amasser la nue et ses ténèbres
> Et d'ébranler le ciel par de longs coups funèbres ?
> Eh quoi ! serait-ce aussi de votre main que part
> Cette foudre qui va frappant tout au hasard,
> Fait voler en débris vos propres sanctuaires,
> Acharne sa fureur sur des lieux solitaires,
> Et d'un aveugle coup, quelquefois en passant
> Sur le front du coupable, écrase l'innocent[1]. (II, 1089.)

---

1. Quæ bene cognita si teneas, natura videtur
Libera continuo, dominis privata superbis,
Ipsa sua per se sponte omnia Dis agere expers.
Nam, proh sancta Deum tranquilla pectora pace
Quæ placidum degunt ævom vitamque serenam !
Quis regere immensi summam, quis habere profundi
Indu manu validas potis est moderanter habenas ?
Quis pariter cœlos omnes convortere, et omnes
Ignibus ætheriis terras suffire feraces ;
Omnibus inve locis esse omni tempore præsto,

A ces vives questions, on ne voit pas ce que l'antique religion aurait pu répondre. Si comme science la théologie d'Épicure est au-dessous de toute discussion, comme polémique elle est péremptoire. Ce que des systèmes plus savants n'avaient osé faire entièrement, l'épicurisme l'a fait avec une netteté parfaite et une décision tranquille. Quelles que soient ses erreurs, il a chassé de la nature, ou plutôt doucement éconduit, ce nombre infini de puissances célestes qui ne faisaient qu'embarrasser la physique et la morale.

La nature a été simplifiée aussi bien que pacifiée, pour avoir été ramenée à une puissance unique. Maintenant, que Lucrèce se soit trompé en plaçant cette puissance dans un aveugle mécanisme, nous le reconnaissons sans peine; mais il a déblayé le domaine de la science de difficultés inutiles, il a offert l'univers affranchi aux investigations futures de la raison humaine. Après l'épicurisme, qui a su détruire, mais n'a rien fondé, il restait encore à trouver quelle est cette puissance unique, universelle, créatrice ou ordonnatrice du monde. Est-ce une intelligence souveraine, est-ce une nature inconsciente? Le problème est depuis livré aux disputes des hommes.

Nubibus ut tenebras faciat, cœlique serena
Concutiat sonitu; tum fulmina mittat, ædes
Sæpe suas disturbet; et in deserta recedens
Sæviat, exercens telum, quo sæpe nocentes
Præterit, exanimatque indignos inque merentes?

Ce problème, qu'Épicure et Lucrèce ont contribué à faire poser depuis dans sa vaste simplicité, ils ne l'ont pas résolu au gré du genre humain. La science, la raison commune, le sentiment, ont repoussé ce système qui ne voit dans l'univers qu'un mécanisme fortuit et inintelligent. Il est juste d'appliquer aux deux philosophes ces beaux vers par lesquels Lucrèce lui-même peignait les immenses erreurs de ses devanciers : « Dans l'explication des principes de la matière, ils se brisèrent contre un écueil et firent une chute proportionnée à la hauteur de leur génie. »

Principiis tamen in rerum fecere ruinas
Et graviter magni magno cecidere ibi casu. (I, 741.)

Mais sur d'autres points leur doctrine triomphe et rallie tous les hommes éclairés. Aujourd'hui, quelle que soit la diversité de nos croyances philosophiques et religieuses, nous sommes tous d'accord pour ne point craindre les phénomènes naturels qui jadis causaient tant d'effroi. On n'entend plus, par exemple, à l'approche d'une éclipse « des villes retentir de cris lugubres, » comme dit Sénèque. La nature ne provoque plus que la curiosité et ne produit plus l'épouvante. On contemple, on étudie ses mystères, on vit en elle sans trouble. Non-seulement elle paraît plus innocente depuis qu'on la laisse à ses lois, mais encore elle paraît, par ses lois mêmes, plus digne de son auteur. Les âmes les plus pieuses, les plus promptes à frissonner sous un avertissement divin, ne croient plus qu'une nuée plus ou moins noire, que les feux, les bruits du ciel, soient des signes de colère. On suit le conseil de Lucrèce, qui recommande de considérer tout cela d'un cœur tranquille,

... pacata posse omnia mente tueri. (V, 1202.)

En chassant de la nature l'inepte intervention des dieux du paganisme, Épicure a mis fin encore à toutes les fraudes prétendues pieuses par lesquelles les hommes se trompaient les uns les autres et se trompaient eux-mêmes. Tandis que Pythagore, Socrate, Démocrite même, l'Académie, le Lycée, le Portique, toutes les écoles, même les plus libres, croyaient à la divination par le vol des oiseaux, par les entrailles des victimes, par les astres, par les songes, par le délire et par cent autres moyens, Épicure seul repoussa ces sciences menteuses et en dévoila l'imposture. Il contraignit les aruspices et les devins à se trouver eux-mêmes grotesques; il se moqua si bien des oracles qu'ils finirent bientôt par ne plus oser parler. On peut dire qu'aujourd'hui un homme passe pour éclairé à proportion du mépris qu'il professe pour tout ce qu'Épicure a méprisé. Sans doute nous n'admettons pas tout ce qu'il affirme, mais nous nions presque tout ce qu'il nie.

Que nous importe que son système soit erroné, comme tous les systèmes, si sa critique a dissipé de pires erreurs, si elle a en quelque sorte nettoyé la nature et la raison! Sa théologie est misérable, mais elle a eu du moins le mérite de détruire une théologie plus méprisable encore; sa physique est mauvaise, mais elle a rendu possible la bonne. La science moderne n'a fait de progrès que pour être devenue épicurienne, pour avoir cru à des lois invariables; le bon sens public est devenu épicurien, puisqu'il n'a plus peur de la nature; ce que nous appelons instruire le peuple, c'est l'élever en physique à la lumière de l'épicurisme. Bien plus, la vraie religion qui combat la superstition païenne toujours renaissante se rencontre elle-même avec la sagesse d'Épicure [1].

Tous tant que nous sommes, vous et moi, que nous le sachions, que nous le voulions ou non, nous portons en nous non pas le système, mais l'esprit de la doctrine. Car il ne faut pas l'oublier, la grande pensée du maître, à laquelle tout est subordonné, fut de délivrer la nature de toutes les puissances occultes, malfaisantes, ridicules qui troublaient l'univers et l'homme. Sans doute ce n'est pas à Épicure seul que nous devons ce bienfait; mais le premier il a fait effort pour le répandre sur le monde. C'est là ce qui rend sa doctrine respectable malgré

---

1. Le traité de Cicéron *sur la Divination*, inspiré par la doctrine épicurienne, nous a été conservé par les chrétiens. Les païens en avaient demandé au sénat la suppression. Il fut même brûlé en 302 avec la Bible, par ordre de Dioclétien. Sur certains points le christianisme primitif faisait de l'épicurisme son allié. Il est assez curieux de voir les deux doctrines enveloppées ensemble dans la même proscription. Épicure avait fourni aux chrétiens leurs meilleures armes contre le paganisme.

ses erreurs, c'est là ce qui donne encore aujourd'hui un si grand intérêt au poëme de Lucrèce. Le poëte a célébré en vers magnifiques une grande vérité dont nous vivons. Car ce qui se dépose avec le temps dans la raison et la conscience des hommes, ce qui y demeure et finit par faire partie de nous-mêmes. ne peut être que le vrai.

CHAPITRE V.

LA CRAINTE DE LA MORT ET DE LA VIE FUTURE.

Dans le *Poëme de la Nature,* qui a pour but d'assurer la tranquillité de l'âme, il importait surtout à Lucrèce de combattre la crainte de la mort[1], qui répand sur la vie humaine un voile lugubre et ne laisse jouir d'aucune volupté pure,

> Omnia suffundens mortis nigrore, neque ullam
> Esse voluptatem liquidam puramque relinquit. (III, 39.)

Le troisième livre, uniquement consacré à ce grave sujet, passe pour le chef-d'œuvre de Lucrèce et non sans raison, car si dans les autres parties du poëme on rencontre d'aussi beaux tableaux et non moins d'éloquence, on trouve ici une suite de démonstrations qui s'enchaînent et composent une visible unité. C'est le xviii° siècle surtout qui

---

[1] « .... Ille timorum Maximus.... leti metus. » (Lucain, I, 450.)

a fait la réputation de ce livre, alors que Lucrèce était encore peu connu. Les philosophes du temps, en vantant les vers du poëte contre l'immortalité de l'âme, avaient l'avantage de propager leurs propres doctrines sans péril. Les témérités antiques ne tombaient pas sous les coups des parlements. C'était une tactique naturelle dans la polémique religieuse de mettre les hardiesses sous le couvert d'un ancien que son titre de classique rendait inviolable. On faisait passer des armes de guerre sous un pavillon neutre et respecté. Voltaire prodigue à Lucrèce des éloges qui sont en même temps des malices : « Il disserte, dit-il, comme Cicéron, il s'exprime comme Virgile, et il faut avouer que, quand notre illustre Polignac réfute ce troisième chant, il ne le réfute qu'en cardinal. » L'admiration de Voltaire, sans être désintéressée, paraît sincère, car dans une lettre à Mme Du Deffand, où il n'a pas à faire de stratégie, il écrit ces mots si souvent répétés : « Je traduirai ce troisième chant ou je ne pourrai. » Et pourtant Voltaire n'appartenait pas à l'école matérialiste du xviiie siècle; mais il lui tendait la main, et guerroyait quelquefois sous les mêmes drapeaux. A plus forte raison, devait-on célébrer le livre de Lucrèce dans le groupe des philosophes dont les principes se rapprochaient davantage des leçons d'Épicure. Le grand Frédéric, offrant ses condoléances à d'Alembert après la mort de Mlle de Lespinasse, lui écrivait : « Quand je suis affligé, je lis le troisième livre de Lucrèce; c'est un palliatif pour les maladies de l'âme. » Mais, lorsque, durant la guerre de Sept Ans, il avait eu lui-même besoin de réconfort, et que, pressé par trois armées russe, autrichienne et française, il songeait dans son désespoir à se délivrer de la vie, il répondit à d'Argens, qui lui conseillait à son tour de lire dans ses peines le poëme consolateur : « J'ai lu et relu le troisième chant de Lucrèce, mais je n'y ai trouvé que la nécessité du mal et l'inutilité du remède... Voilà l'époque du stoïcisme ; les pauvres disciples d'Épicure ne trouveraient pas à cette heure à débiter une phrase de leur philosophie. » Le royal épicurien, on le voit, pensait que la doctrine ne pouvait guère servir qu'à consoler les maux d'autrui. Rien ne manque à la gloire de ce livre, pas même ce singulier honneur d'avoir été regardé, en un temps si voisin du nôtre, comme le manuel des affligés.

C'était du reste bien entrer dans l'esprit de Lucrèce que d'attribuer à son livre une influence bienfaisante. Car lui-même annonce hautement qu'il va faire beaucoup pour le bonheur des hommes en dissipant les effrayantes chimères des religions antiques sur la vie future : « Il faut, dit-il, il faut chasser des cœurs cette peur de l'Achéron qui trouble jusqu'au fond la vie humaine. »

> Et metus ille foras præceps Acheruntis agendus
> Funditus, humanam qui vitam turbat ab imo.   (III, 39.)

Il convient pourtant de remarquer combien Lucrèce diffère de ces philosophes modernes. Ceux-ci attaquent avec violence ou légèreté des croyances spiritualistes, qui peuvent n'être pas à leur gré assez scientifiquement fondées, mais qui du moins devraient paraître même à leurs yeux innocentes. L'immortalité de l'âme, l'idée d'un principe supérieur au corps et qui lui survit, une juste rémunération après la mort, l'accomplissement de la destinée humaine au delà de cette vie, toutes ces espérances raisonnables et conformes à l'idée de la justice n'ont rien qui puisse provoquer le blâme, la colère ou le mépris. Que ces doux et purs sentiments soient considérés par des esprits prévenus comme des illusions, elles sont du moins dignes de respect. Vouloir les dissiper, c'est priver l'homme d'une richesse, la richesse de l'espérance, c'est troubler de fond en comble la morale telle que la plupart des hommes la conçoivent, c'est renverser les consciences. On comprend que contre de pareilles attaques certaines âmes se révoltent et défendent avec une impatience jalouse cet espoir précieux dont on veut les déposséder. Il n'en était pas de même dans l'antiquité, où la spiritualité de l'âme n'était pas reconnue, où la croyance à la vie future n'était qu'un instinct aveugle et une vision grossière, qui ne reposait pas sur l'idée de la justice, et qui effrayait les hommes, sans donner un solide soutien à la morale. Un philosophe qui venait rassurer les âmes épouvantées par d'inutiles peintures, qui prouvait que notre destinée s'accomplit sur la terre, que le malheur a une fin, pouvait se croire un bienfaiteur de l'humanité.

Si on se place au point de vue antique, l'entreprise de Lucrèce est bien simple et n'a même rien de hardi. Dire que l'âme est corporelle, c'était s'appuyer sur un principe accepté par le peuple aussi bien que par la plupart des sectes philosophiques. Conclure de là que l'âme doit périr avec le corps, se dissoudre avec lui, c'était simplement encore, selon les idées anciennes, faire preuve de logique. On oublie trop souvent qu'en dehors des écoles peu fréquentées et peu comprises de Pythagore et de Platon, toutes les doctrines, aussi bien que les religions de l'antiquité, ne reconnaissaient que la matière. Sans doute la substance de l'âme n'était pas la même pour tous les philosophes, mais pour tous elle était matérielle. C'était ou de l'eau, ou du feu, ou de l'air, selon les écoles. Pourquoi ne dirions-nous pas que cette grossière conception a si généralement régné dans l'ancienne philosophie, qu'elle s'est imposée même aux Pères de l'Église, à saint Basile, à saint Athanase, à saint Jérôme, quelquefois à saint Augustin? Tertullien va jusqu'à dire que l'âme n'est rien si elle n'est corps, *animam nihil esse, si corpus non sit*. Pour reconnaître l'immortalité de l'âme, les Pères ont été obligés de suppléer à la logique par un miracle. Selon eux, l'âme est impérissable, non par nature, mais par l'effet de la grâce divine. Peut-être aussi, conformément à certaines croyances philosophiques, pensaient-ils que l'âme est incorruptible comme la substance des corps célestes, auxquels on accordait l'incorruptibilité. Lucrèce n'est donc pas un novateur téméraire, puisqu'il se borne à tirer d'un principe généralement reçu les conséquences les plus naturelles, que personne n'était tenté de trouver immorales ou redoutables.

Les anciens, en effet, tiennent peu à l'immortalité de l'âme et n'ont sur ce point que des espérances confuses et fugitives. Sans doute les plus sages parmi les moralistes romains, dans leurs plus sublimes conceptions, se plaisent à imaginer quelquefois une vie future selon leur désir, un séjour de bienheureux où seront recueillies les âmes d'élite, une sorte de paradis patricien qui n'est point fait pour les vulgaires mortels et qui doit être la récompense du génie plus encore que de la vertu; mais ce ne sont là que des rêves charmants, de nobles fantaisies, comme d'ailleurs ils ont la bonne foi d'en convenir eux-mêmes : « *Somnia sunt optantis, non docentis*[1]. » Quand ils raisonnent et qu'ils discutent, Cicéron, Sénèque, Marc-Aurèle, aussi bien que Socrate, ne font point difficulté de poser le dilemme suivant : « La mort nous anéantit ou nous ouvre une vie nouvelle, » et les deux alternatives leur paraissent également consolantes. Lucrèce, en optant pour l'anéantissement, ne faisait donc que passer

---

1. Cicéron, *Académ.*, II, 38. — « Rem gratissimam promittentium magis quam probantium. » Sénèque, *Lettres*, 102.

par une des deux issues que la plus pure philosophie offrait alors aux méditations des sages[1].

Quant à la vie future, telle que la peignaient les poëtes d'accord avec la religion, telle aussi que se la figurait l'imagination populaire, elle était entièrement décréditée[2]. Depuis des siècles, la philosophie s'en moquait et la politique elle-même n'estimait plus que cette croyance fût un appui pour la morale publique. Non-seulement de mauvais citoyens, comme César, pouvaient affirmer en plein

---

[1]. « Ou la mort est une extinction absolue de l'être, ou elle est un passage de l'âme d'un lieu dans un autre. » Platon, *Apologie*. « Mors aut plane negligenda, si omnino extinguit animum; aut etiam optanda, si aliquo eum deducit, ubi sit futurus æternus. » Cicéron, *Tuscul.*, 1. « Mors aut finis aut transitus. » Sénèque, *Lettres*, 65. « Aut in meliorem emittitur vitam.... aut certe sine ullo futurus incommodo. » *Lettres*, 71. « Si c'est dans une autre vie, rien n'est vide de dieux.... si c'est pour ne rien sentir, ce sera la fin des douleurs. » Marc-Aurèle, III, 3. Cette manière de raisonner se retrouve bien souvent dans les *Pensées* de l'empereur philosophe.

[2]. Il ne faut pas craindre d'accumuler ici les témoignages pour mettre sur ce point dans tout son jour l'état de l'opinion à la fin de la république et sous l'empire. Cicéron se moque de ces croyances avec le plus profond mépris. *Tuscul.*, I, 6. Sénèque dit et redit : « Nemo tam puer est, ut Cerberum timeat et tenebras. » *Lettres*, 24 et 36, 54, 82. Cela peut ne pas étonner en des livres de philosophie destinés aux savants. Mais César nie la vie future dans le Sénat. Salluste, *Catil.*, 50; Cicéron sur le Forum devant le peuple : « Falsa sunt, id quod omnes intelligunt. » *Pro Cluentio*, 61. Les poëtes, interprètes de l'opinion courante, disent tout naturellement : « Fabula manes. » Horace, *Odes*, I, 4, 16. « Cinis et manes et fabula fies. » Perse, V, 152. « Nec pueri credunt nisi qui nondum aere lavantur. » Juvénal, II, 152. Sénèque le Tragique va jusqu'à mettre ridiculement dans la bouche des

Sénat que tout finit avec la vie, mais Cicéron, le juge le plus délicat des bienséances officielles, *le père de la patrie*, déclare plus d'une fois que de pareilles superstitions sont trop ineptes pour mériter même qu'on les critique. Il raille les épicuriens d'être encore assez simples pour s'en prendre à des chimères qui n'existent plus nulle part, pas même dans la cervelle de la vieille la plus visionnaire; leur zèle philosophique lui paraît imbécile, tant il est

---

femmes troyennes une longue profession d'incrédulité en cinquante vers :

> Post mortem nihil est, ipsaque mors nihil...
> Rumores vacui, verbaque inania
> Et par sollicito fabula somnio.   (*Troades*, 398, 408.)

Ovide fait dire à Pythagore :

> Quid Styga, quid tenebras, quid nomina vana timetis ?
>   (*Métam.*, XV, 154.)

L'honnête Plutarque, qui pourtant est platonicien et qui fut prêtre d'Apollon, dit que « ce sont contes faits à plaisir, que les mères et les nourrices donnent à entendre aux petits enfants. » *Que l'on ne peut vivre heureux*, 27 ; voir aussi *de la Superstition*, 4. Sur ce point l'épicurisme et le stoïcisme sont d'accord, et comme ces deux doctrines sont alors dominantes et se partagent les esprits, il se trouve que tout le monde répète les mêmes négations. Il faut remarquer aussi que la plupart de ces écrivains nient, avec les enfers du paganisme, toute espèce de vie future.

Platon lui-même trouve que les enfers, selon la Fable, offrent des images capables d'amollir les courages : « Effaçons ces noms odieux et formidables de Cocyte, de Styx, de Mânes, d'Enfers, et autres semblables, qui font frissonner ceux qui les entendent prononcer. » *République*, liv. III.

« Point d'enfer, point d'Achéron ! » Épictète, *Entretiens*, liv. III, ch. 23.

superflu[1]. Sénèque, à son tour, le précepteur et le ministre d'un empereur, le grave directeur de l'opinion publique, vers qui toutes les oreilles étaient tournées, dit et redit que les ténèbres infernales ne font plus peur même à un enfant et, comme Cicéron, trouve ridicule ce qu'il appelle l'éternel refrain d'Épicure, *epicuream cantilenam*[2]. Ainsi sur ce point les épicuriens passaient non pour téméraires, mais pour attardés; ils étaient, non pas hardis, mais naïfs, croyant avoir encore à désabuser le peuple, qui n'avait plus besoin de leurs leçons. C'est donc bien inutilement dépenser sa sensibilité que de s'apitoyer sur les Romains, comme on fait trop souvent quand on s'écrie que Lucrèce leur a apporté des doctrines désolantes. Ni Épicure en Grèce, ni Lucrèce à Rome n'ont apporté l'incrédulité: ils l'ont trouvée, et la trouvant ont tenu à la régler en lui offrant une morale.

C'est une erreur de croire qu'il y eût pour les anciens quelque chose de désolant dans la négation de la vie future. Elle était l'objet de la terreur et non pas de l'espérance. Le paganisme n'offrait sur l'autre vie que des tableaux lamentables, souvent iniques et qui, en effrayant à la fois les innocents et les coupables de la terre, ne servaient pas même

---

1. « Adeone me delirare censes ut ista credam... quis tam excors, quem ista moveant! » *Tuscul.*, I, 6. Quæ est tam delira, quæ timeat ista?.... non pudet philosophum in eo gloriari quod hæc non timeat? » *Ibid.*, 21.

2. *Lettres*, 24.

à donner plus de force à la morale. L'idée de la rémunération était le plus souvent absente de ces fictions religieuses, et la balance de Minos nous paraît aujourd'hui fort trébuchante. La raison et le sentiment étaient également révoltés à la vue de ce ténébreux empire. Ceux même qui avait bien mérité dans ce monde, les héros et les justes, étaient aussi malheureux que les criminels dans la triste demeure des ombres et redemandaient les misères de la vie terrestre. On sait avec quelle héroïque impatience l'ombre d'Achille, dans Homère, s'écrie : « J'aimerais mieux être sur la terre un valet de labour que roi dans les enfers. » En effet, que voulez-vous que fasse de cette royauté vaine cette âme vaillante qui se meut dans le vide, qui respire encore dans le néant et qui promène dans son pâle royaume ses passions vivantes et son héroïsme impuissant? Je sais bien que dans les poëtes grecs surtout et dans leurs imitateurs on rencontre çà et là d'autres images plus douces d'un bonheur qui pouvait tenter les justes et des idées morales plus hautes. Mais que ne trouve-t-on pas dans les poëtes de la Grèce, qui ont épuisé tout le domaine de l'imagination, comme les philosophes ont parcouru, sans s'y arrêter, tout le cercle des hypothèses? Nous ne touchons pas ici à ces délicatesses exquises du génie poétique et nous ne parlons que des croyances communes. Celles-ci n'étaient ni douces, ni morales, car non-seulement elles ne promettaient rien à l'innocence, mais encore ne menaçaient pas le crime.

Peut-être, pour nous prouver que la justice s'exerçait aux enfers, on nous objectera les Ixion, les Tityus, les Tantale. Nous répondons que ces personnages fabuleux, toujours mis en scène par les poëtes, sont des victimes, non de la justice, mais de la vengeance divine; ils expient une injure personnelle faite aux dieux. Ne sont-ils pas plutôt des vaincus que des condamnés? Il faut être un Titan, au moins un roi, pour mériter le supplice. Le vulgaire est tout simplement plongé pêle-mêle dans la nuit.

.... Vulgusque cava sub nocte repostum [1].

Quand Properce, abordant le problème de la mort, se demande s'il y a des peines aux enfers, il ne parle, comme presque tous les poëtes, que de géants :

Sub terris si jura Deum et tormenta Gigantum [2].

De même que les philosophes dans leurs plus hardies conceptions n'accordaient l'immortalité bienheureuse qu'aux grandes âmes qui avaient gouverné les empires, les poëtes, dans leurs tableaux plus populaires, ne livraient aux supplices infernaux que des révoltés qui avaient été, selon la Fable, directement aux prises avec Jupiter. La foule des humains restait au-dessous de la récompense et de la peine. Ce qui fait pour nous la nouveauté et la beauté du

---

1. Stace, *Thébaïde*, IV, 478.
2. III, 5, 39.

sixième livre de l'*Énéide*, c'est que Virgile, s'inspirant de Platon, fait régner la justice aux enfers¹, punit les crimes et les vices, les sentiments dénaturés, l'avarice, l'adultère, la perfidie, et fait pénétrer un rayon de lumière dans le chaos moral des croyances païennes.

La vie future apparaissait à l'imagination populaire tantôt comme une morne contrée où tout n'a que les apparences de la vie, tantôt comme un lieu peuplé de monstres fantastiques, tantôt, et le plus souvent, comme une noire région dont on ne sait rien si ce n'est qu'on est plongé dans la nuit, où l'on souffre sans être puni, où l'on rencontre, non pas des lois divines, mais des épouvantes inexpliquées ; enfin, pour employer le langage de Job, bien conforme ici à toutes les croyances antiques, on avait peur d'aller « sans espérance d'aucun retour, en cette terre de misère et de ténèbres où habite l'ombre de la mort, où tout est sans ordre, et dans une éternelle horreur². » Nier cette vie future, c'était rassurer les âmes, et non les désespérer.

Cependant, comme, en si grave et si délicate matière, il ne faut rien omettre de ce qui peut faire connaître l'état des âmes, hâtons-nous d'ajouter que les anciens, au milieu de ce discrédit des fictions religieuses ou malgré la terreur qu'elles inspiraient, ne pouvaient se résoudre au néant. Il en est de la

---

1. « Discite justitiam moniti. » *Æneid.*, VI, 620.
2. *Job*, X, 21.

croyance à une vie future comme de la croyance en Dieu [1]; elle tient à l'âme, elle en fait si bien partie, que la science la mieux armée a de la peine à l'en arracher. De là vient que les plus grands esprits, les Cicéron, les Sénèque, imaginèrent une autre immortalité, noble et pure, à laquelle on ne peut rien reprocher, si ce n'est qu'elle n'était réservée qu'à l'élite de l'humanité. De là vient aussi que le vulgaire, après avoir accepté les leçons d'incrédulité, leur devenait infidèle, se dérobait, pour retourner à l'antique religion. Les philosophes du temps s'étonnent sans cesse de la peine qu'ils sont obligés de se donner pour persuader aux hommes que la mort, l'entier anéantissement, n'est pas un mal. Leur étonnement témoigne de la résistance qu'ils rencontraient. Pline, qui n'est pas suspect, puisqu'il est épicurien, constate cette résistance par ce beau mot plein d'ironie et de dédain : « Notre mortalité est avide de vivre sans fin; *avida nunquam desinere mortalitas* [2]. » Sénèque marque plus nettement encore les sentiments de ses contemporains : « Ils ont peur d'être aux enfers et peur de n'être nulle part; *æque timent ne apud inferos sint, quam ne usquam* [3]. » Plutarque, qui semble un peu se contredire, qui

---

1. Les anciens mêmes l'ont dit : « Non leve momentum habet consensus hominum aut timentium inferos aut colentium. » Sénèque, *Lettres*, 117. « Permanere animos arbitramur consensu nationum omnium. » Cicéron, *Tuscul.*, I, 16.
2. *Hist. nat.*, VII, 56.
3. *Lett.*, 82.

vient de déclarer que les descriptions des enfers sont des contes de nourrice, qu'elles sont un objet de terreur, ne laisse pas de reprocher aux épicuriens « d'ôter au commun peuple ses plus grandes et ses plus douces espérances. » On peut voir par ces témoignages dans quelle perplexité étaient les esprits, placés entre la religion qui les effrayait et la philosophie qui ne leur offrait rien. Pour les anciens, cet embarras ne paraît pas être devenu une angoisse; ils échappaient au problème, en y pensant peu. De quelque côté qu'ils se tournassent, ils avaient à craindre. Pas d'alternative consolante. La vie future leur faisait horreur, le néant les épouvantait. Que pouvait faire Lucrèce pour rassurer les âmes? Combattre ces deux craintes à la fois.

Pour juger avec équité les doctrines morales, on doit tenir grand compte des circonstances historiques. Il faut considérer ce que ces doctrines sont venues combattre. La philosophie morale n'est pas une muse solitaire qui, dans une retraite désintéressée, médite sur les grands problèmes de la vie. Elle est mêlée au monde, elle est militante, et renverse avec l'erreur la part de vérité que l'erreur peut contenir. Elle court au plus pressé, et en voyant, par exemple, que les hommes tremblent honteusement sous la providence fantasque, inique, ridicule des dieux, elle nie la Providence divine; en voyant qu'ils frémissent à la pensée d'une vie future piteusement terrible, elle nie la vie future. Dans la lutte elle ne songe pas à faire des distinctions raisonnables et circonspectes. Les révolutions philosophiques ressemblent en cela aux révolutions politiques, où le peuple exaspéré détruit avec la tyrannie les principes même les plus légitimes de tout gouvernement. Quand il existe dans le monde un préjugé méprisable et pesant, il s'élève toujours une doctrine pour l'attaquer au nom d'un nouveau principe qui peut n'être pas le meilleur; mais quoi! l'erreur accréditée serait éternelle, si, pour avoir le droit de l'attaquer, il fallait attendre qu'on fût armé de la vérité même. L'épicurisme a raison contre la religion païenne, il a rendu l'immense service d'en débarrasser le monde, mais il a tort quand il croit avoir apporté la sagesse et le bonheur. Qu'on réfute aujourd'hui la doctrine, qu'on la dédaigne, rien de mieux, elle n'est pas faite pour nous; mais qu'on ne refuse pas de se replacer par la pensée dans les siècles qui ne sont plus et de s'intéresser à une lutte que le temps rendait honorable et que notre poëte croyait généreuse.

On se méprend sur les intentions de Lucrèce et sur la portée de ses arguments. Il ne réfute ni n'opprime les grandes idées de Platon, qu'il ignore ou qu'il néglige. Il n'est point armé contre le spiritualisme, et s'il le blesse quelquefois, c'est là un de ces hasards de la guerre où les traits s'égarent et vont au delà de l'ennemi. Ses poétiques colères éclatent bien au-dessous de ces hautes cimes de la philosophie. D'autre part le poëte n'est pas assez simple pour mériter les railleries de Cicéron et pour foudroyer doctement les croyances populaires sur l'Achéron qui, sans crédit depuis des siècles, ne méritent plus les attaques d'un sage. Ni si haut, ni si bas, Lucrèce s'adresse aux hommes cultivés qui, sans s'élever aux plus nobles doctrines, sont déjà désabusés des erreurs vulgaires. Il a vu que les âmes les plus fermes, comme il arrive souvent, bien qu'elles soient revenues de la superstition, ont encore des craintes superstitieuses. L'atmosphère morale, depuis longtemps éclaircie et épurée par la philosophie, est encore chargée de vapeurs qui empoisonnent. On ne croit plus à Cerbère, à Charon, aux Furies, mais on redoute encore les ténèbres inconnues de la mort. On craint de conserver un reste de vie dans la tombe, de vivre sous la terre, de ressentir les besoins, les misères de l'homme vivant, de recommencer une nouvelle existence sans raison, sans but ni sanction morale. Lucrèce vient offrir une science à de prétendus esprits forts, à des incrédules mal affermis dans leur incrédulité, que la moindre disgrâce ramène à une religion détestée, qui éprouvent de vagues terreurs, qui, après avoir fait les braves, tremblent de nouveau, faute de principes, auxquels enfin la secousse du malheur fait tomber leur masque de bravoure. Ses longues démonstrations ne servent qu'à rassurer, à fixer ces âmes flottantes. Il a droit de penser qu'il travaille pour leur tranquillité, car en leur ôtant la peur, il ne leur enlève pas la moindre espérance. C'est là ce qui explique le noble enthousiasme du poëte pour Épicure, qui le premier a dissipé ces ombres de la mort, ces ombres d'un grossier paganisme :

> Toi qui sur la nuit sombre, où nous nous égarions,
> De ton flambeau sauveur versas les clairs rayons,
> Nous montrant le premier le bonheur, la sagesse,
> Je m'attache à tes pas, ô gloire de la Grèce !
> Si j'accours, ce n'est pas pour marcher ton égal,
> N'étant que ton disciple et non point ton rival.
> Eh quoi ! vit-on jamais l'hirondelle en délire,
> Au cygne, roi des airs, disputer son empire ;
> Et les tendres chevreaux chancelant sur leurs pieds
> Suivre, même de loin, l'élan des forts coursiers ?
> O mon maître, ô mon père (oui, tes leçons nouvelles
> Sont vraiment pour nous tous des grâces paternelles),
> Comme l'abeille ardente à former sa liqueur
> Par les bois tout fleuris s'attache à chaque fleur,
> A tes préceptes d'or je suspends ma pensée,
> Pour en boire à longs traits l'immortelle rosée[1]. (III, 1.)

Après cet hommage, que Lucrèce a renouvelé plus d'une fois, comme pour demander à son maître

---

1. E tenebris tantis tam clarum extollere lumen
   Qui primus potuisti, illustrans commoda vitæ,
   Te sequor, o Graiæ gentis decus, inque tuis nunc
   Ficta pedum pono pressis vestigia signis,
   Non ita certandi cupidus, quam propter amorem,
   Quod te imitari aveo. Quid enim contendat hirundo
   Cycnis ? Aut quidnam tremulis facere artubus hædi
   Consimile in cursu possint et fortis equi vis ?
   Tu, pater, es rerum inventor ; tu patria nobis
   Suppeditas præcepta, tuisque ex, inclute, chartis,
   Floriferis ut apes in saltibus omnia libant,
   Omnia nos itidem depascimur aurea dicta,
   Aurea, perpetua semper dignissima vita.

l'inspiration, il contemple son sujet avec amour, il jette un regard sur l'espace qu'il a parcouru et qu'il va parcourir. En effet, dans ce troisième livre, il est à mi-chemin de son entreprise, et de la hauteur où il s'est placé, il voit comme les deux versants de la montagne. D'une part, il rappelle, ce qui a déjà été démontré, que tout a été formé par le concours des atomes sans l'intervention des dieux, qui sont enchaînés par leur nature même dans une béatitude oisive ; de l'autre, il annonce avec joie qu'il a beau pousser ses regards dans toutes les profondeurs, il ne voit pas le séjour de l'Achéron. L'incrédulité éclate encore en hymnes et célèbre ses découvertes avec les transports d'un langage sacré.

> Sitôt que ta sagesse a de sa grande voix
> Proclamé la nature et dévoilé ses lois,
> Nos superstitions s'échappent en déroute ;
> De notre monde étroit je vois s'ouvrir la voûte,
> Et plus loin, dans le vide et ses vastes déserts,
> A lui-même livré se former l'univers.
> Dans l'espace infini, tranquilles et sereines,
> M'apparaissent des dieux les demeures lointaines,
> Que jamais la fureur du vent n'ose approcher,
> Que le nuage humide aurait peur de toucher,
> Que craignent de ternir les blancs flocons de neige,
> Où le plus pur éther enveloppe et protége
> De riante lumière et de splendeurs sans fin
> La belle oisiveté de ce séjour divin,
> Où rien ne vient des dieux troubler la paix profonde,
> De ces dieux sans besoins, sans souci pour le monde.
> Mais j'interroge en vain ces espaces ouverts,
> Je ne vois nulle part la place des enfers ;

Car ma raison, perçant la terre sans obstacle,
Voit encor sous mes pieds le même grand spectacle
De l'immensité vide où se meut l'élément ;
Alors mon cœur saisi d'un saint frémissement,
De volupté divine, admire, ô mon cher maître,
Par quel puissant effort tu nous fis apparaître
La nature sans voile, et sus de toutes parts
Sur nos fronts, sous nos pieds l'ouvrir à nos regards[1].
(III, 14.)

AussitôtLucrèce commence sa vive attaque contre la crainte de la mort. C'est ici que, pour comprendre le sentiment du poëte et son ardente démonstration, il faut avoir plus que jamais présentes à l'esprit les idées de l'antiquité sur la vie future, qui ne sont pas conformes aux nôtres. Tandis que chez nous la morale religieuse soutient que la crainte d'une autre vie est salutaire, parce que la rémunération future

---

1. Nam simul ac ratio tua cœpit vociferari
Naturam rerum, divina mente coorta,
Diffugiunt animi terrores, mœnia mundi
Discedunt, totum video per inane geri res.
Apparet Divum numen, sedesque quietæ,
Quas neque concutiunt venti, nec nubila nimbis
Adspergunt, neque nix, acri concreta pruina,
Cana cadens violat semperque innubilus æther
Integit, et large diffuso lumine ridet.
Omnia suppeditat porro natura, neque ulla
Res animi pacem delibat tempore in ullo.
At contra nusquam apparent Acherusia templa ;
Nec tellus obstat, quin omnia dispiciantur,
Sub pedibus quæcumque infra per inane geruntur.
His ibi me rebus quædam divina voluptas
Percipit atque horror, quod sic Natura tua vi
Tam manifesta patens ex omni parte retecta est.

encourage la vertu et contient le crime, chez les anciens on pouvait dire que la pensée d'un avenir qui n'était que répugnant ou terrible corrompait la vie humaine. Comme la vie future ne promettait que misère et ignominie, les hommes tremblants, exaspérés par la peur, se jetaient avec rage sur les biens de la terre, se disputaient au plus vite la richesse et les honneurs, et ne reculaient pas même devant le crime. Plus elle était poignante, cette crainte de la mort, plus on ressentait cette cupidité féroce empressée de jouir, pour avoir du moins dans cette vie un dédommagement anticipé des misères de l'autre. De là dans le poëme des raisonnements qui semblent confus, tortueux et bizarres, parce qu'ils sont à l'inverse des nôtres, et qui ne paraîtront point absurdes à qui sait ce qu'une vie future sans espérance et sans justice pouvait inspirer de viles terreurs, et, par conséquent, de passions funestes.

Sans doute cette crainte d'un avenir plein d'horreurs mystérieuses était bien affaiblie, et Lucrèce semble le reconnaître; mais elle renaissait au moment du malheur. Les esprits forts, quand ils étaient frappés dans leur fortune ou dans leurs affections, revenaient bien vite à la religion:

Acrius advertunt animos ad relligionem. (III, 54.)

Ce fait moral, bien observé par Lucrèce et vivement dépeint, a été souvent reconnu par les écrivains chrétiens. Seulement ceux-ci s'en réjouissent, tandis que le poëte s'en afflige; différence de langage qui s'explique, quand on pense que pour les uns il s'agit d'un pécheur qui revient à la morale et à Dieu, tandis que pour l'autre c'est un peureux qui retourne à une pusillanimité inefficace. Faute de faire ces distinctions entre la morale antique et la morale moderne, un lecteur inattentif peut être à chaque instant déconcerté par les sentiments du poëte, qui semble aller souvent à l'encontre de la raison quand il ne fait que heurter des erreurs; quelquefois même on ne sait pas trop ce qu'il vient combattre, parce qu'il combat des préjugés qui ne sont plus, mais qui jadis accablaient les âmes.

Nous n'exposerons pas ce système qui inspire à Lucrèce une si belle confiance et qui n'est que la théorie épicurienne sur la nature de l'âme. Pourquoi parcourir près de huit cents vers où s'étale avec bonheur une science visiblement erronée et où la poésie est souvent opprimée par la doctrine? Quelques mots suffisent à rappeler cette longue exposition d'erreurs reconnues. L'âme est corporelle; il y entre quatre principes : la chaleur, le souffle, l'air, et un quatrième qu'on ne sait comment nommer. Chose digne de remarque : le matérialisme le plus résolu, en parlant de l'âme, fait toujours la part d'un certain inconnu. Il témoigne de son impuissance à tout expliquer par la matière en recourant à un *je ne sais quoi*. Sans le vouloir, il réserve toujours une place vacante au spiritualisme, que pourtant il repousse. Lucrèce passe sur cette difficulté avec une candeur que rien n'arrête. Selon lui, l'âme est composée d'atomes très-mobiles, ronds, qui glissent facilement les uns sur les autres. De même que l'eau est plus mobile que le miel, le miel moins consistant que la pierre, il faut bien que l'âme, dont rien n'égale la vivacité, soit formée des atomes les plus ténus. On reconnaît là la méthode ordinaire des physiciens antiques; ils affirment comme s'ils voyaient, ils font des hypothèses qui ont pour eux les caractères de la certitude, et se contentent d'analogies enfantines.

Ce qui est moins à dédaigner et n'est pas toujours indigne d'être discuté, ce sont les vingt-huit preuves que le poëte donne de la mortalité de l'âme. Il les prend une à une comme dans un traité didactique, et ne fait probablement que mettre en vers quelque livre épicurien. L'âme naît avec le corps et périt avec lui. Comment en douter quand on voit qu'elle ressent toutes les affections du corps et qu'elle en partage toutes les vicissitudes? Elle grandit, vieillit avec lui, elle est malade quand il est malade; si le corps est aviné et chancelant, l'âme chancelle; s'il est frappé d'épilepsie, elle est abattue du même coup. Dans l'enfance, la raison est aussi faible que le corps est frêle; elle se fortifie à mesure qu'il prend de la vigueur; avec les années, elle décline en même temps que le corps, et tout marche du même pas à la décrépitude et par conséquent à la mort. Bien que Lucrèce, animé par sa foi épicurienne, passionne la logique, que tous ses raisonnements soient des peintures, et qu'il imprime sur un sujet rebelle la marque de son génie, nous laissons là toute cette physique qui appartient, non au poëte, mais à l'école. Quand on veut peindre l'âme d'un philosophe, dont les principes d'ailleurs sont connus, c'est perdre le temps que d'exposer son système qui est commun à toute la secte. Si nous avions à faire une délicate étude sur Sénèque, nous nous garderions de parcourir de point en point le stoïcisme, puisque cette analyse générale servirait tout aussi bien à Zénon, à Épictète ou à Marc-Aurèle. Peindre, c'est définir. Si l'on tient à bien connaître un moraliste, il faut voir ce qu'il fait de sa doctrine, comment il la prêche et l'applique à la vie, ce qu'il y mêle de son imagination et de son cœur. Un système n'est jamais qu'un instrument inerte, plein de dormantes vertus que l'éloquence seule peut éveiller, assez pareil à l'instrument du musicien, qui n'a d'autre âme que celle qu'on y met.

Cette longue démonstration aboutit à conclure que la mort n'est rien, puisqu'elle assure un repos insensible et un sommeil éternel. Toute cette physique lentement accumulée n'est qu'un immense ouvrage de guerre, une sorte de savante circumvallation, par laquelle le poëte investit la foule confuse de nos terreurs, qu'il va maintenant dissiper par quelques poétiques assauts.

On ne saurait trop répéter que, si les idées de Lucrèce sont souvent sans force et sans valeur contre le spiritualisme moderne, elles sont raisonnables, justes, accablantes pour certains préjugés antiques.

En le voyant aux prises avec un de ces préjugés, on est bien obligé de reconnaître que sa doctrine est non-seulement péremptoire, mais bienfaisante. Le poëte a chassé, par exemple, du cœur humain une des plus vaines terreurs qui aient pesé durant des siècles sur l'humanité. Les anciens croyaient qu'un mort conserve encore un reste de vie dans le tombeau, que son corps et son âme (les deux principes étaient le plus souvent confondus), que sa personne enfin continue de jouir ou de souffrir même sous la terre où elle est ensevelie, qu'un manquement à certains rites funéraires pouvait entraîner un malheur éternel. De là, dans la vie, de sombres préoccupations sur ce qui pouvait advenir à votre corps. On avait peur, non de la vie future comme nous l'entendons, d'un jugement porté par les dieux sur nos démérites, mais de cette sourde et vague existence qui, jusque dans la tombe, était exposée à des soucis, à des misères.

Cette crainte, qu'on peut considérer comme l'expression grossière d'une croyance instinctive à l'immortalité de l'âme, tourmenta les hommes pendant toute la durée du paganisme, et même dans les siècles les plus éclairés, ainsi qu'en témoignent certaines cérémonies funèbres. Quelques usages des temps primitifs et héroïques laissent voir cette croyance dans toute sa naïveté instructive. On portait sur la tombe du lait et du miel pour nourrir le mort, on l'enterrait avec les objets qui lui étaient chers, avec ses armes, ses vêtements, ses chevaux, quelquefois avec ses captives. La piété et le dévouement prenaient les plus délicates mesures pour que rien ne manquât à l'ami qui dans les demeures souterraines ressentait encore les besoins de la vie. Ces antiques usages subsistèrent, et, dans les temps historiques, nous voyons que devant les tombeaux romains il y avait un emplacement, une cuisine. *culina,* où on immolait, on apprêtait la victime pour la nourriture du mort. Aussi, comme on attachait du prix à la sépulture ! L'âme de l'homme non enseveli était sans demeure, errante, vouée à un malheur éternel. Comme on frissonnait à la pensée que le corps pourrait un jour être dévoré par les bêtes ! Quand Priam prévoit la mort qui l'attend après la prise de Troie, ce n'est point la chute de sa patrie, la perte de sa famille qui le désespère le plus, c'est la certitude que le droit de guerre livrera son corps aux vautours. Hector, ce fier mourant, qui dédaigne de demander la vie, pousse sous la lance d'Achille ce cri suprême : Ne me livre pas aux chiens ! Ces vieilles croyances et ces antiques terreurs, entretenues par la religion et les poëtes, étaient si fortement enracinées que, même au temps de Lucrèce, les plus libres esprits, ceux qui faisaient hautement profession de mépriser les opinions vulgaires, avaient des inquiétudes au sujet de leur dépouille mortelle. Des épicuriens qui déclaraient à tout venant que l'homme après la mort est insensible, qui faisaient parade de leur incrédulité, laissaient voir pourtant, par d'involontaires aveux dans les hasards de leurs discours, qu'ils étaient toujours en peine de ce qui adviendrait à leur cadavre; faux braves que le poëte démasque et dont il montre la pusillanimité sous la jactance :

> Aussi quand tu verras un homme qui murmure
> En pensant que son corps doit servir de pâture
> A la tombe, à la flamme, aux dents des animaux,
> Sois sûr qu'il n'est pas franc, que son courage est faux,
> Qu'une pointe de peur tient encore à son âme,
> Bien qu'un moment après le même homme proclame
> Qu'à la mort tout finit, et qu'il sait bien vraiment
> Que le trépas en nous éteint tout sentiment.
> Vaine profession ! A son insu, le lâche,
> Toujours à l'existence il tient par quelque attache,
> De lui-même il ne peut se déprendre, il conçoit
> Que quelque chose en lui vive tout mort qu'il soit.
> Aussi lorsque d'avance il se peint, ce faux sage,
> Son corps un jour en proie à la bête sauvage,
> Il se pleure lui-même, il n'est pas détaché
> De ce cadavre abject devant ses yeux couché,
> Il s'y retrouve encore, il l'anime, il se souille
> A redonner son âme à l'impure dépouille.
> Pourquoi, dit-il alors, suis-je mortel, hélas !
> Qu'il est dur de mourir ! L'insensé ne voit pas
> Qu'il ne restera point là quelque autre lui-même
> Pour se tenir debout près de ce corps qu'il aime,
> Pour se contempler mort et se désespérer
> Quand les monstres des bois viendront le dévorer.
> Si c'est un si grand mal au corps sans sépulture
> D'être en proie aux vautours, de subir leur morsure,
> Je ne vois pas, pour moi, qu'il soit moins douloureux
> D'être sur un bûcher consumé par des feux,
> D'étouffer dans le miel, de transir sur la pierre
> Qui sert aux orgueilleux de couche funéraire,

Ou bien d'être accablé sous un poids écrasant,
Sous le poids de la terre et le pied du passant [1].

(III, 883.)

Sans doute, Épicure et Lucrèce ne sont pas les premiers qui, sur ce point, nous aient mis l'esprit en repos. Depuis longtemps la philosophie avait montré l'inanité de ces funèbres soucis au sujet des restes mortels. On connaît le mot de Socrate mourant et son calme sourire adressé à Criton, qui lui demandait comment il désirait être enseveli : « Mais, mon ami, ce n'est pas moi que tu enterreras, c'est

---

[1]. Proinde ubi se videas hominem indignarier ipsum,
Post mortem fore ut aut putrescat corpore posto,
Aut flammis interfiat, malisve ferarum ;
Scire licet non sincerum sonere, atque subesse
Cæcum aliquem cordi stimulum, quamvis neget ipse
Credere se quemquam sibi sensum in morte futurum.
Non, ut opinor, enim dat quod promittit, et unde,
Nec radicitus e vita se tollit et eicit,
Sed facit esse sui quiddam super inscius ipse.
Vivus enim sibi cum proponit quisque futurum
Corpus uti volucres lacerent in morte feræque,
Ipse sui miseret : neque enim se dividit illinc,
Nec removet satis a projecto corpore ; et illum
Se fingit, sensuque suo contaminat adstans.
Hinc indignatur se mortalem esse creatum,
Nec videt in vera nullum fore morte alium se,
Qui possit vivus sibi se lugere peremptum,
Stansque jacentem se lacerari urive dolere.
Nam si in morte malum est malis morsuque ferarum
Tractari, non invenio qui non sit acerbum,
Ignibus impositum calidis torrescere flammis,
Aut in melle situm suffocari, atque rigere
Frigore, cum summo gelidi cubat æquore saxi,
Urgerive superne obtritum pondere terræ.

mon corps. » Diogène, qui dans ses vives répliques mettait, pour ainsi dire, la morale en comédie, avait eu ce dialogue avec ceux qui lui faisaient la même question : « Enterrez-moi au milieu de la campagne. — Mais les bêtes te dévoreront. — Je les chasserai avec un bâton. — Mais tu oublies que tu n'auras plus de sentiment. — Eh! qu'importe donc si elles me mangent ou non[1]! » De même Lucrèce, par la vigueur pressante de son raisonnement et ce sombre persiflage, a dû fortifier le cœur de plus d'un Romain. Si juste est son opinion, qu'elle est devenue générale, et quelle que soit la diversité de nos doctrines, nous sommes aujourd'hui tous d'accord pour ne pas nous inquiéter du sort réservé à la partie périssable de notre être. Or, tout effort qui a contribué à délivrer l'âme humaine d'une terreur inutile peut être regardé comme un bienfait.

Le poëte poursuit sa guerre contre la crainte de la mort, et l'attaque de tous côtés. Il provoque les objections, et, loin de les esquiver, il les présente dans toute leur force : « On me dira : Comment n'avoir pas horreur de la mort quand elle nous arrache à notre famille, à nos enfants, à nos amis dont nous sommes le soutien? » Objection terrible à laquelle les cœurs aimants trouveront toujours qu'il n'est pas de réponse. Un moment Lucrèce se laisse attendrir lui-même; il parle de cette triste nécessité en vers touchants qui ont ému Virgile et

---

1. *Tuscul.*, I, 43.

Horace; mais un froid système ne se laisse pas déconcerter, il n'est jamais embarrassé pour répondre au langage du sentiment; c'est comme une souffrance pour le lecteur de voir ces grâces du cœur si vite refoulées par la dureté de la doctrine :

> Mais tu ne verras plus ton cher foyer s'ouvrir,
> Noble épouse à ta voix, beaux enfants accourir,
> Aux baisers paternels à l'envi se suspendre
> En inondant ton cœur d'orgueil secret et tendre ;
> Clients, amis, parents ne retrouveront plus
> Un tutélaire appui dans tes fortes vertus;
> Malheur ! dit-on, malheur ! famille, honneurs, patrie,
> Un seul jour t'enleva tous ces biens de la vie.
> Mais on n'ajoute pas qu'une fois emportés
> Ces biens par qui n'est plus ne sont plus regrettés.
> Ah ! si, bien pénétrés de ces pensers suprêmes,
> Les hommes y cherchaient un soutien pour eux-mêmes,
> Ils auraient allégé bientôt leur faible cœur
> De tout ce vain amas de crainte et de douleur.
> Sache bien qu'endormi dans la mort, cet asile
> Te recueille à jamais insensible et tranquille ;
> Pour nous est le malheur, oui, pour nous qui vivrons,
> Auprès du noir bûcher c'est nous qui pleurerons,
> Et le temps, qui peut tout, ne pourra nous défendre
> D'un deuil inconsolé sur ta paisible cendre.
> Mais pourquoi ce long deuil, tant de sombre appareil ?
> Car si tout se réduit au repos du sommeil,
> Où donc est la raison qui veut qu'en l'amertume,
> En un pleur éternel notre âme se consume [1]? (III, 907.)

---

[1]. « At jam non domus accipiet te læta, neque uxor
Optima, nec dulces occurrent oscula nati
Præripere, et tacita pectus dulcedine tangent.
Non poteris factis florentibus esse, tuisque
Præsidium : misero misere, aiunt, omnia ademit

L'impassible doctrine a bien vite éteint un éclair de sensibilité; d'un mot, le poëte étouffe ces cris du cœur qui le touchent et le gênent; il va droit devant lui et frappe comme un sourd qui ne veut rien entendre; il nie le malheur des malheureux, n'ayant pas de consolations à leur offrir. C'est là, du reste, l'infirmité de toute la morale antique, qui n'a d'autre ressource que de faire de l'insensibilité une vertu, qui croit supprimer les larmes en les condamnant, qui discute doctement la légitimité des pleurs, comme si la douleur avait besoin de se fonder sur des raisonnements pour avoir le droit d'être la douleur. Épicure et Zénon sont d'accord pour retrancher à l'homme le cœur, faute de pouvoir le guérir.

Cette peur de la mort, que Lucrèce recherche et dépiste partout, paraît, selon lui, non-seulement dans les larmes que nous versons sur les tombeaux, mais encore dans certains éclats de joie insensée

---

Una dies infesta tibi tot præmia vitæ. »
Illud in his rebus non addunt : « Nec tibi earum
Iam desiderium rerum insidet insuper una. »
Quod bene si videant animo, dictisque sequantur,
Dissolvant animi magno se angore metuque.
Tu quidem, ut es, leto sopitus, sic eris, ævi
Quod superest, cunctis privatu' doloribus ægris :
At nos horrifico cinefactum te prope busto
Insatiabiliter deflebimus, æternumque
Nulla dies nobis mœrorem e pectore demet.
Illud ab hoc igitur quærendum est, quid sit amari
Tamtopere, ad somnum si res redit atque quietem,
Cur quisquam æterno possit tabescere luctu.

pendant les festins. Ces convives qui se hâtent de jouir et célèbrent l'ivresse ne sont, dans le vrai, que des hommes pusillanimes qui pensent à une autre vie où on ne boira plus, et qui se donnent un dédommagement anticipé à leurs privations futures; explication qui a paru singulière, qui a plus d'une fois étonné, mais qui est évidemment une allusion à cette croyance que sous la tombe on éprouve encore les besoins et les désirs de la vie :

> Non moins fol est le chant d'une riante troupe
> Sur les lits des festins en chœur levant la coupe
> Qui, le front sous les fleurs, s'écrie en longs refrains :
> Rapide est le plaisir pour nous, pauvres humains !
> Il passe et sans retour; hâtons-nous, que le sage
> S'empresse de saisir ce moment au passage ! —
> Eh ! ne dirait-on pas que ces buveurs peureux
> Redoutent dans la mort la soif et tous ses feux,
> Et que dans le tombeau leur âme misérable
> Doive rester en proie aux soucis de la table[1] ? (III, 925.)

Vers curieux parce qu'on y voit le véritable épicurisme, qui est triste et sévère, faire d'avance la leçon à cet autre épicurisme léger dont Horace est l'aimable et classique représentant. Le *Carpe diem* qui revient si souvent sous des formes diverses dans

---

1. Hoc etiam faciunt, ubi discubuere, tenentque
Pocula sæpe homines, et inumbrant ora coronis,
Ex animo ut dicant : « Brevis hic est fructus homullis :
Iam fuerit; neque post unquam revocare licebit ! »
Tamquam in morte mali cumprimis hoc sit eorum,
Quod sitis exurat miseros atque arida torreat,
Aut aliæ cujus desiderium insideat rei.

la poésie d'Horace, ces rapides allusions à la mort qui nous avertit de vivre, cette pointe de mélancolie que le raffiné convive de Mécène mêle au plaisir pour mieux l'assaisonner, toute cette grâce frivole que nous avons coutume de regarder comme la plus parfaite expression de l'esprit épicurien, tout cela n'eût paru à Lucrèce que profanation de la doctrine. Ces sortes de joies menteuses, où il entre de la peur, font pitié au grave génie de notre poëte qui les condamne avec un autre sentiment moral, mais avec non moins de mépris que ne le fait la Bible dans ces beaux passages mis en vers par Racine :

> Rions, chantons, dit cette troupe impie;
> De fleurs en fleurs, de plaisirs en plaisirs,
>   Promenons nos désirs,
> Sur l'avenir insensé qui se fie.
> De nos ans passagers le nombre est incertain :
> Hâtons-nous aujourd'hui de jouir de la vie;
>   Qui sait si nous serons demain [1]?

On voit que Lucrèce a raillé la prétendue persistance de nos besoins physiques au delà de cette vie. On ne peut comprendre ses vers que si on se reporte aux opinions, aux croyances antiques qu'il combat. Il ne s'agit pas ici d'une vague déclamation poétique, c'est une réfutation aussi précise que tranchante; mais on voit aussi quelle est la sécheresse

---

1. *Athalie*, acte II. — « Coronemus nos rosis antequam marcescunt. » *Sagesse*, II, 8. — « Comedamus et bibamus : cras enim moriemur. » Isaïe, XXII, 13, et LVI, 12. — Saint Paul, Ire *Épître aux Corinth.*, xv, 32.

de cette doctrine, qui par un dédain superbe insulte aux plus légitimes douleurs, comme elle rabat les joies bien pardonnables par lesquelles les hommes cherchent si naturellement à s'étourdir à la pensée d'une mort sans avenir et sans espoir. Le véritable épicurisme ne cherche pas à consoler; assurément il ne nous leurre point par de douces paroles; il n'offre aucun palliatif, si ce n'est l'espérance d'un éternel sommeil.

N'ayant rien à opposer à la crainte de la mort, il en est réduit à la railler.

Les stoïciens du moins, qui nient le plus souvent, eux aussi, l'immortalité de l'âme, trouvent des paroles plus fortifiantes. Ils disent qu'en livrant notre être aux éléments, nous nous conformons à un ordre établi par les dieux; ils font appel à notre raison, à notre courage qui doit se plier à une loi universelle et divine. Ils font comprendre la nécessité de cette loi qui est, selon eux, une des pièces de l'ordre de l'univers, ils la font accepter, en exaltant nos meilleurs sentiments, en considérant notre soumission volontaire comme un acte de piété virile. Aussi les stoïciens se résignent de bonne grâce; ils diront comme Sénèque: « Je fais mieux qu'obéir à Dieu, j'adhère à ses ordres, je les suis de tout mon cœur et non parce qu'il le faut[1]. » Ils diront d'une manière plus touchante encore avec Marc-Aurèle: « Quand l'heure de la retraite sonnera, il faut se retirer pai-

---

1. *Lettres*, 96.

siblement et avec douceur, comme une olive mûre qui, en tombant, bénit la terre qui l'a portée et rend grâce à l'arbre qui l'a produite[1]. » Ainsi parlent Épictète et ses pareils avec le plus complet abandon. C'est qu'ils obéissent à une loi intelligente, à une prescription divine dont ils admirent la sagesse. Bien que sans espoir, ils s'abandonnent à une providence qu'ils adorent. A la raison humaine affamée de vérité et de justice, ils jettent en proie, faute de consolation, l'hypothèse d'un grand dessein raisonnable et juste. Dans l'épicurisme rien de semblable. Le hasard vous a fait naître, le hasard vous fait mourir. Comme dans ce système il n'existe pas de cause ordonnatrice, l'homme ne peut offrir son sacrifice à une loi, à un être suprême, et tout ce qu'il lui est donné de faire, c'est de céder avec un morne courage à une nécessité aveugle et inévitable, pour ne pas donner au monde le spectacle d'un indécent désespoir.

Ici nous rencontrons pourtant un morceau d'une poésie et d'une raison admirables, où apparaît tout à coup une sorte de puissance suprême qui adresse la parole aux hommes pour leur reprocher la peur de la mort; c'est la nature qui, dans le système épicurien, tient quelquefois la place de la Divinité absente[2]. Du reste on peut remarquer que, dans nos

---

1. *Pensées*, IV, 54.
2. Ailleurs la nature est appelée *natura creatrix*, *natura gubernans*; les rencontres du hasard deviennent comme des lois intelligentes, *leges*, *fœdera*, *rationes*. M. Patin a relevé délicate-

systèmes contemporains analogues, il arrive toujours un moment où on limite le hasard, où même on l'expulse. Il y a de grands principes qui s'imposent. On a beau vouloir écarter l'idée d'une cause première, elle pèse sur nos méditations. Vous la repoussez, vous l'endiguez en accumulant les raisonnements, mais l'incompressible vérité, sans renverser l'obstacle et tranquillement victorieuse, finit toujours par se creuser une voie et jaillit par les fissures du système. Sans doute, à la bien comprendre, la nature n'est qu'une fiction, une personnification poétique; tout se réduit aux atomes dont les combinaisons fortuites ont seules produit ce qui existe. Il n'y a pas de force intelligente qui ait tout réglé. Mais comme l'idée d'une cause première, l'idée d'une intelligence présidant à la formation et au gouvernement du monde est si profondément enracinée dans les âmes, qu'elle se fait jour souvent dans les doctrines qui tiennent le plus à s'en passer. On croit l'avoir arrachée de son esprit, elle n'est pas extirpée. Si une science destructive la poursuit et la chasse de la raison comme une plante parasite, elle détourne, allonge ses racines et se réfugie dans l'imagination, où elle refleurit. De même, chez Lucrèce l'idée divine, opprimée par le système, reparaît quelquefois en images imprévues. Dans l'*Invocation*

---

ment un grand nombre d'expressions pareilles qui semblent appartenir à une tout autre doctrine. Il ajoute avec esprit que le poète est à lui-même quelquefois comme un anti-Lucrèce. *Études sur la poésie latine,* t. I*er*, p. 130.

à *Vénus*, le poëte rend hommage à une grande loi d'amour qui semble peu compatible avec une doctrine uniquement fondée sur le hasard; ailleurs il reconnaît une puissance mystérieuse, inéluctable, innomée, qui se plaît à renverser les grandeurs humaines. Ici la nature personnifiée remplit vraiment le rôle d'une divinité créatrice. Le lecteur, après avoir eu si longtemps l'esprit battu par le choc des atomes et les aveugles tourbillons de la matière décrits par Lucrèce, est enfin soulagé de voir que du moins les besoins de la poésie aient amené ce qu'on cherche vainement dans l'épicurisme, une puissance agissante, vague, obscure, indéterminée, mais qui ressemble à une providence et dont on peut dire avec un poëte contemporain :

> De quel nom te nommer, ô fatale puissance ?
> Qu'on t'appelle Destin, Nature, Providence,
>   Inconcevable loi,
> Qu'on tremble sous ta main, ou bien qu'on la blasphème,
> Soumis ou révolté, qu'on te craigne ou qu'on t'aime,
>   Toujours, c'est toujours toi [1] !

Dans une prosopopée imprévue, magnifique, originale, qui est non un simple ornement littéraire, mais une pressante discussion philosophique, la nature ne se borne pas à réprimander l'homme qui craint de mourir, elle raisonne avec lui, elle disserte, elle se justifie, elle motive ses arrêts en souveraine, elle pose un dilemme à l'homme en le

---

[1]. Lamartine, *Médit. poét.*, le Désespoir.

forçant à reconnaître qu'heureux ou malheureux, de justes raisons lui commandent d'accepter la mort. Toute la morale de ce troisième livre se résume et se condense dans cet impérieux discours où paraît encore l'insensibilité de la doctrine, qui n'essaye pas de consoler, qui ne compatit pas à la faiblesse, mais décrète le courage avec une dureté méprisante :

Si soudain la nature en élevant la voix
Gourmandait l'un de nous pour défendre ses lois :

« Pourquoi donc, ô mortel, de si lâches alarmes ?
« Pourquoi devant la mort ce désespoir, ces larmes ?
« Si jusqu'ici tes jours ont été fortunés,
« Et si les vrais plaisirs que moi je t'ai donnés
« N'ont pas tous traversé ton âme mal réglée,
« Comme l'onde qui fuit de quelque urne fêlée,
« Pourquoi ne vas-tu pas, satisfait, le cœur plein,
« Retiré de la vie ainsi que d'un festin,
« Goûter paisiblement un sommeil délectable,
« Comme fait le convive au sortir de la table ?
 « Mais si mes biens offerts et sur toi répandus
« Ont glissé par ton cœur et se sont tous perdus,
« Si ta vie est sans charme, eh ! pourquoi donc prétendre
« Encore aux mêmes biens que tu n'as pas su prendre ?
« Pourquoi du même coup ne pas mettre une fin,
« Malheureux, à la vie, au travail, au chagrin ?
« Car j'aurais beau chercher, je ne saurais rien faire,
« Rien créer de nouveau capable de te plaire,
« C'est toujours même chose et rien ne changera.
« Entends, je le redis : tout ce qui fut sera,
« Quand même ta jeunesse encore non flétrie
« Te laisserait compter sur la plus longue vie,

« Quand même tu verrais bien des siècles finir,
« Même si tu devais, homme ! ne pas mourir. »

Que répondre, sinon que la nature expose
Son droit avec justice et plaide bien sa cause ?

Mais au vieillard usé, qui plaint trop son malheur,
N'est-elle pas en droit de dire à ce pleureur,
D'une voix éclatante et d'un accent sévère :
« Porte plus loin, glouton, pleurs et cris de misère !
« Eh quoi ! tous les plaisirs accordés aux humains,
« Puisque te voilà vieux, furent entre tes mains ;
« Mais toujours convoitant les voluptés absentes
« Et toujours dédaigneux pour les douceurs présentes,
« Et regrettant trop tard le bien évanoui,
« Tu laissas fuir tes jours sans en avoir joui ;
« Puis quand la mort est là près du chevet, on crie
« Qu'on ne peut non repu quitter déjà la vie ;
« Tu n'es plus d'âge, allons, renonce à mes présents ;
« Il faut céder la place à d'autres, il est temps. »

Qui donc, s'il entendait cette parole auguste,
Trouverait le reproche ou trop dur ou peu juste ?

Car enfin c'est la loi qu'un vieil âge épuisé
Soit par l'âge plus jeune exclu, puis remplacé,
Et que de ses débris le monde se répare ;
Non, rien ne va se perdre au fond du noir Tartare ;
Aux mains de la nature il faut des éléments,
Pour former après toi d'autres êtres vivants
Qui bientôt te suivront, dont la chaîne infinie
Sans cesse passera de la mort à la vie ;
Ainsi l'être sans fin sort de l'être détruit,
Le jour n'est pas ton bien, il est ton usufruit[1]. (III, 944.)

---

1. Denique si vocem Rerum Natura repente
　　Mittat, et hoc alicui nostrum sic increpet ipsa :

LA CRAINTE DE LA MORT.

Fermons, si l'on veut, notre esprit à la beauté de cette invention poétique, aux sublimes brusqueries

« Quid tibi tamtopere est, mortalis, quod nimis ægris
Luctibus indulges ; quid mortem congemis ac fles ?
Nam, si grata fuit hæc tibi vita anteacta priorque,
Et non omnia, pertusum congesta quasi in vas,
Commoda perfluxere, atque ingrata interiere,
Cur non, ut plenus vitæ conviva, recedis,
Æquo animoque capis securam, stulte, quietem ?
Sin ea, quæ fructus cumque es, periere profusa,
Vitaque in offensu est ; cur amplius addere quæris,
Rursum quod pereat male, et ingratum occidat omne ?
Non potius vitæ finem facis atque laboris ?
Nam tibi præterea, quod machiner inveniamque,
Quod placeat, nihil est : eadem sunt omnia semper.
Si tibi non annis corpus jam marcet, et artus
Confecti languent, eadem tamen omnia restant,
Omnia si pergas vivendo vincere secla,
Atque etiam potius, si nunquam sis moriturus. »
Quid respondemus, nisi justam intendere litem
Naturam, et veram verbis exponere causam ?
  Grandior hic vero si jam seniorque queratur,
Atque obitum lamentetur miser amplius æquo,
Non merito inclamet magis, et voce increpet acri ?
Aufer abhinc lacrimas, barathre, et compesce querelas.
Omnia perfunctus vitaï præmia marces :
Sed quia semper aves quod abest, præsentia temnis,
Imperfecta tibi elapsa est ingrataque vita,
Et nec opinanti mors ad caput adstitit ante
Quam satur ac plenus possis discedere rerum.
Nunc aliena tua tamen ætate omnia mitte,
Æquo animoque, agedum, gnatis concede : necesse est. »
Iure, ut opinor, agat, iure increpet inciletque :
Cedit enim rerum novitate extrusa vetustas
Semper, et ex aliis aliud reparare necesse est ;
Nec quisquam in barathrum nec Tartara deditur atra.
Materies opus est, ut crescant postera secla ;
Quæ tamen omnia te, vita perfuncta, sequentur :

de cette dialectique passionnée, pour ne donner notre attention qu'à la grandeur de cette loi proclamée par la nature, et qui est un des fondements de l'épicurisme, loi universelle, puisqu'elle ne régit pas seulement le monde physique, mais qu'elle s'impose même au monde moral, où les éléments dispersés des institutions et des systèmes réduits en poussière par le temps et les hommes servent à former des créations nouvelles; loi inéluctable avec laquelle il est bon de se familiariser, pour n'en avoir pas un jour ou l'autre l'esprit accablé, qui devrait être exposée dans tous les livres de sagesse pratique, d'autant plus que toutes les doctrines peuvent s'en accommoder. Montaigne ne peut assez savourer la forte substance de cette poésie, il refait à sa manière le discours de la nature, mêlant à ses originales méditations les vers du poète, qu'il commente, dont il s'abreuve, dont il épuise toute la généreuse amertume [1]. Si l'adhésion du sceptique Montaigne peut être suspecte, on ne récusera pas celle de Bossuet, à qui pourtant le système de Lucrèce devait faire horreur, et qui n'a pas pu se défendre de l'admiration que lui inspirent de si grandes vérités. Il semble qu'il ait reconnu son propre génie dans cette éloquence haute, brusque et familière. Celui qu'au xviie siècle on appelait un Père de l'Église a cru

---

Nec minus ergo ante hæc, quam tu, cecidere cadentque.
Sic alid ex alio nunquam desistet oriri,
Vitaque mancipio nulli datur, omnibus usu.

1. *Essais*, I, 19.

pouvoir, pour l'édification des hommes, faire entendre dans la chaire les véridiques enseignements du poëte moraliste : « La nature, dit-il, comme si elle était presque envieuse du bien qu'elle nous fait, nous déclare souvent et nous fait signifier qu'elle ne peut pas nous laisser longtemps ce peu de matière qu'elle nous prête, qui ne doit pas demeurer dans les mêmes mains et qui doit être éternellement dans le commerce : elle en a besoin pour d'autres formes, elle la redemande pour d'autres ouvrages. Cette recrue continuelle du genre humain, je veux dire les enfants qui naissent, à mesure qu'ils croissent et qu'ils s'avancent, semblent nous pousser de l'épaule et nous dire : Retirez-vous, c'est maintenant notre tour. Ainsi, comme nous en voyons passer d'autres devant nous, d'autres nous verront passer, qui doivent à leurs successeurs le même spectacle[1]. » La morale de Lucrèce a eu l'honneur imprévu de retentir sans scandale dans nos temples, et des âmes chrétiennes ont frémi sous ses impétueuses leçons consacrées par la bouche de Bossuet.

En faisant de pareils rapprochements, nous ne cédons pas à des préoccupations littéraires ni au vain désir de produire un effet piquant par la surprenante alliance de deux génies si éloignés l'un de l'autre par le temps et par la doctrine. Ce qui nous importe, c'est de montrer que la morale pratique

---

[1]. Sermon *sur la Mort*, 1er point.

repose partout sur un fonds commun. Tandis qu'en général, dans l'étude des divers systèmes de morale, on se plaît à mettre au jour ce qui divise les hommes, nous aimons à marquer ce qui les unit. Sans doute il y a dans le poëme de Lucrèce d'immenses erreurs : quelques-unes de ses négations sont aussi téméraires que la science physique qui leur sert de soutien est conjecturale. Mais quelques-unes de ses plus grandes vues peuvent être acceptées par tous. Quant à sa science morale, si on la dépouille de son enveloppe systématique, elle se rencontre avec toutes les doctrines, même les plus pures, ainsi que nous aurons plus d'une fois l'occasion de le remarquer. Ce qu'on peut appeler sa prédication est de tous les temps. Cette sagesse est incomplète, elle est courte, elle ne dit pas tout ce qu'il faut, mais ce qu'elle dit est vrai. On peut aller au delà, mais il faut commencer par elle. Cette loi, par exemple, si rudement proclamée par la nature, doit être le premier sujet des méditations sur la mort. Au-dessus de cette base solide, vous pouvez élever et superposer de nouvelles assises plus hautes. Les stoïciens y ajouteront l'idée d'une providence; les chrétiens, bâtissant plus haut encore, placeront au faîte l'idée de l'immortalité; mais quels que soient le nombre des étages et la hauteur de ces constructions morales, l'édifice, quel qu'il soit, aura toujours cette base commune. Ne voyons-nous pas autour de nous que la vie future ne tente pas les âmes si elles ne se sont point, par de viriles réflexions, familiarisées avec cette nécessité de mourir? L'espérance n'est la bienvenue que si elle couronne la résignation. Il faut avoir consenti au départ pour se réjouir de l'arrivée. C'est ce que comprend Bossuet, qui parle d'abord le langage de la nature, avant d'apporter les promesses de la foi. Gardons-nous donc de déclamer sans discernement contre les belles leçons de Lucrèce, qui sont incomplètes, sans être fausses. Si nous insistons souvent sur la solidité philosophique de ses vers, et si nous nous plaisons, chemin faisant, à montrer que ses plus grandes leçons trouvent place dans toutes les doctrines, c'est pour prouver par d'illustres exemples que la poésie doit surtout sa force et sa gloire à la vérité des sentiments et des pensées, et pour jouir aussi de cette douceur et de cette sécurité qu'éprouvent tous les esprits qui ne sont pas trop dédaigneux et trop pleins d'eux-mêmes à s'appuyer dans leurs admirations morales sur le consentement unanime des sages.

Après avoir exposé avec une véhémence dramatique la grande loi de renouvellement universel qui a besoin de la mort pour créer la vie et proclamé l'arrêt même de la nature, il importe à la doctrine épicurienne de dissiper l'horrible fantôme de la vie future, qui épouvantait plutôt qu'elle ne consolait l'imagination populaire. Ici nous rencontrons un morceau célèbre, qu'on a jugé entre tous hardi et détestable, et qui à tout lecteur connaissant l'antiquité paraîtra non-seulement innocent et simple, mais encore inspiré par le plus beau sentiment moral. N'oublions pas que le poëte, en niant la vie future, ne va pas plus loin que la plupart des écoles antiques. Bien plus, sur ce point il est moins indiscret, moins léger que Cicéron et que Sénèque, qui se moquent des enfers du paganisme avec la plus étonnante liberté. L'incrédulité résolue de Lucrèce dédaigne de semblables railleries qui n'apprennent rien à personne. A ces fictions poétiques, où d'autres n'apercevaient que puérile ineptie, il fait l'honneur de les discuter, il leur trouve un sens symbolique qu'il dégage non sans respect ou condescendance. Pour lui, ces supplices infernaux sont les images allégoriques des passions humaines, qui dans cette vie trouvent leur châtiment en elles-mêmes. L'imagination des poëtes a transporté dans un autre monde les tortures qui sont la punition méritée et inévitable de nos funestes passions en celui-ci. Les illustres damnés célébrés par la Fable, ces royales victimes de la prétendue vengeance céleste, ne sont que des exemplaires éclatants qui nous apprennent que le crime se punit lui-même. Tantale tremblant sous un rocher suspendu, c'est le superstitieux qui craint sans cesse la colère divine; Tityus déchiré par un vautour, c'est l'amoureux en proie à ses jalousies, et ainsi des autres. Ce qu'il faut redouter, ce n'est pas la noire vision des poëtes, ce sont nos vices et nos égarements. Le supplice est en nous, la peine dans la folie, et l'enfer dans la conscience. A part la négation de la vie future, toute doctrine, si pure qu'elle soit, peut accueillir ces nobles vérités

exprimées par de si fortes couleurs et revêtues de
tant de majesté morale :

> Ces fabuleux tourments qu'on nous peint aux enfers,
> Dans la vie, aux regards, ils nous sont tous offerts ;
> Ce malheureux, qui lève éperdu son front pâle
> Vers un rocher sur lui pendant, n'est pas Tantale,
> Mais bien plutôt cet homme à qui la peur des dieux
> Fait voir dans tout hasard un coup tombant des cieux.
>
> Non, il n'existe pas au fond d'un sombre empire
> Un géant Tityus que le vautour déchire ;
> Son corps, si grand qu'il soit, pièce à pièce emporté
> Peut-il être fouillé durant l'éternité ?
> Il couvre, nous dit-on, neuf arpents à la ronde ;
> Mais quoi ! fût-il plus grand, et grand comme le monde,
> Peut-il dans la douleur vivre éternellement,
> Et servir aux oiseaux d'éternel aliment ?
> Non, le vrai Tityus, il est là sur la terre,
> C'est l'homme que l'amour tient vivant sous la serre,
> Sur qui fond nuit et jour tout un vorace essaim
> De noirs soucis ailés qui lui rongent le sein.
>
> Et ce Sisyphe encor que la Fable nous montre,
> Au Forum on le voit, c'est là qu'on le rencontre ;
> C'est l'homme qui, nourri d'ambitieux desseins,
> Va partout demandant hache et faisceaux romains,
> Et repoussé du faîte où son fier espoir monte,
> Morne, à l'humilité retourne avec sa honte.
> Mendier le pouvoir qu'on se voit refuser,
> S'épuiser en labeurs qu'il faut recommencer,
> N'est-ce pas ressembler au damné qui s'escrime
> A pousser sur les flancs d'un mont jusqu'à la cime
> Un rocher qui retombe et revient à grands bonds
> Par les mêmes chemins dans les mêmes vallons ?

Cet autre qui repaît son âme inassouvie,
Qui lui verse à longs flots tous les biens de la vie,
Et de toute saison recueillant le plaisir,
En submerge son cœur sans le pouvoir remplir.
Il souffre sous mes yeux les tourments qu'on raconte
De ces filles de roi dont l'éternel mécompte
Apporte l'eau sans fin à des vases sans fond
Qui, toujours inondés, jamais ne s'empliront.

Cerbère, Tisiphone et les noires déesses,
Ces antres vomissant des flammes vengeresses,
Ce pays sans soleil fait pour épouvanter,
N'existent nulle part, ne sauraient exister ;
De ce monde est la peine, et déjà dans la vie
Par la peine et la peur tout grand forfait s'expie ;
Noir cachot, fouet sanglant, rouges lames de fer,
Nous l'avons sous la main l'appareil de l'enfer.
Dût le bourreau manquer, l'âme en ferait l'office,
Le remords saura bien se charger du supplice ;
N'a-t-il pas sa vengeance et ses verges aussi ?
Joignez à ces tourments cet autre long souci :
Quand finira ma peur ? Où donc est la limite ?
Vivant, je ne puis fuir le mal que je mérite,
Mort, de plus grands malheurs je me sens menacé,
Voilà l'enfer, il est au cœur de l'insensé[1].   (III, 976.)

---

1. Atque ea, nimirum, quæque Acherunte profundo
    Prodita sunt esse, in vita sunt omnia nobis.
    Nec miser impendens magnum timet aëre saxum
    Tantalus, ut fama est, cassa formidine torpens ;
    Sed magis in vita Divum metus urget inanis
    Mortales ; casumque timent, quem cuique ferat fors.
    Nec Tityon volucres ineunt Acherunte iacentem,
    Nec, quod sub magno scrutentur pectore, quicquam
    Perpetuam ætatem possunt reperire profecto,
    Quamlibet immani proiectu corporis exstet,
    Qui non sola novem dispessis iugera membris

Qu'on oublie un moment les conclusions implicites du système contre la vie future, pour ne considérer que le sens moral de ces tableaux. On verr

---

Obtineat, sed qui terraï totius orbem,
Non tamen æternum poterit perferre dolorem,
Nec præbere cibum proprio de corpore semper.
Sed Tityos nobis hic est, in amore iacentem
Quem volucres lacerant, atque exest anxius angor,
Aut alia quavis scindunt cuppedine curæ.
Sisyphus in vita quoque nobis ante oculos est,
Qui petere a populo fasces sævasque secures
Imbibit, et semper victus tristisque recedit.
Nam petere imperium, quod inane est, nec datur unquam,
Atque in eo semper durum perferre laborem,
Hoc est adverso nixantem trudere monte
Saxum, quod tamen e summo jam vertice rursum
Volvitur, et plani raptim petit æquora campi.
Deinde animi ingratam naturam pascere semper,
Atque explere bonis rebus, satiareque nunquam ;
Quod faciunt nobis annorum tempora, circum
Cum redeunt, fetusque ferunt, variosque lepores,
Nec tamen explemur vitaï fructibus unquam ;
Hoc, ut opinor, id est, ævo florente puellas
Quod memorant, laticem pertusum congerere in vas,
Quod tamen expleri nulla ratione potestur.
Cerberus et Furiæ jam vero, et lucis egenus
Tartarus, horriferos eructans faucibus æstus,
Quid ? neque sunt usquam, nec possunt esse profecto :
Sed metus in vita pœnarum pro malefactis
Est insignibus insignis, scelerisque luella
Carcer, et horribilis de saxo jactu' deorsum,
Verbera, carnifices, robur, pix, lamina, tædæ ;
Quæ tamen etsi absunt, at mens sibi, conscia factis,
Præmetuens adhibet stimulos, terretque flagellis ;
Nec videt interea qui terminus esse malorum
Possit, nec quæ sit pœnarum denique finis ;
Atque eadem metuit magis, hæc ne in morte gravescant.
Hinc Acherusia fit stultorum denique vita.

que cette explication du châtiment est profonde, qu'elle est incontestable, conforme aux plus hautes doctrines, même à la morale religieuse. C'est l'idée de Platon disant que la peine est attachée au péché, que le vice se flagelle lui-même, que l'âme du coupable est couverte de hideuses cicatrices; c'est l'idée du platonicien Plutarque : « Ce n'est point aux vautours que sera livré le foie du méchant. » S'il est besoin de défendre ces vers contre la réprobation d'un lecteur chrétien, nous les plaçons sous le patronage de Bossuet, qui à son insu reprend les pensées du poëte, les tourne et les retourne, les trouve si précieuses, si dignes d'entrer dans une âme chrétienne, qu'il les y enfonce à coups redoublés d'éloquence, avec la crainte impatiente de ne pas assez persuader. L'idée de Bossuet, d'abord enveloppée d'images oratoires, peu à peu se dégage, jusqu'à ce que, d'effort en effort, d'audace en audace, elle arrive à la précision de Lucrèce. « Nous portons en nos cœurs l'instrument de notre supplice. Je ferai sortir du milieu de toi le feu qui dévore tes entrailles; je ne l'enverrai pas de loin contre toi; il prendra dans ta conscience et ses flammes s'élanceront du milieu de toi... Le coup est lâché; l'enfer n'est pas loin de toi, ses ardeurs éternelles nous touchent de près, puisque nous en avons en nous-mêmes et en nos propres péchés la source féconde[1]. Comprends, ô pécheur, que tu portes

---

1. *Sur la nécessité de la pénitence.*

ton enfer en toi-même[1]. » C'est le mot de Lucrèce :

Hic acherusia fit stultorum denique vita. (III, 1036.)

A ceux qui nous objecteraient que ce ne sont là chez Bossuet que de vagues métaphores, nous répondons par cette déclaration explicite de l'orateur sacré, qui cette fois d'une main résolue déchire les voiles de l'allégorie : « Passant plus outre, je dis qu'ils commencent leur enfer même sur la terre et que leurs crimes les y font descendre : car ne nous imaginons pas que l'enfer consiste dans ces épouvantables tourments, dans ces étangs de feu et de soufre, dans ces flammes éternellement dévorantes, dans cette rage, dans ce désespoir, dans cet horrible grincement de dents. L'enfer, si nous l'entendons, c'est le péché même[2]. » C'est ainsi que dans les plus lointaines profondeurs de la morale, le génie de Bossuet rencontre encore une fois celui de Lucrèce, en ajoutant, est-il besoin de le dire? que la blessure du péché est irrémédiable et que l'instrument de notre supplice nous suivra dans l'éternité; mais si on a compris la légitime répulsion du poëte en face des visions grossières du paganisme, si on consent à le juger avec équité, on reconnaîtra que ces vérités incomplètes sont du moins inspirées par le plus beau sentiment moral, et si pur est ce sentiment, si frémissant et si plein, qu'il

---

1. *Sur la gloire de Dieu.*
2. *Ibid.*

faut aller jusqu'à Bossuet pour en retrouver un pareil.

Dans cette revue lugubre de toutes les pensées qui peuvent nous aider à mourir et qui se suivent avec la sombre gravité d'une marche funèbre,

.... Mortis comites et funeris atri,

Lucrèce recommande enfin de se représenter souvent l'image des grands hommes, que leur grandeur n'a pas défendus plus que nous contre l'universelle nécessité. Nous pouvons bien, nous, chétifs, qui ne sommes que du troupeau humain, nous résigner à un sort auquel n'échappe ni la royauté, ni l'héroïsme, ni le génie; ils sont morts, les potentats; ils sont morts, les héros tels que Scipion, qui laissa ses os à la terre comme le dernier des esclaves; ils sont morts, les inventeurs de la science et des grâces, les amis des Muses; il est mort lui-même, Épicure, le sage des sages, qui effaça toutes les gloires, comme le soleil levant éteint toutes les étoiles. Voilà un genre de consolation, dit-on, qui n'a jamais consolé personne! Aussi ces vers mélancoliques prétendent, non pas consoler, mais rendre plus familière et plus acceptable la loi commune. Ces grands tableaux de la fragilité humaine n'étaient pas pour les anciens, comme on se l'imagine, de beaux thèmes oratoires et poétiques; ils y cherchaient, non l'ostentation du talent, mais l'efficacité morale. Ces méditations ne leur semblent pas vaines, puisqu'ils y recourent dans leurs lettres intimes, dans les condoléances de l'amitié et jusque dans les secrets entretiens où le sage se parle à lui-même. Le poëte Antimaque ayant perdu sa femme, tendrement aimée, ramassa dans son élégie « toutes les adversités qui sont anciennement arrivées aux grands princes et roys, rendant sa douleur moindre, par la comparaison des maux d'autruy plus griefs[1]. » C'est à peu près ainsi que Sulpicius, dans une lettre connue, console son ami Cicéron, qui avait perdu sa fille unique : « Crois-moi, cette méditation m'a fortifié : fais-en l'essai sur toi-même et représente-toi le même spectacle[2]. » Marc-Aurèle, dans le secret de sa conscience et pour son propre usage, fait de semblables réflexions avec le désir de se rendre plus doux envers la mort en ayant, dit-il, sans cesse à l'esprit « le peu de durée des choses humaines[3]. » Mais quoi! la prédication chrétienne ne dédaigne pas ce moyen de persuasion. Que de fois Bossuet n'y a-t-il pas recouru, soit en s'écriant que nous mourrons tous, soit en montrant que les hommes, « après avoir fait, ainsi que des fleuves, un peu plus de bruit les uns que les autres, vont tous se confondre dans ce gouffre infini du néant, où l'on

---

1. Plutarque, *Consol. à Apollonius.*
2. Cicéron, *Lettres familières*, IV, 5. Cicéron avait composé pour son propre usage un livre de la *Consolation* où il avait recueilli plusieurs exemples de personnes illustres parmi les Romains qui avaient perdu leur fils ou leur fille. *Lettres à Atticus*, XII, 14. Voir les lettres suivantes et les notes de V. Leclerc.
3. *Pensées*, IV, 48.

ne trouve plus ni rois, ni princes, ni capitaines[1], » soit en nous ouvrant les voûtes de Saint-Denis, « où les rangs sont si pressés, où la mort est si prompte à remplir les places[2]! » Ces sortes de pensées remontent jusqu'à Job, qui se consolait déjà en songeant « qu'il dormirait dans la poussière avec les grands de la terre[3]. » La sagesse antique et la piété chrétienne proposent ces réflexions pour accoutumer les âmes à la contemplation d'une loi inévitable, pour user la crainte en usant la surprise, à peu près comme en tout temps, selon le mot de Plutarque, on a placé les cimetières près des temples et aux lieux les plus fréquentés, afin que le continuel spectacle de tombeaux et de convois funèbres nous avertit de notre condition mortelle[4].

C'est pour nous un regret de rompre à chaque instant par un commentaire la rapide éloquence de Lucrèce et de suspendre le torrent de ses harangues morales. Ainsi nous retardons ce bel emportement où le poëte, après avoir montré dans le lointain des âges le glorieux cortége des grands hommes marchant tranquillement à la mort, se retourne tout à coup vers ses contemporains, apostrophe le riche blasé, si fort attaché à son inutile vie, et l'accable à la fois sous son indignation et sous sa doctrine.

---

1. *Orais. fun.* de Henry de Gornay.
2. *Orais. fun.* de Henriette d'Angleterre.
3. XXI, 26.
4. *Lycurgue*, 27.

LA CRAINTE DE LA MORT.

Et toi, tu ne veux pas mourir, tu plains ton sort !
Te crois-tu donc vivant, n'es-tu pas presque un mort,
Toi qui dors et la nuit et le jour, qui te lèves
Pour dormir éveillé toujours en proie aux rêves,
Toi qui portes partout une vague terreur,
Sans pouvoir démêler ce trouble de ton cœur,
Et toujours malheureux, pour ne savoir point vivre
De soucis en soucis flottes comme un homme ivre ?

Si l'homme, connaissant la nature et ses lois,
Voyait quel est son mal, comme il en sent le poids,
S'il avait pénétré la cause véritable
De tout ce lourd chagrin qui l'oppresse et l'accable,
Tu ne le verrais pas errant comme aujourd'hui,
Le cœur toujours chargé de cet amas d'ennui,
Sans savoir ce qu'il veut, de caprice en caprice,
Toujours changeant de lieu, promener son supplice,
Comme s'il espérait, en secouant son corps,
Secouer son fardeau pour le jeter dehors.

Vois ce riche étouffant dans sa vaste demeure ;
Il s'en échappe, il fuit, mais il revient sur l'heure ;
Son mal n'est point calmé ; regarde, le voilà
Précipitant son char vers sa belle villa ;
Eh ! ne dirait-on pas, à voir cette furie,
Qu'il court à sa campagne éteindre un incendie ?
Il touche au seuil... Il bâille, et sous ces heureux toits,
Déjà dans son sommeil il fond de tout son poids ;
Il cherche à s'oublier, il ne peut, et notre homme
S'est déjà relancé sur le chemin de Rome.

Ainsi chacun se fuit et voudrait s'éviter.
On se déteste alors, ne pouvant se quitter ;
C'est que de sa souffrance on ignore la cause.
Ah ! si tu la voyais, laissant là toute chose,
Tu voudrais tout d'abord, pour calmer ton chagrin,

Des lois de la nature interroger la fin ;
Car il ne s'agit pas, homme, de se distraire,
De ne penser qu'au sort de l'heure passagère,
Mais de bien méditer sur le temps éternel
Qui doit après la mort recueillir tout mortel¹. (III, 1053.)

Voilà la véritable conclusion non-seulement du

---

1. Tu vero dubitabis et indignabere obire,
Mortua cui vita est prope jam vivo atque videnti,
Qui somno partem majorem conteris ævi,
Et vigilans stertis, nec somnia cernere cessas,
Sollicitamque geris cassa formidine mentem ;
Nec reperire potes quid sit tibi sæpe mali, cum
Ebrius urgeris multis miser undique curis,
Atque animi incerto fluitans errore vagaris ?
Si possent homines, proinde ac sentire videntur
Pondus inesse animo, quod se gravitate fatiget,
E quibus id fiat causis quoque noscere, et unde
Tanta mali tamquam moles in pectore constet,
Haud ita vitam agerent, ut nunc plerumque videmus
Quid sibi quisque velit nescire, et quærere semper
Commutare locum, quasi onus deponere possit.
Exit sæpe foras magnis ex ædibus ille,
Esse domi quem pertæsum est, subitoque revertit,
Quippe foris nihilo melius qui sentiat esse.
Currit, agens mannos, ad villam præcipitanter,
Auxilium tectis quasi ferre ardentibus instans :
Oscitat extemplo, tetigit cum limina villæ,
Aut abit in somnum gravis, atque oblivia quærit,
Aut etiam properans urbem petit atque revisit.
Hoc se quisque modo fugit : at quem scilicet, ut fit,
Effugere haud potis est, ingratis hæret, et odit
Propterea, morbi quia causam non tenet æger ;
Quam bene si videat, jam rebus quisque relictis
Naturam primum studeat cognoscere rerum,
Temporis æterni quoniam, non unius horæ,
Ambigitur status, in quo sit mortalibus omnis
Ætas, post mortem quæ restat cumque, manenda.

troisième livre, mais de tout le système, conclusion dont les termes surpassent l'attente :

> Temporis æterni quoniam, non unius horæ,
> Ambigitur status, in quo sit mortalibus omnis
> Ætas, post mortem quæ restat cumque, manenda.

Tout laisser, tout quitter pour se livrer à l'étude de la nature, qui est en même temps celle de l'âme et de notre destinée, qui nous apprend ce que nous sommes, d'où nous venons, où nous allons, qui fixe notre foi, arrête nos erreurs et nos fluctuations et donne à l'esprit une ferme assiette. Nous sommes ici dans les hauteurs morales où se tient Pascal qui, comme Lucrèce, attribue à la légèreté avec laquelle on esquive le problème de la vie les misères, les ennuis, les divertissements, les inconstances et toutes les fuites par lesquelles les hommes cherchent à s'échapper à eux-mêmes. Pour l'un et pour l'autre, la science morale est le lest qui empêche l'esprit de verser en tous sens et de trop céder à tous les roulis. Chez tous deux un pareil dédain pour les petitesses et les lâchetés de la pensée effrayée d'elle-même, une sorte de pitié irritée pour la frivolité ou l'inconsistance humaine et pour les obscurs tourments qui en sont la conséquence. Surprenante conformité de sentiments dans une si grande diversité de doctrines! Lucrèce et Pascal se rapprochent et se rencontrent, si on ose dire, dos à dos. Leur génie voisin, mais tourné en sens opposé, contemple chacun avec de sévères délices la profondeur mystérieuse qui s'ouvre devant lui. L'un place son espérance dans le néant et l'autre dans l'immortalité, chacun trouve son ivresse dans un infini. Si on oublie leurs principes pour n'écouter que leur passion égale, on est tenté de croire que leurs voix sont à l'unisson. C'est qu'ils sont tous deux à la poursuite du même problème, impatients de le résoudre pour leur propre bonheur, tous deux, par un contraste étrange, cherchant la paix avec une avide fureur, méprisant tout le reste et sans autre désir que la vérité où ils ont placé leur intérêt, leur vie, leur éternité.

Cette persistance à rouler son esprit dans ces noires ténèbres peut étonner chez un épicurien. Pourquoi s'arrêter si longtemps dans la contemplation d'une éternité vide? On conçoit que le chrétien tienne les yeux fixés sur un avenir plein de promesses ou de menaces et qu'il redise avec joie ou terreur : *Annos æternos in mente habui* [1] ; que Socrate se plaise à faire de la philosophie la méditation de la mort, puisqu'il y trouve l'occasion de s'enchanter de belles espérances; que le stoïcien même, bien que sans espoir, se nourrisse de ces tristes réflexions, pour exalter son courage et pour obéir d'un cœur soumis à une loi universelle établie par la Raison suprême; mais on se demande quel intérêt peut avoir un épicurien à tenir sa pensée si longtemps plongée dans ces profondeurs. Ne vaut-il pas mieux,

---

1. *Psaume* LXXVI, 6.

une fois le néant reconnu, en détourner son esprit, pour être tout entier à la vie, qui seule est quelque chose? Dans une pareille doctrine, il semble prudent de penser le moins qu'on peut à la mort, ou de n'y penser que pour mieux jouir de l'existence fugitive. C'est ainsi que la raison commune, toujours logique, a interprété et pratiqué l'épicurisme. Sans parler ici de ceux qu'on appelle justement le troupeau d'Épicure et qui vraiment n'appartiennent à aucune doctrine, et pour ne rappeler que des esprits délicats, Horace recommandait à ses amis de ne pas trop sonder le secret du lendemain [1], et, le front couronné de fleurs prêtes à se flétrir, symboles de la vie passagère, ne ramenait l'idée de la mort que pour mieux savourer les douceurs présentes de la vie. Ainsi fit Pétrone, qui à ses derniers moments ne voulut entendre que des poésies légères pour rester fidèle jusqu'au bout à sa voluptueuse insouciance. Les épicuriens prudents, en présence de l'aveugle nécessité, se sont le plus souvent conduits comme ces navigateurs qui, menacés d'une tempête contre laquelle il n'y avait pas à lutter, s'enfermèrent dans leur vaisseau, et le livrant aux hasards des flots comme une coquille, se mirent à boire et à chanter pour échapper, sinon à l'abîme, du moins à la peur de l'abîme. C'est l'image de l'épicurisme populaire et des doctrines semblables telles qu'elles ont été comprises depuis la Bible jusqu'à nos jours.

---

1. « Quid sit futurum cras fuge quærere. » *Odes*, I, 9.

Tous les poëtes grecs, latins et français qui ont devancé ou suivi l'épicurisme ont senti que, si l'on retranche à l'homme l'espérance, il ne faut pas trop lui parler de l'avenir et que, si la pensée de la mort peut avoir quelque saveur, il ne faut pas la trop presser, de peur d'en exprimer l'amertume.

Mais que parlons-nous de sagesse vulgaire à propos d'un courageux esprit qui n'a de passion que pour les mystères de la nature et de l'homme, à qui rien ne fait peur de ce qui lui paraît être la vérité ? Il est épris du néant, comme d'autres peuvent l'être de l'immortalité. Il ne peut retenir sa joie et déclare lui-même qu'il est doux pour lui le long travail philosophique par lequel il s'assure cette conquête,

Conquisita diu dulcique reperta labore. (III, 420.)

On voudrait savoir d'où vient au poëte ce sombre amour pour l'éternel sommeil. Est-ce dégoût et fatigue de la vie, désenchantement des passions humaines, découragement du citoyen contristé par le spectacle des révolutions sanglantes, ou n'est-ce pas plutôt le sentiment naturel d'un trop fidèle sectateur d'une doctrine qui, prêchant sans cesse l'indifférence et une sorte de mort anticipée, ôtait par cela même à l'existence tout son prix ? Il est impossible de le décider et inutile de le rechercher. Toujours est-il que cette grande imagination aime à franchir de toutes parts les bornes étroites de la vie, pour se répandre au delà, à se représenter le temps où on n'est pas encore et celui où on ne sera plus, à parcourir ainsi ces deux moitiés d'éternité qui nous enveloppent, et dont notre courte durée est le point de partage[1]. Sages ou non, ces méditations sont sublimes, et leur grandeur morale ou poétique fait apparaître dans une lointaine petitesse les audaces timides, la discrétion superficielle, les leçons évasives et toute la sagesse si finement ornée de l'épicurisme mondain.

Puisqu'il semble aujourd'hui reconnu que la haute poésie n'est jamais plus touchante que lorsqu'elle aborde le problème de la destinée, il doit être permis d'affirmer que rien n'est plus gravement poétique que ce troisième livre de Lucrèce. Si on considère le sujet, il n'en est pas de plus capable d'émouvoir la pensée, plus digne d'être médité et plus entouré de mystères tristement séducteurs. Si on s'intéresse davantage au poëte lui-même, en est-il un plus passionné, qui ait plus engagé son cœur dans son entreprise, qui soit plus ardent à connaître sa loi, plus résolu à l'accepter, plus soucieux de la vérité même la plus amère? Tout en condamnant la doctrine, on regarde avec une curiosité émue cette imagination si noble, cette candeur qui échappe au doute, ces ivresses contenues, cette paix de l'âme en possession de la vérité cherchée, paix agitée où frémit encore l'ardeur de la conquête. Enfin, si on aime surtout à méditer sur les illusions de l'esprit philosophique, sur l'infirmité des systèmes, sur les grandes aventures de la raison humaine, c'est encore un bel enseignement de voir tant de foi dans l'erreur, une confiance si intrépide dans une doctrine dont l'humanité ne veut plus [1], de suivre des yeux un si robuste et si vaillant esprit se lançant à travers les abîmes sur le frêle appui d'une science surannée, et on se remplit l'âme d'un spectacle qui ne laisse pas d'avoir son pathétique, en contemplant, ô le plus sincère des poëtes, la force de ton génie dans la grandeur de ton naufrage.

---

1. Nous en croyons un poëte sincère de nos jours qui fut plus ou moins disciple de Lucrèce, et, ne pouvant emprisonner son âme dans une trop froide doctrine, s'en échappa avec ces beaux vers :

> Quand Horace, Lucrèce et le vieil Épicure
> Assis à mes côtés m'appelleraient heureux,
> Et quand ces grands amants de l'antique nature
> Me chanteraient la joie et le mépris des dieux,
> Je leur dirais à tous : Quoi que nous puissions faire,
> Je souffre, il est trop tard ; le monde s'est fait vieux.
> Une immense espérance a traversé la terre,
> Malgré nous vers le ciel il faut tourner les yeux.
> (Alf. de Musset.)

CHAPITRE VI.

LA MORALE DE LUCRÈCE.

L'AMBITION, L'AMOUR.

Le *Poëme de la Nature* n'étant qu'un traité de physique, la morale ne s'y trouve pas exposée dans son ensemble et ne s'y rencontre que par occasion et par hasard. Il faut donc la recueillir çà et là, la saisir souvent au passage dans quelque rapide et involontaire mouvement d'éloquence ou dans une digression poétique et la recomposer à l'aide de morceaux et de vers épars. Si nous courons ainsi le risque d'enlever à ces vers quelque chose de la beauté qu'ils doivent à la place qu'ils occupent dans le poëme, nous pourrons du moins offrir la fleur et le suc de la morale épicurienne, en faisant pour Lucrèce ce que lui-même avait fait pour Épicure, dont il butinait les préceptes, dit-il en vers charmants, avec la diligence des abeilles.

Il semble au premier abord qu'un philosophe si ennemi des dieux, qui renverse toutes les croyances aujourd'hui réputées consolantes et salutaires, ne peut être qu'un corrupteur de la morale. Il serait rigoureux de porter sur Lucrèce un pareil jugement. Que sa morale repose sur un faux principe, la volupté, que sa théorie du bonheur soit dangereuse et puisse aboutir dans ses conséquences extrêmes à un grossier matérialisme, nous ne voulons pas en disconvenir; mais le grave génie du poëte, par sa gravité et sa candeur, a été préservé de tous les périls de la doctrine; il y a porté ses nobles intentions, sa sévérité romaine, il a, pour ainsi dire, tout rectifié par sa droiture, si bien que de cette morale suspecte il ne sort aucun précepte qui ne soit respectable et conforme à la dignité humaine. Que de belles sentences, quel mépris hautain pour les passions et leurs désordres, quelle indignation naturelle contre le vice et le crime! Non-seulement il y a de la morale dans le poëme, mais cette morale est émue et touchante. La critique qui se propose de faire une étude un peu délicate des doctrines ne doit ni les condamner, ni les vanter absolument; car s'il est vrai, comme l'histoire le démontre, que des plus purs principes découlent quelquefois les conséquences les plus fâcheuses, on voit aussi que des principes en apparence les moins nobles peuvent sortir des préceptes utiles. Ne savons-nous pas que des plantes les plus salutaires on peut exprimer un poison, et des plus vénéneuses un remède? Quand on voit la plus forte morale de l'antiquité, la morale stoïque, reposer sur un panthéisme assez grossier, pourquoi refuserait-on d'admettre que sous la main d'un poëte animé d'un mâle enthousiasme une morale presque inattaquable ait pu se fonder sur une physique sans dieu?

En ruinant la religion et la croyance à la vie future, Lucrèce ne s'est point proposé, comme on l'a dit, d'ôter leur frein aux passions. C'est, au contraire, au nom de la science et de la morale qu'il renverse les avilissants préjugés de la crédulité antique. La mythologie blessait à la fois la raison et la conscience; les dieux donnaient l'exemple du vice et de l'iniquité; les attaquer, ce n'était pas compromettre la morale, c'était souvent la venger. D'autre part, la croyance à une vie future ne paraît pas avoir eu dans l'antiquité une sérieuse influence sur les mœurs. Prouver que l'âme périt avec le corps n'était pas même une hardiesse, puisque les plus célèbres écoles, Platon excepté, s'accordaient sur ce point avec Épicure. Ainsi, de ce que Lucrèce a prétendu que l'âme est matérielle conformément aux principes de son système physique qui n'admet que la matière, il ne faut point conclure qu'il est un de ces novateurs peu scrupuleux, comme on en a vu depuis, qui se sont proposé d'affranchir les hommes de tout devoir moral.

Nous faisons ces réserves en faveur de Lucrèce, parce que certains philosophes du xviiie siècle, qui se prétendent ses disciples, ont poussé bien plus loin l'audace et ont détruit avec les croyances religieuses les fondements mêmes de la morale. On sait que d'Holbach et Lamettrie arrivent aux conséquences les plus brutales, qu'ils vont jusqu'à nier la liberté de l'homme, que pour lui procurer la tranquillité ils ne se contentent pas, comme Lucrèce, de le mettre à l'abri des terreurs superstitieuses, mais étouffent en lui jusqu'à la voix de la conscience. Qu'on se rappelle, par exemple, cette maxime de Lamettrie : « Il ne faut pas avoir de remords ; le remords n'est qu'un préjugé de l'éducation, » ou bien ces principes de d'Holbach : « L'intérêt est l'objet auquel chaque homme attache son bien-être... Ainsi l'intérêt du méchant est de satisfaire ses passions à tout prix... le bonheur est la fin de la vie : or le pouvoir, la grandeur, les richesses, les plaisirs y contribuent certainement pour ceux qui savent en bien user. Rien n'est donc plus frivole que les déclamations d'une sombre philosophie. » Avons-nous besoin de dire que les maximes de ces faux disciples de Lucrèce ne sont pas celles du maître ? Ils sont aussi loin de lui par la bassesse de leurs intentions que par la platitude de leur style. Le poëte au contraire professe une morale sévère et tient précisément le langage que d'Holbach appelle *la déclamation d'une sombre philosophie.*

Lucrèce n'est point fataliste, il croit fermement à la liberté. Bien que nous ne soyons que matière et que l'âme ne soit comme le corps qu'un assemblage fortuit d'atomes, nous sentons pourtant en nous une force propre qui nous permet de lutter contre les objets extérieurs et de résister à nos passions. Pour rester fidèle à sa physique, il explique la liberté par une certaine déclinaison des atomes capable de produire des mouvements imprévus dans la succession invariable des effets et des causes et de déranger à un moment donné leur enchaînement fatal. L'explication est bien enfantine et prouve que les épicuriens se contentaient de peu en psychologie. Prenons encore notre parti de cette inconséquence évidente qui admet la liberté dans un système uniquement fondé sur les combinaisons aveugles de la matière. Ce que nous nous plaisons à constater, c'est que Lucrèce reconnaît dans l'homme un certain pouvoir indépendant, *un je ne sais quoi qui n'a pas de nom, vis nominis expers*, qu'il appelle d'un beau mot : « Une prise violente sur le destin, *fatis avolsa potestas*. » Il n'est peut-être pas de plus précieux hommage rendu à la liberté humaine que celui de ces philosophes qui spontanément lui donnent une place même dans un système où elle n'a pas droit d'entrer, et qui aiment mieux tomber dans l'inconséquence que de nier une chose si sensible et si nécessaire. Oublions donc la faiblesse des arguments, la pauvreté de cette science si peu démonstrative et ne soyons attentifs qu'à l'énergie de l'affirmation.

Si tous les mouvements ne forment qu'une chaîne,
Si la cause est liée à la cause et l'entraîne,
Et si l'atome enfin de sa ligne écarté
Ne vient rompre les nœuds de la nécessité
Et par des chocs nouveaux déconcertant les choses
Ne traverse la suite éternelle des causes,
D'où vient aux animaux la libre volonté,

Cette part arrachée à la fatalité,
Ce pouvoir de marcher où le désir les mène,
Non point en tel lieu fixe, à telle heure certaine,
Mais partout où l'esprit les pousse à tout moment,
L'esprit principe actif, source du mouvement,
Et qui par les canaux où circule la vie
Répand dans tout le corps sa mobile énergie?
Quand la barrière s'ouvre, observe les coursiers,
Ils restent un instant frémissants sur leurs pieds
Comme pour recueillir le feu qui les enflamme
Sans pouvoir s'élancer aussi prompts que leur âme.
Il faut que dans leur corps les éléments épars
Aient le temps d'accourir venus de toutes parts,
Et qu'au rapide appel du cœur qui les rassemble
Ils soient précipités en avant tous ensemble ;
Ainsi donc c'est du cœur que naît le mouvement,
C'est de la volonté que part l'entraînement,
Et de là ce torrent qui dans le corps se verse,
Jusqu'aux extrémités des membres se disperse[1]. (II, 254.)

---

1. Denique, si semper motus connectitur omnis,
Et vetere exoritur semper novus ordine certo,
Nec declinando faciunt primordia motus
Principium quoddam, quod fati fœdera rumpat,
Ex infinito ne causam causa sequatur,
Libera per terras unde hæc animantibus exstat,
Unde est hæc, inquam, fatis avolsa potestas,
Per quam progredimur quo ducit quemque voluptas ;
Declinamus item motus, nec tempore certo,
Nec regione loti certa, sed uti ipsa tulit mens.
Nam dubio procul his rebus sua cuique voluntas
Principium dat, et hinc motus per membra rigantur.
Nonne vides etiam, patefactis tempore puncto
Carceribus, non posse tamen prorumpere equorum
Vim cupidam tam de subito, quam mens avet ipsa ?
Omnis enim totum per corpus materiaï
Copia conciri debet, concita per artus
Omnes, ut studium mentis connixa sequatur.

Si cette revendication de la liberté n'est pas savante, elle est du moins vive et décidée. Sans doute Lucrèce, en poëte physicien (dans son système la psychologie ne peut être qu'une branche de la physique), reconnaît que le libre pouvoir de chaque homme est plus ou moins limité et opprimé par la nature de son tempérament, par l'ensemble des éléments qui entrent dans sa constitution ; quand l'âme est composée de parties ignées, elle est prompte à la colère ; quand elle est formée de ce que le poëte appelle une froide vapeur, elle se laisse facilement glacer par la crainte ; quand enfin elle est prédominée par l'élément tranquille de l'air, elle participe à la fois des deux natures précédentes et ne cède ni à l'emportement ni à la peur. Mais Lucrèce se hâte d'assurer que s'il n'est pas possible de surmonter entièrement sa constitution primitive, on peut du moins par la culture et l'étude de la sagesse affaiblir la puissance du tempérament au point qu'il n'en subsiste plus que de *faibles traces*.

.... Vestigia linqui
Parvola, quæ nequeat ratio depellere dictis.   (III, 422.)

Ainsi Lucrèce admet la liberté ; il croit que la réflexion et la science peuvent sinon transformer entièrement la nature, du moins la contenir et l'épurer. Du moment qu'on reconnaît dans l'homme

---

Ut videas initum motus a corde creari,
Ex animique voluntate id procedere primum,
Inde dari porro per totum corpus et artus.

une force indépendante, se possédant elle-même, capable de se diriger vers le bien ou vers le mal, il est permis de moraliser et d'indiquer le chemin qu'il faut suivre. Voilà pourquoi on trouve dans le poëme des conseils, des réprimandes, des invectives, c'est-à-dire sous une forme ou sous une autre des leçons morales.

Il nous faut rappeler ici en quelques mots les préceptes de la morale épicurienne. La doctrine *de la volupté* recherche, non le plaisir, mais le bonheur durable, constant, calme, réglé par la plus délicate prudence et qui se réduit à l'exemption de la douleur et de l'inquiétude[1]. Se soustraire à la crainte des dieux et de la vie future, s'affranchir de ses passions, voilà toute la sagesse[2]. En politique ne point prendre part aux affaires, dans la vie privée

---

1. « Omnes qui sine dolore sint, in voluptate, et ea quidem summa, esse dico. » Cicéron, *de Finib.*, II, 5. « Duo bona.... ut corpus sine dolore sit, animus sine perturbatione. » Sénèque, *Lettres*, 66. La prudence était la maîtresse vertu; c'était toute la philosophie. Épicure disait qu'il valait mieux être malheureux et raisonnable qu'heureux sans avoir le bon usage de sa raison : εὐλογίστως ἀτυχεῖν ἢ ἀλογίστως εὐτυχεῖν. Diogène L., X, 135. Il croyait que le sage est rarement dans la dépendance de la fortune : « Raro, inquit, sapienti Fortuna intervenit. » Sénèque, *de Const. sap.*, 15.

2. La théorie sur les passions est ingénieuse et nette. Il y a trois espèces de désirs : 1° les désirs naturels et nécessaires (la faim, la soif) qu'il faut satisfaire, mais qui se contentent de peu; 2° les désirs naturels et non nécessaires (l'amour), qu'on peut ne pas assouvir; 3° les désirs qui ne sont ni naturels, ni nécessaires (l'ambition), qui ne sont que des besoins d'opinion et auxquels il ne faut jamais céder. Diogène L., X, 149. Voyez la savante et lucide *Histoire des théories morales dans l'antiquité*, par M. Denis.

éviter toutes les causes de trouble et de chagrin ; si l'on peut, ne pas s'embarrasser d'une famille [1] ; resserrer, cacher sa vie ; en un mot, se renfermer dans la plus stricte modération, telle est cette morne et triste volupté. C'est une morale de couvent [2], de couvent sans religion.

Ce désir du repos, dont on peut s'étonner, n'est point particulier à l'épicurisme. Après Platon et Aristote, toutes les doctrines qui parurent au temps de la décadence et sous la servitude de la Grèce ne se proposaient pas d'autre fin que la tranquillité de l'âme. Le doute de la nouvelle Académie, le scepticisme absolu de Pyrrhon avaient pour ambition dernière de procurer l'indifférence : « Celui qui pense, disait Pyrrhon, et qui affirme qu'il y a des choses bonnes et mauvaises de leur nature, est constamment troublé lorsqu'il est privé de ce qu'il regarde comme des biens, atteint par ce qu'il croit être des maux ;... mais celui qui reste en suspens sur ce qui est bon ou mauvais par sa nature ne fuit, ne recherche rien avec une inquiète sollicitude [3]. » Pyrrhon apportait le bienfait du sommeil à l'esprit, comme Épicure l'avait apporté au cœur.

---

1. « Epicurus.... raro dicit sapienti conjugia ineunda, quia multa incommoda admixta sunt nuptiis. » Saint Jérôme, *contre Jovinien*, I, 191.

2. Saint Jérôme (*ibid.*, II, 8) propose Épicure en exemple aux chrétiens et dit que toutes ses œuvres « étaient remplies d'herbes, de fruits et d'abstinences. »

3. Sextus Empiricus, *Hypotyp. Pyrrh.*, I, 12.

Le stoïcisme même, qui se piquait d'être plus vaillant, ne laissait pas d'apprendre aux hommes à se détacher des affaires aussi bien que des plaisirs, à se retirer en soi, à chercher la tranquillité dans les solitaires satisfactions de la conscience. Le monde antique était fatigué de lui-même. Activité civique, gloire, ambition, plaisir, science, tout ce qui avait été sa joie et son soutien, paraissait n'avoir plus de prix. On en était à la satiété, à la désillusion, au découragement. Bientôt le christianisme recueillera tous ces dégoûts, se montrera plus dédaigneux encore de l'action politique, prêchera l'indifférence avec plus d'ardeur, mettra le comble à tous ces mépris, en méprisant la philosophie même, qui avait enseigné déjà à mépriser tout le reste, et pour mieux enlever les âmes à la terre ne leur offrira que des biens qui ne sont pas de ce monde.

A Rome, au temps de Lucrèce, bien que la société fût encore pleine d'énergie et témoignât de sa force dans des luttes sanglantes, on goûtait tous les jours davantage les idées grecques sur l'abstention politique et sur la tranquillité de l'âme si fort prônée par toutes les écoles. Les citoyens, lassés et déconcertés par les guerres civiles, se détachaient de la chose publique. Sans parler de Sylla et de son inexplicable abdication, on vit des généraux illustres, Lucullus, par exemple, se retirer tout à coup des affaires et se dérober à leur gloire. Des magistrats éconduits cherchaient des consolations dans l'étude de la sagesse; des hommes prudents, tels qu'Atticus, fuyaient les honneurs qui allaient au-devant d'eux. On se réfugiait dans les belles villas de la Campanie qu'on ornait de tableaux, de statues, de livres ; on demandait à la philosophie des raisons pour dédaigner doctement ce qu'on dédaignait déjà par instinct ou par faiblesse ; on mettait son bonheur et sa dignité à rechercher ce qu'on appelait jadis avec ironie *le repos grec, otium græcum*. Les esprits les plus hauts se plaisaient à redire avec les stoïciens qu'il ne faut s'occuper que des choses divines et humaines, de la grande république du monde. On prévoyait que l'ancienne constitution ne pourrait subsister, on répétait qu'il n'y avait plus d'espoir ; on dira bientôt que le nom jadis sacré de république n'appartient plus qu'*à une chimère, à une ombre*. L'anarchie romaine produisait çà et là les effets qu'avait produits la servitude grecque sur tout un peuple et rejetait sur eux-mêmes tous ceux qui étaient trop scrupuleux pour s'ouvrir un chemin par la violence, ou trop timides pour braver la violence d'autrui.

Aussi, après les terreurs de la superstition, ce qui préoccupe le plus Lucrèce et lui paraît le plus contraire au bonheur, c'est la cupidité et l'ambition. Le désir immodéré des richesses, des honneurs, de la gloire empoisonne la vie humaine, donne naissance à tous les crimes et trouble également la paix des individus et des sociétés. Le poète tient le langage des philosophes les plus austères, et le stoïcisme ne proclame pas avec plus de force ses maximes de renoncement. En quoi Lucrèce diffère-t-il de Sénèque ? Les deux sages, sans marcher au même but, se rencontrent dans les mêmes sentiments. Tous deux font la guerre aux passions, le stoïcien pour affermir la vertu, l'épicurien pour assurer la félicité, et, à considérer la simplicité résolue de Lucrèce, son éloquence sans déclamation, on est tenté de dire que le plus sincère est le disciple d'Épicure. Du reste, il faut remarquer, en général, que toute sentence morale, dès qu'elle passe par une bouche vraiment romaine, prend un certain accent stoïque. On rencontre partout, à Rome, dans les lois, dans les traditions domestiques et nationales, une sorte de stoïcisme naturel et spontané bien antérieur à la doctrine de Zénon. Les Mucius Scævola, les Régulus, les Fabricius, tous les héros du patriotisme romain sont d'avance conformes à l'idéal stoïcien ; aussi toute doctrine morale, quelque délicate et molle qu'elle soit, dès qu'elle est transplantée à Rome, puise dans ce sol nouveau une séve plus forte et produit des fruits plus âpres et plus fermes. L'épicurisme y devient viril et prend un ton sévère, altier, impérieux.

Bien que Lucrèce n'expose nulle part avec suite sa doctrine morale qui ne pouvait trouver place dans son poëme, il lui arrive quelquefois de peindre la vanité des grandeurs en de sombres tableaux dont la rapide énergie ne laisse aucun doute sur la nature et l'intensité de ses sentiments. Du haut de sa sérénité philosophique il contemple avec une sorte de plaisir amer et méprisant les luttes de l'ambition, la carrière ensanglantée où les hommes cherchent à se devancer les uns les autres, où le vainqueur du jour est le vaincu du lendemain.

> Pour celui qui soumet sa vie à la sagesse,
> Vivre content de peu c'est la grande richesse,
> Rien ne manque jamais à qui réduit son cœur ;
> Mais l'homme désira biens, puissance, grandeur,
> Pour asseoir sur le roc sa solide existence
> Et goûter à jamais la paix de l'opulence;
> Espoir vain, car montant tous ensemble aux honneurs
> Ils ont fait du chemin le champ de leurs fureurs,
> Et l'Envie, épiant les vainqueurs, de la cime
> Les rejette à plaisir tête en bas dans l'abîme.
> J'aime mieux le repos et recevoir la loi
> Que de tenir un sceptre et de souffrir en roi.
> Laisse donc ces lutteurs s'élancer hors d'haleine
> Sur cet étroit sentier de l'ambition vaine,
> Se débattre et se fondre en sanglantes sueurs ;
> Si la foudre toujours a frappé les hauteurs,
> De même, tu le sais, sur tout ce qui s'élève,
> Comme un nuage noir, l'envie avance et crève[1]. (V, 1115.)

---

1. Quod si quis vera vitam ratione gubernet,
  Divitiæ grandes homini sunt vivere parce
  Æquo animo ; neque enim est unquam penuria parvi.
  At claros homines voluerunt se atque potentes,
  Ut fundamento stabili fortuna maneret,
  Et placidam possent opulenti degere vitam :
  Nequidquam ; quoniam ad summum succedere honorem
  Certantes, iter infestum fecere viaï.
  Et tamen e summo, quasi fulmen, dejicit ictos
  Invidia interdum contemptim in Tartara tætra,
  Ut satius multo jam sit parere quietum,
  Quam regere imperio res velle et regna tenere.

Le poëte ne cesse pas d'être un exact précepteur de philosophie, même dans ses entraînements d'éloquence. Ces sortes de peintures recouvrent des dogmes; sous ces vives couleurs se cache une profession de foi épicurienne, une exposition de principes. Les vers de Lucrèce ont toujours une valeur doctrinale. N'y voyez jamais de vagues sentences, mais les maximes précises de l'école, véritables formules auxquelles la poésie a donné du lustre sans rien ôter à leur rigueur. La morale du poëte doit sa force non-seulement à son talent, mais à l'autorité d'un système.

Ce qui donne encore un intérêt particulier à ces peintures morales, c'est l'émotion du poëte. On sent bien que ses pensées sur le mépris des honneurs et des richesses ne sont ni des exercices de style, ni des souvenirs d'école froidement façonnés pour servir d'ornement à des vers didactiques. Lucrèce ne déclame jamais dans un genre où pourtant il est si facile de déclamer. Mais à quoi reconnaître qu'un poëte est ému, qu'il est sincère, qu'il ne répète pas de mémoire des maximes apprises? C'est demander à quoi on reconnaît la déclamation. En général, elle suppose des pensées vagues, exagérées, intempestives; elle est un discours oiseux qui ne s'adresse à personne, qui ne va pas à un but, qui n'est pas

---

Proinde sine incassum defossi sanguine sudent,
Angustum per iter luctantes ambitionis;
Invidia quoniam, ceu fulmine, summa vaporant
Plerumque, et quæ sunt aliis magis edita cumque.

nécessaire ; elle prouve toujours la froideur de l'écrivain qui s'écarte de la route où devraient l'entraîner la logique et la passion. N'est pas déclamateur celui qui peint ce qu'il voit, ce qui choque ses yeux et son cœur, celui qui tire un enseignement d'un spectacle. Même dans les maximes générales qui sont de tous les temps et de tous les lieux, il laissera percer l'émotion du moment. Telle nous apparaît la morale de Lucrèce. Sans doute la hauteur où se tient son génie ne lui permet pas de descendre dans les détails historiques, mais à voir la véhémence si naturelle de ses vers, la colère ou le tranquille mépris du sage, on comprend qu'il juge ce qu'il a sous les yeux, et que ses invectives ou ses dédains superbes s'adressent aux vices de ses contemporains. Les passions qu'il déteste sont celles qui déchirent la république. Il ne poursuit pas de fureurs littéraires et rétrospectives l'ambition d'un Alexandre ou d'un Xerxès à la façon de Juvénal. C'est un Sylla, un Clodius, un Catilina ou leurs précurseurs que désigne son indignation présente et civique. Sa morale toute romaine est inspirée par la vue de désordres romains. Elle porte avec elle sa date.

Quand Lucrèce dépeint les terribles effets de la cupidité qui bouleverse l'État et détruit la confiance jusque dans les familles, ne fait-il point voir la cupidité romaine au temps des guerres civiles?

> Leur fortune s'engraisse au sang des citoyens,
> De carnage en carnage ils entassent leurs biens.

> Suivent, la joie aux yeux, le noir convoi d'un frère,
> Et craignent d'un parent la table meurtrière[1]. (III, 70.)

Le poëte philosophe, dans un ouvrage tout de doctrine, n'a pas voulu rendre l'allusion plus claire, mais il n'est point difficile de voir qu'il fait un triste retour sur les mœurs de son temps et qu'il parle en historien. C'est du Salluste en vers[2]. De là vient que dans cette poésie dogmatique on rencontre çà et là tant de traits de satire, non contre les personnes, mais contre les mœurs contemporaines. Lucrèce, dans la satire morale, a été un des maîtres d'Horace, qui l'imite sans cesse, et, par ses nombreux emprunts, rend hommage à cette poésie vivante et vraie[3]. Les mœurs du temps sont toujours présentes à l'esprit de Lucrèce, même lorsqu'il se reporte aux premiers âges du monde. Dans un morceau célèbre, pendant qu'il décrit la vie primitive des hommes exposés à la fureur des bêtes féroces, ne sachant ni se défendre ni guérir leurs blessures, mourant de faim et de misère, il ramène tout à coup sa pensée sur son siècle et laisse échapper ces réflexions : c'était alors le manque de nourriture qui livrait à la mort leur corps affaibli, c'est

---

1. Sanguine civili rem conflant divitiasque
   Conduplicant avidi, cædem cæde accumulantes ;
   Crudeles gaudent in tristi funere fratris,
   Et consanguineum mensas odere timentque.
2. Voir Salluste, *Catil.*, 10, et *passim*.
3. M. Patin a bien marqué cette influence de Lucrèce sur Horace. *Études sur la poésie latine*. Ier, p. 00.

la trop grande abondance qui nous étouffe aujourd'hui;

> Alors les malheureux, de leurs mains ignorantes
> Recueillant quelquefois le suc mortel des plantes,
> Eux-mêmes se versaient la mort, mais aujourd'hui
> On sait artistement empoisonner autrui [1]. (V, 1005.)

Les sentences morales de Lucrèce offrent souvent des portraits, des types retracés à grandes lignes où il n'est point difficile de reconnaître une physionomie romaine. N'est-ce pas un Romain, ce général arrivé à la toute-puissance qui passe en revue ses légions et ses flottes, qui promène si fièrement les yeux sur cet appareil guerrier dont il dispose, tandis que son cœur est en proie aux terreurs de la superstition? Qui ne pense à Sylla et à ses pareils [2]?

Voici l'envieux tel qu'il paraissait dans les républiques anciennes, que Lucrèce a pu coudoyer et entendre murmurer sur le passage de quelque brillant cortège :

> Quoi ! nous faudra-t-il voir toujours ce glorieux !
> Quels honneurs ! sur lui seul se fixent tous les yeux !
> De clients sur ses pas il traîne une phalange,
> Tandis que nous roulons dans la nuit et la fange [3].
>
> (III, 75.)

---

1. Tum penuria deinde cibi languentia loto
   Membra dabat; contra nunc rerum copia mersat.
   Illi imprudentes ipsi sibi sæpe venenum
   Vergebant : nunc dant aliis solertius ipsi.
2. II, 40.
3. ... Macerat invidia : Ante oculos illum esse potentem,

Ce n'est pas non plus dans un livre de morale que Lucrèce a pris le portrait de l'ambitieux; il l'a vu dans les rues de Rome, il a observé les labeurs et les déconvenues de ce candidat aspirant sans cesse aux honneurs consulaires qui lui échappent sans cesse, véritable Sisyphe roulant son rocher, qu'il ne faut pas chercher dans les enfers, que chacun peut voir bien vivant dans la république[1].

Ainsi cette morale toute de doctrine, empruntée à la Grèce, avait pris sous la main de Lucrèce une forte couleur romaine. C'est toujours un plaisir sérieux de trouver en des maximes générales un certain accent qui avertit qu'elles ont été composées en face des désordres qu'elles prétendent combattre. Elles ne sont éloquentes que si une indignation présente les inspire et les anime. La science du moraliste n'a d'intérêt et d'originalité que si elle a été recueillie, non dans les livres, mais dans le monde. Des vérités morales pareilles à celles que nous venons de voir sont communes à tous les peuples et à toutes les sectes; il faut, pour qu'on les distingue, qu'elles portent l'empreinte d'une époque, d'une doctrine et d'un homme. A ces vérités qui circulent partout il faut une effigie et une date, comme à la monnaie. Elles ont ainsi plus de valeur pour le peuple auquel on les destine, elles deviennent aussi

---

Illum adspectari, claro qui incedit honore,
Ipsi se in tenebris volvi coenoque queruntur.
1. III, 1008.

plus précieuses pour la postérité, parce qu'à leur prix réel s'ajoute encore une valeur historique. Ce qui fut monnaie, avec le temps devient médaille.

Comme nous tenons à peindre surtout Lucrèce par lui-même, terminons cette série de tableaux sur la vanité des grandeurs par un morceau entre tous célèbre où le poëte philosophe fait sur ce point sa profession de foi avec une sincérité frémissante et une incomparable magnificence d'images. Du haut de son observatoire philosophique, d'où il embrasse d'un regard tout le spectacle de la vie humaine, il accable de ses malédictions l'amour des honneurs et des richesses, il oppose à ces fureurs cupides la paix dont il jouit lui-même dans le sein de la sagesse et, avec un singulier mélange de mépris pour les luttes de l'ambition, de pitié pour le malheur de ceux qui y sont engagés, de joie en sentant sa propre sécurité, il fait à la fois un tableau général des mœurs romaines au temps des guerres civiles et une exposition poétique de sa doctrine.

> Devant la mer immense on aime à voir du port
> L'homme battu des flots lutter contre la mort ;
> Non, le malheur d'autrui n'est pas ce que l'on aime,
> Mais la tranquillité que l'on sent en soi-même ;
> On aime à voir encore, en paisible témoin,
> De grandes légions s'entre-choquer au loin ;
> Mais on aime surtout au-dessus des orages
> Habiter ce séjour élevé par les sages,
> D'où l'on voit à ses pieds les mortels incertains,
> De la vie au hasard courant tous les chemins,

Armés de leur génie ou fiers de leur naissance,
Lutter pour la richesse et la toute-puissance
Et par de longs travaux jour et nuit disputer
Ce faîte des grandeurs où tous veulent monter.
O triste aveuglement, ô misères humaines,
Dans quelle sombre nuit, hélas ! dans quelles peines,
Misérable mortel, tu perds ces quelques jours
Que la nature donne et ravit pour toujours[1] ! (II, 4.)

Faute de connaître la morale épicurienne, on a souvent mal compris le sens de ces belles images du poëte latin. Voltaire s'y est mépris : « Pardon, Lucrèce, je soupçonne que vous vous trompez ici en morale, comme vous vous trompez souvent en physique. C'est, à mon avis, la curiosité seule qui fait courir sur le rivage pour voir un vaisseau que la tempête va submerger. Cela m'est arrivé ; et je vous jure que mon plaisir, mêlé d'inquiétude et de

---

[1]. Suave, mari magno turbantibus æquora ventis,
E terra magnum alterius spectare laborem ;
Non quia vexari quemquam est jucunda voluptas,
Sed quibus ipse malis careas quia cernere suave est ;
Suave etiam belli certamina magna tueri
Per campos instructa, tua sine parte pericli.
Sed nil dulcius est, bene quam munita tenere
Edita doctrina sapientum templa serena,
Despicere unde queas alios, passimque videre
Errare, atque viam palantes quærere vitæ,
Certare ingenio, contendere nobilitate,
Noctes atque dies niti præstante labore
Ad summas emergere opes, rerumque potiri.
O miseras hominum mentes ! o pectora cæca !
Qualibus in tenebris vitæ, quantisque periclis,
Degitur hoc ævi, quodcumque est !

malaise, n'était point du tout le fruit de ma réflexion ; il ne venait pas d'une comparaison secrète entre ma sécurité et le danger de ces infortunés ; j'étais curieux et sensible à la fois... A la bataille de Fontenoy, les petits garçons et les petites filles montaient sur les arbres d'alentour pour voir tuer du monde[1]. » Voltaire me paraît ici parler un peu à la légère et ne pas entrer dans la pensée de Lucrèce. Sans doute on peut assister à un naufrage ou à une bataille par simple curiosité, mais on peut aussi y éprouver un tout autre sentiment. Un philosophe qui fait de la tranquillité l'unique objet de ses désirs et de son étude, qui professe le mépris de l'ambition et de la cupidité, s'il voit une bataille où on se dispute la puissance, le naufrage des matelots qui naviguent pour s'enrichir, fera bien naturellement une comparaison entre ces agitations périlleuses et sa propre sécurité. Ces images ne sont pas des fantaisies de poëte, elles mettent en lumière le principe fondamental de la doctrine. L'espèce de bonheur que décrit ici Lucrèce est en effet le bien le plus précieux que promît la morale d'Épicure.

D'autres ont accusé Lucrèce de trouver sa joie dans une curiosité inhumaine ; ils n'ont pas vu que le poëte lui-même leur répondait d'avance en disant : « Non, ce n'est pas que je prenne plaisir à l'infortune d'autrui : »

---

1. *Dict. phil.*, article *Curiosité.*

Non quia vexari quemquam est jucunda voluptas.

On s'est même appuyé quelquefois sur ce début du deuxième livre pour soutenir que Lucrèce est un esprit froid, égoïste, impassible. Rien de moins juste. Il n'est pas de poëte ancien, si ce n'est Virgile, qui soit plus prompt à s'émouvoir et qui ait plus laissé voir les tendresses de la virilité. Même quand il ne fait que de la science, qu'il ne se propose que d'être exact, s'il rencontre un sujet où est intéressée la destinée humaine, son génie palpite. Qu'il nous suffise de citer comme exemple la description de la peste d'Athènes[1]. Bien plus, sa délicate sensibilité ne reste pas même indifférente devant le sort des animaux et des plantes, et son imagination va jusqu'à prêter la vie à l'inerte matière. On a bien peu senti l'originale beauté de son poëme, si on ne s'est pas aperçu que la pitié en fait souvent le charme et que de toutes parts s'échappe,

---

1. Nous désignons à dessein ce morceau parce qu'il a été souvent cité pour prouver au contraire que Lucrèce est insensible. On a même ajouté qu'un poëte sans dieu ne pouvait compatir au malheur d'un peuple et devait regarder les hommes comme un vil troupeau. On lui a opposé enfin Virgile, si poétiquement tendre dans sa *Peste des animaux*. En parlant ainsi, ces critiques ne prouvent qu'une chose, c'est qu'ils ont été insensibles eux-mêmes à la sombre couleur du tableau de Lucrèce, à son harmonie lugubre, à ses expressions sobrement pathétiques, telles qu'on doit les attendre d'un philosophe qui ne prétend faire dans le moment que de la physiologie, et qui tient à se montrer, en si grave matière, aussi exact que Thucydide et Hippocrate. A qui sait regarder, cette peinture paraîtra terrible.

souvent malgré le poëte et comme à son insu, le flot contenu de son universelle sympathie.

Il continue, et en des vers d'une précision et même d'une sécheresse didactiques, il rappelle les principes épicuriens sur lesquels est fondé le vrai bonheur : la nature demande peu, elle n'a besoin ni de richesse, ni de luxe; la santé du corps et de l'âme suffit à sa félicité : voilà les règles que Lucrèce établit avec une rigueur scolastique; mais peu à peu sa pensée, bien qu'elle reste toujours attachée à ce fond de doctrine, comme la fleur à la graine, s'épanouit en poétique corollaire et se déploie en images.

Eh quoi ! n'entends-tu pas le cri de la nature ?
« Un corps sain, sans douleur, une âme libre et pure,
Sans souci, sans terreur, voilà l'unique bien,
Voilà ce que je veux, tout le reste n'est rien. »
Peu de chose en effet au corps est nécessaire ;
Pourvu qu'à la douleur il puisse se soustraire,
Et qu'il goûte sans frais quelques simples plaisirs,
Sa nature est contente et n'a plus de désirs !
Si dans un grand palais tu n'as pas ces statues,
Beaux jeunes gens en or, montrant leurs grâces nues,
Qui portent des flambeaux dans leurs superbes mains
Pour mieux illuminer tes nocturnes festins ;
Et si le bruit des luths ne vient battre à toute heure
Les murs d'or ou d'argent de ta riche demeure,
Du moins sur l'herbe molle et sous l'ombrage épais,
Sur les bords d'un ruisseau, tu pourras et sans frais
Avec tes chers amis, en douce compagnie,
Goûter nonchalamment les charmes de la vie,
Surtout quand la saison sourit, que le printemps

A ranimé les fleurs sur les prés renaissants,
Crois-tu que moins longtemps la fièvre bat les veines
Si sur la pourpre en feu la nuit tu te démènes,
Sur les tableaux tissés d'un tapis phrygien,
Que s'il te faut rouler sur un lit plébéien [1] ?   (II, 46.)

Si la richesse et la puissance ne fournissent rien qui soit vraiment utile au bien-être du corps, elles ne peuvent non plus contribuer à la tranquillité de l'âme. Comme elles nous laissent la fièvre, elles nous laissent nos terreurs. Ces peintures morales, on le voit, sont toujours des démonstrations philosophiques. Lucrèce ne cesse jamais de raisonner. On ne ferait pas comprendre l'originalité puissante

---

1.   Nonne videre,
Nil aliud sibi naturam latrare, nisi ut, cui
Corpore sejunctus dolor absit, menti' fruatur
Jucundo sensu, cura semota metuque?
Ergo corpoream ad naturam pauca videmus
Esse opus omnino, quæ demant cumque dolorem,
Delicias quoque uti multas substernere possint.
Gratius interdum neque natura ipsa requirit,
Si non aurea sunt juvenum simulacra per ædes,
Lampadas igniferas manibus retinentia dextris
Lumina nocturnis epulis ut suppeditentur ;
Nec domus argento fulget auroque renidet ;
Nec citharæ reboant laqueata aurataque templa :
Cum tamen inter se, prostrati in gramine molli,
Propter aquæ rivum, sub ramis arboris altæ,
Non magnis opibus jucunde corpora curant ;
Præsertim cum tempestas arridet, et anni
Tempora conspergunt viridantes floribus herbas.
Nec calidæ citius decedunt corpore febres,
Textilibus si in picturis ostroque rubenti
Iactaris, quam si plebeia in veste cubandum est.

de cette poésie, si on négligeait de faire sentir sous la beauté des formes la solide ossature qui leur sert de soutien :

> Peut-être en admettant que l'or et la richesse
> N'apportent rien au corps, pas plus que la noblesse,
> Pas plus que du pouvoir la royale splendeur,
> Penseras-tu que l'âme en reçoit le bonheur.
> Non, s'il est doux pour toi de voir, grand capitaine,
> Tes belles légions mouvantes dans la plaine
> Simuler un combat immense, et sur les eaux,
> Dociles à ta voix, flotter tes fiers vaisseaux,
> Ah! crois-tu que devant tes soldats qu'on redoute
> Tes superstitions, elles, sont en déroute,
> Que tes peurs de la mort à leur tour prenant peur
> N'osent plus habiter l'âme d'un dictateur ?
>
> Puisque cet appareil de la toute-puissance
> N'est qu'un hochet risible, et non une défense,
> Que nos vagues terreurs, nos tenaces soucis
> Bravent javelots, glaive et tout leur cliquetis,
> Qu'ils n'ont aucun respect même pour les couronnes,
> Qu'ils osent fièrement s'asseoir auprès des trônes,
> Et qu'ils n'éprouvent pas comme nous de l'émoi
> Devant la pourpre et l'or dont resplendit un roi,
> Tu n'as pour les chasser d'arme que la science :
> C'est la nuit qui nous perd, la nuit de l'ignorance [1].
>
> (II, 37.)

---

1. Quapropter, quoniam nil nostro in corpore gazæ
   Proficiunt, neque nobilitas, nec gloria regni ;
   Quod superest, animo quoque nil prodesse putandum ;
   Si non forte tuas legiones per loca campi
   Fervere cum videas, belli simulacra cientes ;
   Fervere cum videas classem lateque vagari ;
   Ilis tibi tum rebus timefactæ religiones

Cette ferme éloquence paraîtra plus vivante et plus solide à qui prendra la peine d'y saisir les allusions aux mœurs du temps et de remarquer la trame dogmatique qui porte ces images [1].

On ne saurait trop répéter qu'on ne comprend bien Lucrèce que si on ne perd pas de vue dans sa poésie les réalités historiques et les réalités doctrinales, car ses plus beaux vers doivent leur beauté surtout à son mépris pour les vices contemporains et à la vigueur de sa foi.

Ce qui donne à cette exposition poétique de la doctrine un intérêt plus touchant, c'est l'accent personnel de l'auteur. Il semble qu'il ait décrit ses propres joies et les délices de son calme philosophique. On ne connaît pas assez sa vie pour savoir s'il a été mêlé un moment au conflit des passions contemporaines, et s'il a rempli des charges publiques auxquelles la noblesse de sa famille et ses talents lui permettaient d'aspirer. Cependant l'amertume de certaines réflexions donne à penser qu'il n'est pas

---

  Effugiunt animo pavidæ, mortisque timores
  Tum vacuum pectus linquunt curaque solutum.
  Quod si ridicula hæc ludibriaque esse videmus,
  Re veraque metus hominum curæque sequaces
  Nec metuunt sonitus armorum, nec fera tela,
  Audacterque inter reges rerumque potentes
  Versantur, neque fulgorem reverentur ab auro,
  Nec clarum vestis splendorem purpureæ,
  Quid dubitas, quin omni' sit hæc rationi' potestas,
  Omnis cum in tenebris præsertim vita laboret?

1. Voir sur ces allusions les notes dans l'appendice.

un spectateur désintéressé de la vie humaine, et qu'il n'a pas toujours habité le séjour tranquille de la sagesse, *templa serena*, d'où l'on contemple sans péril comme sans trouble les orages de la vie. On ne célèbre pas les douceurs du rivage et du port avec une joie si vive et un transport si naturel quand on n'a pas été soi-même le jouet de la tempête et tout près du naufrage. Il faut avoir souffert de ses propres passions ou des passions d'autrui pour les détester avec cette vigueur, et une haine si profonde suppose moins peut-être l'indignation de la vertu étonnée que le regret encore présent d'une ambition déçue. Quoi qu'il en soit, que Lucrèce ait été simplement le témoin indigné d'une époque abominable, ou qu'il ait été la victime de ses propres erreurs, on comprendra également qu'il ait embrassé avec amour une doctrine qui recommandait avant tout la modération, la douceur des mœurs et le bonheur d'une sage indifférence. Il est arrivé plus d'une fois dans l'antiquité que de grands esprits, dégoûtés du monde et d'eux-mêmes, se sont jetés dans la philosophie, à peu près comme, dans les temps modernes, des âmes blessées vont cacher et guérir leurs peines dans les asiles de la religion.

La doctrine d'Épicure ne devait pas épargner l'amour. Aussi bien que la cupidité, l'ambition et les terreurs superstitieuses, il peut troubler la tranquillité de l'âme, qui est le dernier terme de la sagesse. Sans doute, l'amour ne pouvait pas être absolument condamné dans un système qui le regardait comme la grande loi de la nature, et dans un poëme qui s'ouvre par un hymne à l'universelle Vénus. Cependant on signalait avec force et insistance tous les périls de la passion, on en redoutait les orages. Ce n'est pas au nom de la pureté des mœurs qu'on recommandait d'en éviter les dangers, mais au nom d'une certaine prudence philosophique pour ne pas compromettre le paisible bonheur de l'impassibilité épicurienne. L'amour est redoutable, selon Lucrèce, parce qu'il s'empare de notre esprit et le tourmente en lui présentant sans cesse les perfections chimériques de l'objet aimé. Il faut donc surveiller son imagination et l'empêcher surtout de se fixer sur une seule personne. A défaut de la vertu, l'inconstance est encore le moyen le plus efficace d'échapper à la tyrannie de la passion. Ces recommandations peuvent paraître aujourd'hui peu nobles et choquantes, venant d'un philosophe, mais il ne faut pas les juger avec nos idées modernes. C'était de la sagesse aux yeux des anciens, qui n'avaient pas, sur ce point, une grande délicatesse, qui ne connaissaient guère les scrupules de la pureté et n'avaient pas non plus ce que nous appellerions volontiers le respect de l'amour. Un rigide stoïcien, Sénèque même, qui pourtant semble avoir des pressentiments de morale moderne, n'aurait point blâmé cette espèce de prudence.

Lucrèce ne fait que reproduire les prescriptions

de l'école, mais avec quel accent personnel et quelle furie dans les peintures physiologiques et morales de l'amour! Tandis que le tranquille Épicure, avec une douceur persuasive et par l'autorité de son propre exemple, recommandait de fuir une passion funeste au repos, le poëte s'exprime avec une sorte de dégoût et d'horreur; on peut dire avec M. Sainte-Beuve « qu'il dépeint l'amour en effrayants caractères, tout comme il décrit ailleurs la peste et d'autres fléaux [1]. » On est tenté de croire que le fougueux moraliste a été lui-même la victime d'une passion qu'il déteste si fort, que sa blessure n'était pas encore fermée, ou du moins qu'il avait chèrement acheté une tardive sagesse. Car il parle avec un accent tragique qu'on ne retrouve que dans la bouche de certains héros du théâtre, mais qui, loin de faire penser, par exemple, au chaste effroi d'un Hippolyte, reproduit bien plutôt la honteuse douleur d'une Phèdre repentante et désenchantée. Quoi qu'il en soit de cette supposition, à laquelle certains récits de l'antiquité viennent donner quelque crédit, et en admettant même que la folie du poëte et l'histoire du philtre amoureux donné par une femme jalouse ne soit qu'une fable, il faut reconnaître du moins que ces peintures émues et la sombre tristesse qui se mêlent aux conseils attestent une expérience douloureuse.

Lucrèce nous met sous les yeux les misères et les

---

1. Article sur Théocrite.

hontes de l'amour en un petit nombre de vers où il a condensé tout ce que les moralistes anciens et modernes ont pu dire sur ce sujet de plus vrai et de plus triste. J'ose dire que dans aucune littérature on ne trouvera un tableau plus achevé dans sa courte et forte simplicité, d'un sentiment plus profond, et où les mots aient plus de poids et de portée. Mais pour le bien comprendre, il faut se figurer les sentiments antiques et romains; le dédain pour la femme, le mépris pour tout ce que nous appelons galanterie, l'indignation civique contre le luxe et les modes étrangères, grecques ou orientales, le respect pour la fortune paternelle qu'il ne faut point dépenser en folies, et pour la dignité du citoyen qui se doit à de mâles occupations, tous ces sentiments si divers se pressent dans ce morceau et tour à tour éclatent en traits rapides et perçants.

> Ces tourments de l'amour usent le corps et l'âme ;
> Ta vie est suspendue au geste d'une femme,
> Ton bien croule, l'usure envahit ta maison,
> Dans l'oubli des devoirs s'évanouit ton nom,
> Oui, pour qu'un brodequin venu de Sicyone
> Rie à des pieds mignons, qu'à de beaux doigts rayonne
> Un grand rubis dans l'or, que les plus fins tissus
> S'abreuvent chaque jour des sueurs de Vénus.
> Ton bien, l'antique fruit des vertus paternelles,
> Flotte en mitre, en rubans sur la tête des belles,
> Traîne sur les pavés en robes, en manteaux
> Teints des molles couleurs d'Alinde et de Chios.
> Puis le vin coule à flots ; aux festins que tu donnes
> Il faut encor parfums, tapis moelleux, couronnes.

Vain effort du plaisir ! du fond de ces douceurs
Monte un dégoût amer qui tue au sein des fleurs,
Soit qu'un remords secret avertisse ton âme
Que tu perds tes beaux ans dans un repos infâme,
Soit que par ta maîtresse un mot dit au hasard
Ait planté dans ton cœur un soupçon comme un dard,
Qui s'y fixe, y descend, creuse une plaie ardente,
Soit que ton œil jaloux, épiant sur l'amante
Quelque regard furtif, surprenne avec effroi
La trace d'un souris qui ne fut pas pour toi [1]. (IV, 1143.)

Sans épuiser par un long commentaire la plénitude de cette poésie si riche et si ferme, il convient de faire remarquer la profondeur de l'observation psychologique. Peu d'anciens, parlant de l'amour, ont pénétré plus avant dans le cœur. Tel de ces vers

---

1. Adde quod absumunt vires pereuntque labore ;
Adde quod alterius sub nutu degitur ætas.
Labitur interea res, et vadimonia fiunt ;
Languent officia, atque ægrotat fama vacillans.
Unguenta et pulchra in pedibus Sicyonia rident
Scilicet, et grandes viridi cum luce smaragdi
Auro includuntur, teriturque thalassina vestis
Assidue, et Veneris sudorem exercita potat ;
Et bene parta patrum fiunt anademata, mitræ ;
Interdum in pallam atque Alidensia Chiaque vertunt.
Eximia veste et victu convivia, ludi,
Pocula crebra, unguenta, coronæ, serta parantur,
Nequidquam ; quoniam medio de fonte leporum
Surgit amari aliquid, quod in ipsis floribus angat ;
Aut cum conscius ipse animus se forte remordet,
Desidiose agere ætatem, lustrique perire ;
Aut quod in ambiguo verbum iaculata reliquit,
Quod, cupido adfixum cordi vivescit, ut ignis ;
Aut nimium iactare oculos, aliumve tueri
Quod putat, in vultuque videt vestigia risus.

résume en quelques mots les situations les plus dramatiques de nos tragédies et de nos romans.

Pour ne citer qu'un exemple, dans *Adolphe*, de Benjamin Constant, il est une situation qui remplit tout le livre, celle d'un homme engagé dans des liens qu'il voudrait et qu'il ne peut pas rompre, qui se plaint « de sa vive contrainte, du despotisme dont il est la victime, qui jette un long et triste regard sur le temps qui vient de s'écouler sans retour, qui se rappelle les espérances de sa jeunesse, la confiance avec laquelle il croyait autrefois commander à l'avenir, l'aurore de réputation qu'il a vue briller et disparaître, et qui souffre enfin de cette inaction forcée à laquelle le condamne le despotisme d'une passion devenue sans charme. » On pourrait donner pour épigraphe à ce livre navrant ces vers de Lucrèce :

> Adde quod alterius sub nutu degitur ætas...
> Aut quod conscius ipse animus se forte remordet
> Desidiose agere ætatem lustrisque perire...

D'autres mots révèlent une pénétration digne de Racine, ceux, par exemple, qui peignent avec une si heureuse hardiesse la jalousie dont la perspicacité démêle sur un visage impassible non pas seulement un sourire, mais les traces d'un sourire infidèle : *in vultuque videt vestigia risus.*

Enfin il est des vers où l'on croit sentir quelque chose de la mélancolie moderne, de cette vague ambition morale qui ne peut se contenter des joies vulgaires, qui dédaigne le plaisir terrestre et aspire à je ne sais quelle volupté infinie. On dirait le pressentiment et comme l'annonce de cette tristesse généreuse dont René, Obermann, des poëtes et des romanciers contemporains, se sont faits si souvent les interprètes et qui a fini par devenir un lieu commun de notre poésie :

> Medio de fonte leporum
> Surgit amari aliquid quod in ipsis floribus angat.

Nous ne prétendons pas que Lucrèce ait été tourmenté, comme on l'a dit quelquefois par le sentiment de l'infini; il ne recherche pas

> *Cet amour* idéal que toute âme désire
> Et qui n'a pas de nom au terrestre séjour [1].

Mais nous croyons qu'il sentait vivement et plus que tout autre ancien ce qu'il y a de fragile, d'incomplet, de limité dans la nature humaine. Il y a un mot qui revient souvent dans ses vers, quand il parle ou de puissance ou de plaisir : *nequicquam, c'est en vain.* Il semble voir partout les bornes des choses et s'y heurter avec douleur. On conçoit d'ailleurs qu'une âme ardente et noble, emprisonnée dans une étroite doctrine dont l'austérité indigente ne pouvait ni nourrir ni fortifier le cœur, ait ressenti de ces vagues ennuis qu'elle ne pouvait pas elle-même défi-

---

1. Lamartine, *Méditations*, 2.

nir. Lucrèce disait déjà comme un épicurien de nos jours :

> Au fond des vains plaisirs que j'appelle à mon aide
> Je trouve un tel dégoût que je me sens mourir [1].

Si un amour heureux entraîne tant de maux, à quelles misères ne sera pas exposée une passion sans espoir? Il faut donc surveiller son propre cœur, se garder de ces filets d'amour qu'il est plus facile d'éviter que de rompre. Sans doute on pourrait s'échapper du lacs fatal, si on ne prenait plaisir à y rester. L'amoureux se fait volontiers illusion. Les imperfections de l'objet aimé, les défauts corporels, les vices de l'âme devraient lui ouvrir les yeux, mais il se plaît à les tenir fermés. Il saura bien railler un ami qui porte un joug avilissant, sans s'apercevoir que lui-même il est souvent l'esclave d'une passion plus honteuse. Lucrèce fait la guerre à l'imagination qui embellit l'objet aimé, qui ne le voit pas tel qu'il est et se crève agréablement les yeux. Nous rencontrons ici un morceau bien connu où le poëte se moque de la facilité avec laquelle les amoureux prêtent à leur idole des perfections imaginaires et transforment des défauts visibles en aimables qualités, morceau plein de grâce et de finesse que Molière a librement traduit et dont il a fait son bien dans le *Misanthrope*.

C'est pour Molière un grand honneur qu'il ne faut

---

1. A. de Musset.

pas passer sous silence, d'avoir su admirer le *Poëme de la Nature* en un temps où celui-ci était presque universellement ignoré ou méconnu. Au reste, le libre génie de notre grand comique était sur certains points de la littérature latine en avance sur ses contemporains, comme le prouve son estime pour deux auteurs alors dédaignés, Lucrèce et Plaute. On peut dire que Molière a été plus qu'un admirateur de notre poëte, qu'il fut presque un disciple. Dans plus d'une scène de ses comédies on remarque, sinon les maximes, du moins l'esprit d'Épicure. Tandis que tous les grands écrivains du siècle ont été formés à l'école de Descartes, Molière, par un singulier hasard, avait reçu les leçons de Gassendi[1], qui sans doute lui inspira de l'estime pour la doctrine épicurienne et l'encouragea à traduire en vers le grand poëte de l'école. De cette traduction, dont la perte est regrettable, il ne reste que quelques vers charmants sur les plaisantes illusions de l'amour, auxquels Molière a su prêter un air si français et qu'il a si bien placés dans la bouche de la sage Éliante donnant une leçon de galanterie au farouche Alceste qui met son honneur à bien injurier les personnes qu'il aime :

> L'amour, pour l'ordinaire, est peu fait à ces lois,
> Et l'on voit les amants vanter toujours leur choix.
> Jamais leur passion n'y voit rien de blâmable,

---

[1]. Voir l'excellente *Histoire de la philosophie cartésienne*, par M. Bouillier, t. I.

> Et, dans l'objet aimé, tout leur devient aimable;
> Ils comptent les défauts pour des perfections
> Et savent y donner de favorables noms.
> La pâle est au jasmin en blancheur comparable;
> La noire à faire peur une brune adorable;
> La maigre a de la taille et de la liberté;
> La grasse est, dans son port, pleine de majesté;
> La malpropre sur soi, de peu d'attraits chargée,
> Est mise sous le nom de beauté négligée;
> La géante paraît une déesse aux yeux;
> La naine un abrégé des merveilles des cieux;
> L'orgueilleuse a le cœur digne d'une couronne;
> La fourbe a de l'esprit; la sotte est toute bonne;
> La trop grande parleuse est d'agréable humeur;
> Et la muette garde une honnête pudeur.
> C'est ainsi qu'un amant dont l'ardeur est extrême
> Aime jusqu'aux défauts des personnes qu'il aime [1].

On est surpris de rencontrer dans le grave *Poëme de la Nature* des vers d'une malice si gracieuse et si légère. Comme à tous les grands écrivains emportés par la passion, accoutumés à la haute éloquence, comme à Démosthènes ou à Bossuet, il arrive rarement à Lucrèce de se montrer spirituel. Du reste, sans rien affirmer, nous sommes tenté de croire que cette fine satire a été empruntée à quelque poëte grec aujourd'hui perdu. Une si délicate observation morale, le tour aisé et la vivacité des traits rappellent le langage de la *Comédie nouvelle*. Les mots grecs qui émaillent le texte latin:

---

1. *Le Misanthrope*, acte II, sc. 6. — Ailleurs, dans *le Bourgeois gentilhomme*, acte III, sc. 9, Molière a mis en action les atténuations plaisantes du langage amoureux.

Nigra μελίχροος est : Immunda et Fœtida ἄκοσμος...

peuvent être regardés comme des vestiges ou des débris de quelque poëme attique. Quoi qu'il en soit, que le morceau soit original ou imité, l'emploi de ces mots grecs est ici fort piquant et naturel. A Rome, le langage de la galanterie était grec. De la Grèce étaient venus non-seulement les modes nouvelles, les objets de toilette et tous les raffinements du luxe mondain, mais encore ce qu'on pourrait appeler le luxe de l'esprit et du cœur, les gentillesses de la langue amoureuse[1]. Le vieil idiome latin ne se serait pas prêté à ces délicatesses, et les Romains livrés à eux-mêmes ne se seraient peut-être jamais avisés de recourir aux élégants euphémismes de la tendresse ou aux aimables recherches du sentiment. On comprend maintenant quelle est dans l'emploi de ces mots grecs l'intention satirique de Lucrèce. C'est une manière de se moquer des petits-maîtres de Rome, dont le langage est doublement ridicule parce qu'il est précieux et parce qu'il est étranger. C'est la raillerie d'un philosophe observateur et d'un vieux Romain.

Tout dans ces peintures de l'amour n'est pas d'une grâce si exquise, et le poëte d'ordinaire n'a pas recours aux euphémismes. Un moraliste si fort ennemi de la passion devait déparer l'idole, la dépouiller de son prestige et montrer, par exemple,

---

1. Juvénal, VI, 195.

ce que les soins de la toilette et les parfums déguisent souvent de réalités repoussantes, dévoiler enfin ce qu'il appelle les coulisses de la vie, *postscenia vitæ*. Il importe au dessein du poëte de n'être pas scrupuleux pour mieux produire la désillusion, et la grossièreté antique est ici au service de la morale.

Si cette morale, en général, n'est ni bien pure, ni bien noble, si les prescriptions qui recommandent une inconstance prudente choquent le cœur et les oreilles modernes, si enfin, à force de vouloir rendre l'amour odieux, le poëte rend odieux ses conseils mêmes, il faut reconnaître pourtant qu'il ne reste pas étranger à l'idée d'une union honnête et constante, et qu'il décrit, non sans charme, l'amour dans le mariage. Ainsi dans son tableau des sociétés primitives le mariage est pour lui le fondement du premier contrat social. Les hommes, avant même d'avoir un langage parlé, convinrent par des gestes et des cris inarticulés de respecter la faiblesse du sexe et de l'âge, les femmes et les enfants. Le mariage, les chastes et tendres sentiments qu'il inspire, adoucirent, dit Lucrèce, l'humeur sauvage des premiers humains.

Castaque privatæ veneris connubia læta...
Tum genus humanum primum mollescere cœpit.
(V, 1001.)

Si bien que la première civilisation a pour point de départ la famille. De même, dans le quatrième livre qui nous occupe, Lucrèce repose l'esprit du lecteur par le tableau d'un amour légitime, et sans donner sur ce point des préceptes positifs, il laisse voir qu'il est sensible aux charmes tranquilles d'une union régulière. Il semble que la vieille morale romaine s'impose ici au poëte et corrige les trop libres principes d'Épicure, ou du moins lui fasse choisir parmi les préceptes du maître les plus honnêtes. L'ennemi de toutes les superstitions protestant contre le préjugé antique célébré par les poëtes[1], qui regardait l'amour comme un sentiment surnaturel envoyé par les dieux, qui voulait surtout que l'amour ressenti pour une femme sans beauté fût une folie divine, est amené à prouver que rien n'est moins surnaturel qu'un pareil amour, qui s'explique

---

1. On sait que Lucrèce fait la guerre aux poëtes et aux superstitions qu'ils répandent dans le monde. Il pense à Euripide, aux tragiques et à leurs peintures de passions prétendues fatales : « *O haine de Vénus !... Je reconnus Vénus et ses feux redoutables.— C'est Vénus tout entière à sa proie attachée.* » Racine. — Lucrèce repousse tous ces préjugés à la fois commodes et pieux qui sont contraires à la liberté morale, il développe le mot d'Épicure : Οὐδὲ θεοπεμπτὸν εἶναι τὸν ἔρωτα. Diogène, X, 118.

Virgile a exprimé en un beau vers devenu proverbe la croyance des anciens qui regardaient les passions, même les plus coupables, comme divines : « Sua cuique deus fit dira cupido. » Hélène, dans Homère, reproche à Vénus de l'avoir séduite, et dès lors elle a la conscience tranquille. Ce qui est plus étonnant, Ménélas, dans Euripide, est persuadé que son épouse ne lui a été infidèle que pour obéir aux dieux. Cette croyance avait du moins l'avantage de consoler l'amour-propre des maris malheureux. Lucrèce veut que l'homme soit seul responsable de ses actes et repousse ce surnaturel corrupteur et contraire à la liberté.

par les qualités morales de la femme aimée. Ce n'est pas sans une certaine grâce attendrie qu'il peint le paisible bonheur de l'union conjugale :

> Si parfois nous aimons la femme sans beauté,
> Ce n'est pas, comme on dit, qu'un coup nous soit porté
> Par un dieu, que Vénus lance un trait dans notre âme,
> Non, ce qu'on aime alors, c'est le cœur de la femme.
> Une douceur modeste, un complaisant esprit,
> La belle propreté par quoi tout resplendit,
> Font que l'homme entouré de bonne grâce amie
> Auprès d'une compagne aime à passer sa vie.
> Et puis vient resserrant l'union chaque jour
> La lente accoutumance, ouvrière d'amour.
> Tel sous un faible coup, mais qui se renouvelle,
> Le corps le plus solide avec le temps chancelle ;
> Ne vois-tu pas que l'eau, si molle dans son choc,
> Goutte à goutte tombant, creuse même le roc [1] ?
>
> (IV, 1273.)

L'effrayant tableau des misères de l'amour se termine par ces vers cléments où Lucrèce, en montrant un sentiment sans illusion et sans orages, semble avoir voulu tracer son idéal de sagesse et de bonheur.

---

1. Nec divinitus interdum Venerisque sagittis
Deteriore fit ut forma muliercula ametur :
Nam facit ipsa suis interdum femina factis
Morigerisque modis et mundo corpore culto,
Ut facile insuescat secum vir degere vitam.
Quod superest, consuetudo concinnat amorem :
Nam leviter quamvis quod crebro tunditur ictu,
Vincitur id longo spatio tamen, atque labascit.
Nonne vides etiam guttas in saxa cadentes
Humoris longo in spatio pertundere saxa ?

Telle est dans ses traits principaux cette grande peinture de l'amour dont il ne convient pas de faire ressortir l'horrible beauté ni l'indiscrète énergie, mais où il doit être permis de remarquer un profond sentiment moral. Il n'y manque que la délicatesse, dont les anciens en général ne se mettent pas en peine. Il importe d'ailleurs à Lucrèce de déprécier l'amour, de le rabaisser, de l'avilir et non de le rendre noble ou aimable. Il l'accable, il en triomphe, comme pourrait le faire un philosophe prêchant une doctrine plus pure. Les Pères de l'Église, tout en ménageant davantage les oreilles, tout en repoussant certains préceptes de sagesse vulgaire, ne parlaient pas autrement de ces fureurs insensées. Tant de vigueur, de haine, de mépris peut d'abord étonner chez un épicurien, mais pourtant s'explique. Lucrèce défend la paix de son âme et s'irrite contre tout ce qui la menace. Qu'il s'agisse de superstition, d'ambition, d'amour, il combat toujours avec le même emportement poétique. Pour employer une de ses images, il est un assiégé qui fait des sorties [1] contre des ennemis qui l'enveloppent, qui peut-être le pressent quelquefois, et il repousse avec colère les assauts qui troublent la quiétude philosophique dont il voudrait jouir dans les sereines demeures de la sagesse.

A propos d'un poëte physicien qui n'a fait que toucher à la morale, il serait oiseux d'exposer toute

---

[1]. « Et quibus e portis occurri cuique deceret. » VI, 31.

la théorie épicurienne sur les passions dans sa rigueur dogmatique. Nous nous sommes borné, comme Lucrèce lui-même, à ramener les formules philosophiques à la simplicité du langage usuel. S'il est utile d'étudier et d'offrir quelquefois une doctrine avec une exactitude scientifique, de montrer avec une minutieuse précision la suite des principes et des conséquences, ce qui a été fait souvent pour l'épicurisme avec une science remarquable, il est bon aussi dans l'occasion de dépouiller le système de son appareil savant, d'en briser les formules, d'en dégager l'inspiration et le sentiment, de le réduire enfin à un petit nombre de maximes populaires visiblement applicables à la conduite de la vie.

La plupart des systèmes antiques de morale sont au fond bien plus simples et plus raisonnables qu'ils ne paraissent au premier abord. Ils cachent souvent sous des formes paradoxales des idées, sinon tout à fait justes, du moins fort naturelles et humaines. S'ils ont parfois un air étrange, ils le doivent à une fausse méthode et aux abus d'une dialectique outrée chez les Grecs. Les doctrines stoïque et épicurienne peuvent servir d'exemples. Les philosophes anciens, pour fonder une morale, commençaient par rechercher ce qu'ils appelaient le souverain bien, c'est-à-dire un principe unique, une formule qu'ils exprimaient par un mot et dont ils tiraient avec une grande rigueur logique tout le système. Ainsi, dans certaines écoles, dans celles d'Antisthènes et de Zénon, on plaçait le souverain bien dans l'honnête, et on était dès lors amené à dire que tout le reste n'est rien, que la santé, la richesse, la perte des enfants sont choses indifférentes. La formule, trop étroite pour embrasser toute la vie humaine, laissait en dehors bien des choses désirables, et de proche en proche, de conséquence en conséquence, on arrivait à violenter les plus légitimes besoins et les plus innocents désirs de l'homme. On établit une morale surhumaine à laquelle on a justement reproché son orgueil et son impassibilité poussée jusqu'au ridicule. D'autres écoles, pour tenir compte de tout ce qu'avaient négligé les premières, mais suivant la même méthode, placèrent le souverain bien dans la volupté, et furent non moins embarrassées de fonder une morale sur ce principe unique et exclusif. Mais comme les dogmes, si absolus qu'ils soient, sont toujours obligés de compter avec la vie, de lui faire sa part, qu'ils ne peuvent négliger ni la nature qui ne se laisse pas étouffer, ni la loi morale dont on ne peut se passer, il arriva que les écoles les plus opposées finirent par se rencontrer. Le stoïcisme, par exemple, dans la pratique, admettait les biens de la vie, malgré les exigences de la logique, comme l'épicurisme admit la vertu. Le Portique fit entrer le bonheur dans la vertu, l'épicurisme fit entrer la vertu dans le bonheur, et il se trouva qu'un épicurien et un stoïcien, si du moins ils ne disputaient pas sur les principes, où ils étaient trop loin l'un de l'autre, s'entendaient sur la pratique des devoirs. Brutus et Cassius, malgré la diversité de leurs doctrines, pouvaient se donner la main. Lucrèce et Cicéron, l'auteur stoïcien du traité des *Devoirs*, tiennent souvent le même langage. Ne voit-on pas chez nous que les doctrines religieuses et philosophiques, si divers que soient leurs principes et leurs dogmes, se trouvent d'accord le plus souvent dès qu'il s'agit de devoirs et d'honnêteté commune? Il est même fort heureux que l'honnêteté puisse découler de tous les principes. Ce qu'on appelle l'opinion publique en morale n'est que le grand réservoir où se rencontrent tous ces affluents venus des côtés les plus opposés, qui se tempèrent et se corrigent les uns par les autres. C'est là, disons-le en passant, ce qui doit nous rendre équitables pour toutes les doctrines, pourvu qu'elles soient sérieuses et méditées. Sans doute elles se contrarient, mais en se choquant elles se mêlent et, outre que par leur rencontre elles produisent une agitation salutaire qui les empêche de rester stagnantes, l'une donne ce qui manque à l'autre, et cette mutuelle concession finit par produire ce qu'on peut nommer la moyenne sagesse.

Il ne faut donc pas trop s'effrayer de ce mot *Volupté*, qui n'implique aucune idée corruptrice, bien qu'il ait donné à la doctrine un renom fâcheux. Le mot était mal choisi, je le veux bien, il prêtait à l'équivoque. De plus le principe que ce mot représente est dangereux et ne peut servir de fondement à la loi morale; car chacun se fait juge de son plaisir. Si l'un le place dans la vertu, un autre peut le chercher dans la grossière satisfaction de ses appétits. Qu'est-ce qu'une sagesse qui n'a pas de limites marquées et dont on peut à chaque instant avancer ou reculer les bornes ? Aussi la doctrine a-t-elle été toujours un peu flottante et incertaine. On ne la comprenait pas et la passion de chacun la faisait fléchir en sens divers. Épicure lui-même, s'il faut en croire ses adversaires, avait de la peine à expliquer son système; il était sans cesse occupé à le corriger, à le définir. Ses premiers et ses plus chers disciples, du vivant même du maître, interprétaient la doctrine d'une manière imprudente ou basse, et Métrodore, s'il faut en croire ses ennemis, allait jusqu'à dire que tous les biens *se rapportent au ventre.* Il faut donc bien se garder de recommander une morale si périlleuse et de la relever du discrédit où elle est justement tombée, mais il ne serait pas équitable d'envelopper dans un égal mépris tous les épicuriens.

Quand on nous parle de stoïcisme et de stoïciens, nous savons au juste de quelle doctrine il s'agit et de quels hommes. Leur principe peut être plus ou moins rigide, mais il est le même pour tous, malgré la diversité des temps et des caractères. Sénèque, Épictète, Marc-Aurèle, ne diffèrent que par ce qu'ils ont mis de leur imagination et de leur âme dans leurs discours; ils se rencontrent dans un principe qui est immuable, la vertu, laquelle peut se définir. L'épicurisme, au contraire, qui repose sur le plaisir, c'est-à-dire sur ce qu'il y a de plus variable, prend un caractère différent selon les hommes qui l'interprètent et le pratiquent chacun à sa manière. La doctrine, par cela qu'elle dépend d'un point qui n'est pas fixe, oscille entre les extrêmes, et peut même parcourir successivement toute la distance qui sépare la vertu du vice. C'est pourquoi dans l'histoire ancienne et moderne on rencontre des épicuriens qui se ressemblent si peu et qui croient pourtant que leur conduite est légitime, conforme à leur règle philosophique. Au premier rang vous avez l'épicurisme du maître, qui est grave, austère, qui ne trouve son plaisir que dans le renoncement ; c'est une sorte de stoïcisme au repos. Dans les bas-fonds de l'école, vous en voyez un autre que Cicéron et Horace n'ont pu peindre qu'en termes peu décents: « Il sent, non l'école, mais l'étable. » Au-dessus, dans les élégantes villas romaines, ou dans le palais de Mécène, les parfums de la vertu se confondent avec ceux de la cuisine ; plus haut encore, un Atticus place la sagesse dans une prudence délicate, dans une bienveillance intéressée et, pour protéger son bonheur, recrute des amis, comme d'autres lèvent des soldats. Vous trouverez même un épicurisme actif, intrigant, valeureux, celui de Cassius qui se donne tout entier aux rêves de l'ambition, qui fait la guerre aux tyrans, ne pouvant être tyran lui-même, et qui, confondant sans cesse son propre intérêt avec celui de la justice et de la liberté, sait mourir assez bravement pour que son compagnon Brutus l'appelle le dernier des Romains. A côté de cet épicurisme républicain voyez Pétrone, l'esclave et l'arbitre de la cour impériale, mettant sa gloire à mener de front les affaires et les plaisirs, qui dort le jour, travaille la nuit et, quand il est tombé en disgrâce, s'ouvre tranquillement les veines, les referme, les ouvre de nouveau, s'entretient de bagatelles avec ses amis jusqu'à ses derniers moments, pour montrer que la frivolité peut avoir son héroïsme, et que la nonchalance, qui est le bonheur de la vie, est aussi la grâce suprême de la mort. Voulez-vous d'autres contrastes? voici Lucrèce qui met toute son âme dans la science, tandis que Montaigne s'écriera : « Oh! que c'est un doux et mol chevet, et sain, que l'ignorance et l'incuriosité, à reposer une teste bien faicte [1] ! » Enfin, il est un épicurisme qui comprend tous les autres, qui admet tout, même l'ambition et le désir de la gloire, qui n'exclut rien, pas même la tristesse, c'est celui de La Fontaine, qui l'a chanté avec une grâce qui n'est qu'à lui et un abandon qui sied au sujet :

> Volupté, Volupté, qui fus jadis maîtresse
>   Du plus bel esprit de la Grèce,
> Ne me dédaigne pas ; viens-t'en loger chez moi ;
>   Tu n'y seras pas sans emploi.
> J'aime le Jeu, l'Amour, les Livres, la Musique,
> La Ville et la Campagne ; *enfin tout : il n'est rien*
>   *Qui ne me soit souverain bien,*
> Jusqu'au sombre plaisir d'un cœur mélancolique.
> Viens donc ; et de ce bien, ô douce Volupté,

---

1. *Essais*, II, 17.

> Veux-tu savoir, au vrai, la mesure certaine ?
> Il m'en faut tout au moins un siècle bien compté ;
> Car trente ans, ce n'est pas la peine [1].

Le véritable épicurisme, même quand il est noble et sévère, doit être réprouvé, non pour avoir poussé, comme on l'en a faussement accusé, au désordre des mœurs, mais pour avoir supprimé la vie à force d'éteindre les passions. Il a tout ramené à une prudence timide, incapable de rien entreprendre. Pour assurer le repos, unique objet de son ambition morale, il a réduit le corps à une chétive existence, l'esprit à des connaissances banales, le cœur aux affections les plus calmes. La haute spéculation fut dédaignée comme trop difficile, la poésie et l'éloquence raillées comme décevantes, toutes les sciences déclarées inutiles, hormis celle de l'école. La vertu ne fut qu'un égoïsme délicat et pusillanime, et retint sa force active pour ne point courir de hasards. Toute la sagesse aboutit à une langueur innocente. Cette doctrine funeste détruisit surtout l'activité civique. Elle apprit d'abord aux Grecs, puis aux Romains, à se désintéresser des affaires publiques, elle les offrit en proie à tous les despotismes. Née sous le protectorat accablant des rois de Macédoine, elle porta toujours les marques de son origine et répandit dans le monde l'indifférence politique qui naît de la servitude. Je m'étonne que les empe-

---

[1]. *Les Amours de Psyché.* Voir tout le morceau, dont nous ne citons qu'une partie.

reurs romains n'aient point élevé à Épicure une statue avec cette inscription : « Au pacificateur des courages. »

L'originalité de Lucrèce est d'avoir donné à cette faible morale une force inconnue et un fier accent. Du reste, il ne pouvait en être autrement. Que dans la société grecque, affaiblie, énervée par le temps et le malheur, les maximes d'Épicure, qui répondaient à la fatigue générale, à la sénilité des esprits et des caractères, aient été acceptées avec douceur, propagées avec un zèle tranquille, il n'y a pas lieu d'en être surpris. Mais ces idées tombant tout à coup à Rome, dans une société jeune encore et bien vivante, adoptées par un génie plein de vigueur, ont dû prendre une énergie nouvelle. On dirait un stoïcisme militant et hardi encore dans son découragement. De là ce singulier contraste entre la fureur du langage et la placidité des préceptes. Lucrèce, qui recommande le sommeil de l'épicurisme avec emportement, nous fait penser à des hommes que nous avons connus, qui, portant dans la retraite les agitations d'une âme violente, mettaient toute leur passion à se prouver à eux-mêmes et aux autres qu'ils sont morts à la passion.

CHAPITRE VII.

LA SCIENCE DE LUCRÈCE.

Bien que dans le *Poëme de la Nature*[1] nous ne cherchions que la religion et la morale de Lucrèce, nous ne pouvons entièrement négliger la physique, qui sert de fondement à tout le reste. Il nous faut donc, dans la faible mesure de notre compétence scientifique, juger la physique épicurienne, en signaler les grandeurs et les infirmités, et montrer surtout ce que le poëte y a mis de son imagination et de son âme.

Pour être juste envers Lucrèce, on doit se rappeler que son poëme est le plus ancien monument de la science à Rome. A peine peut-on citer avant lui deux ou trois auteurs qui ont écrit sur la physique; encore n'ont-ils fait que traduire sèchement quelques livres d'Épicure. Du reste, les Romains ne cul-

---

1. Je ne sais pourquoi on s'obstine à traduire le titre du poëme par ces mots : *de la Nature des choses*. Les deux mots « rerum natura » répondent à ce que nous appelons *la Nature*, ce qui est fort différent, surtout au point de vue de la science.

tivèrent jamais les sciences pour elles-mêmes, et, s'il leur est arrivé quelquefois de les considérer comme une curieuse matière d'érudition, ils ne pensèrent jamais à faire des recherches et des découvertes. A part les *Questions naturelles* de Sénèque, où l'on rencontre des vues qui semblent originales et qui peut-être sont empruntées à la Grèce, tous les auteurs latins qui ont écrit sur la science ne sont que des compilateurs ou de simples traducteurs. On a quelquefois parlé de l'inaptitude littéraire des Romains, qui, sans l'étude et l'imitation des modèles grecs, n'auraient pas eu de littérature; mais leur inaptitude scientifique est encore plus manifeste. On sait que ce peuple de laboureurs et de soldats estimait peu les pures spéculations de l'esprit, et qu'en mathématiques, par exemple, il n'étudiait que ce qui était nécessaire pour l'arpentage, la castramétation, l'architecture, ou bien pour l'astrologie judiciaire. Un fait rapporté par Pline montre quelle était l'ignorance des Romains dans les sciences exactes en un temps qui n'est pas éloigné de celui où vécut Lucrèce. Quoique les Grecs eussent des cadrans solaires depuis près de trois siècles, les Romains ne connurent cet instrument qu'au temps de la première guerre punique. Jusqu'alors ils n'avaient que trois divisions du jour, le lever du soleil, son coucher et son passage au méridien, passage qu'on fixait de la manière peu savante que voici. On avait remarqué que le soleil, quand il était à son plus haut point, paraissait entre deux bâtiments près de la curie. Tous les jours l'huissier des consuls était chargé d'observer et de proclamer à haute voix cette apparition. On avait ainsi l'heure de midi. Plus tard, en l'an 262 avant notre ère, on transporta à Rome un cadran trouvé à Catane. Bien qu'il fût loin d'être exact, puisqu'il n'était pas réglé sur le méridien de Rome, on s'en servit pendant un siècle d'une façon peu commode. Dans beaucoup de maisons il y avait un esclave appelé *horarius,* qui n'avait d'autre fonction que de courir de temps en temps au Forum, où le cadran était placé, et de revenir annoncer l'heure à ses maîtres. On cherchait l'heure comme on cherche l'eau à la fontaine publique. Encore fallait-il que le ciel ne fût pas couvert de nuages. Ce ne fut que dans l'année où mourut Térence, à peu près un demi-siècle avant la naissance de Lucrèce, qu'on introduisit à Rome la première clepsydre.

Les sciences physiques et naturelles n'étaient pas mieux cultivées. Cependant les Romains, plus que tout autre peuple, auraient pu faire sur la nature des observations nombreuses et variées. L'étendue des conquêtes, les expéditions lointaines, leur permettaient de comparer les phénomènes des climats les plus divers, et si l'esprit militaire n'avait pas étouffé en eux le goût de la science, ils auraient pu composer à la longue le plus vaste répertoire de connaissances utiles et précieuses. Mais les préteurs et les proconsuls lettrés qui gouvernaient les provinces éloignées se contentaient d'envoyer à Rome des milliers d'animaux rares pour les besoins et les plaisirs du cirque, sans songer à faire des recherches ou des collections, et les Romains assistaient à ces immenses hécatombes sans qu'il se soit jamais rencontré parmi eux un naturaliste qui ait eu l'idée de décrire ces animaux, d'observer leurs habitudes et de profiter d'une occasion si extraordinaire et si favorable à la science.

Un Grec, Alexandre le Grand, avait mieux compris ses devoirs de conquérant. Ce ne fut point assez pour son ambition, aussi généreuse qu'insatiable, de soumettre le monde à ses armes; il voulut encore soumettre la nature à la science. Lorsque l'empire des Perses lui fut ouvert, il mit à la disposition de son maître Aristote des sommes immenses, et à ses ordres des milliers d'hommes en Grèce et en Asie, chasseurs, oiseleurs, pêcheurs, qui devaient envoyer au philosophe les espèces d'animaux les plus rares et leurs observations les plus curieuses, « pour que rien de ce qui a vie ne fût ignoré par lui. » Par une rencontre trois fois heureuse, rencontre unique dans l'histoire, il se trouva qu'une âme royale assez vaillante pour conquérir le monde fût en même temps assez haute pour vouloir qu'il fût exploré, et de plus eût à son service pour recueillir tant de trésors le génie le plus vaste, le plus universel, le plus capable d'embrasser toute la nature. Des cinquante volumes composés par Aristote sur les animaux, un seul nous est parvenu, dont la précision fait encore l'étonnement des savants modernes.

Nous faisons ces remarques sur l'inaptitude scientifique des Romains, si inférieurs aux Grecs, pour rehausser le mérite de Lucrèce, qui, un des premiers à Rome, s'est occupé de ces matières difficiles; et qui, sans montrer, il est vrai, plus d'originalité que ses concitoyens, a su du moins exposer dans sa langue, avec autant de précision que d'éclat, la physique d'une grande école. On comprend mieux aussi l'enthousiasme du poëte pour son maître et son admiration sans réserve et sans critique pour des paradoxes qui devaient paraître à sa simplicité romaine le dernier mot de la science.

Jusqu'au commencement de ce siècle, on a ignoré de quelle manière Lucrèce avait traduit Épicure, ou du moins on n'avait pas le moyen de comparer la traduction avec l'original. On ne connaissait guère le philosophe grec que par Lucrèce, par Diogène de Laërte, qui a rapporté surtout avec complaisance la vie et les maximes morales de ce sage, et par Cicéron, qui ne peut inspirer une entière confiance, parce qu'il se fait un devoir de décrier et de poursuivre de ses épigrammes la doctrine de la volupté. Mais tous ces renseignements épars ne laissaient point voir comment Lucrèce a rendu la pensée de son maître, quels changements il a fait subir à la doctrine, ni par quel travail il l'avait accommodée au génie de la langue latine et aux exigences de la poésie. On a été plus ou moins en mesure d'en juger lorsqu'on eut découvert dans les fouilles d'Herculanum, en 1809, un livre d'Épicure sur la physique, dont on a lu et déchiffré un certain nombre de fragments. Nous pouvons ainsi étudier par nous-mêmes et voir de nos yeux la fidélité de l'interprète. Les idées que renferment presque tous ces fragments se retrouvent çà et là dans le *Poëme de la Nature,* et quelquefois dans le même ordre. Les vers du poëte ne sont pas toujours, il est vrai, une simple traduction. On sait qu'Épicure est aride et bref, qu'il repousse tous les agréments du langage, que pour le style comme pour la conduite de la vie il pensait que la perfection est dans l'abstinence. Aussi Lucrèce est-il obligé d'ajouter à la parole du maître; il respecte scrupuleusement sa pensée, mais il l'étend, il la paraphrase pour la rendre intelligible. Dans la plupart des passages qu'on peut rapprocher, on voit qu'il est d'une exactitude littérale, qu'il paraît craindre d'user de tous ses droits, que la seule liberté qu'il se permette est de fondre un commentaire dans la traduction, essayant d'expliquer, mais se gardant bien de trop embellir la sécheresse concise du maître. Si Lucrèce est quelquefois aride, il semble s'être fait un devoir de l'être. Aujourd'hui, quand nous lisons ces vers vigoureux et pleins, mais ternes et sans grâce dans les parties les plus dogmatiques du poëme, nous ne nous figurons pas ce qu'ils ont dû coûter d'effort. Accoutumés à la facture aisée, au beau choix des mots, à l'art délicat de Virgile, nous sommes choqués par la rude inexpérience du vieux poëte. Nous voudrions que ces vers didactiques fussent plus harmonieux et plus polis, sans penser que c'était beaucoup déjà de les avoir rendus clairs et précis. La langue de la science était à créer. Ce fut la tâche du poëte, d'autant plus difficile qu'il avait à lutter encore contre les obstacles de la versification. Si le plus grand des orateurs romains a pu justement se vanter d'avoir trouvé des mots latins et des expressions nouvelles pour les idées de la philosophie grecque et d'avoir enrichi la langue nationale, Lucrèce doit partager avec lui cet honneur.

On peut se demander comment Lucrèce, si fidèle sectateur d'Épicure, eut la pensée de composer un poëme, quand son maître faisait profession de mépriser la poésie et allait jusqu'à dire « qu'il fallait contraindre les jeunes gens à passer devant, à la fuir, en leur bouchant les oreilles avec de la cire, comme fit Ulysse à ses compagnons[1]. » Épicure repoussait les poëtes parce qu'ils étaient les auteurs de la Fable, les hérauts enchanteurs de la superstition. Mais Lucrèce pensait sans doute que la poésie est légitime quand on la met au service de l'épicurisme et qu'il est permis, selon son propre langage, d'enduire de miel le bord du vase qui contient la vérité :

Musæo contingens cuncta lepore.

---

1. Plutarque, *Comment il faut lire les poëtes.*

C'est ainsi que parmi nous certaines sectes religieuses condamnent la forme du roman, mais ne laissent pas de la trouver excellente, quand un auteur en fait usage pour orner et propager leurs propres doctrines.

La physique épicurienne, dans son ensemble, n'est pas meilleure ni pire que la physique des autres écoles de l'antiquité. On sait que les anciens observaient peu la nature, qu'ils faisaient encore moins d'expériences et surtout suivaient une méthode qui devait presque toujours les éloigner de la vérité. Au lieu d'étudier les effets pour en rechercher ensuite les causes, ils commençaient par admettre certains principes qui devaient suffire à l'explication de toute la nature. Ils imaginaient d'abord les causes, et quand ils croyaient les avoir découvertes ils s'en servaient pour expliquer les phénomènes. Ainsi dans le système d'Épicure tout dépend de la rencontre fortuite des atomes dont les combinaisons diverses produisent le ciel, la terre, les hommes, le corps et l'âme. Toute la nature n'est qu'une suite de conséquences que le philosophe tire d'un premier principe qu'il a une fois adopté. De là, dans le *Poëme de la Nature,* une foule d'hypothèses hasardées plus ou moins heureuses, dont les unes sont des vérités profondes, les autres des erreurs enfantines qu'il faut marquer par des exemples.

Ce mélange d'erreurs grossières et d'hypothèses plausibles a fait juger bien diversement la science du poëme, avec trop de sévérité par les uns et trop d'indulgence par les autres. Gassendi, tout en repoussant les conclusions métaphysiques d'Épicure, ressuscite son système en plein xviie siècle, il s'en fait une arme contre la philosophie de Descartes, il consacre la plus grande partie de sa vie à élucider par de savants commentaires la physique célébrée par Lucrèce, il en adopte les principes. Et pourtant il n'était pas un simple érudit, il était vraiment philosophe et fort versé dans les sciences. D'autres au contraire ont entièrement méprisé cette physique, n'attachant de prix qu'aux conclusions irréligieuses et négatives des épicuriens. Dans un siècle de foi, Gassendi repoussait toutes les conséquences dangereuses pour la morale et ne conservait que l'innocente physique; dans un siècle d'incrédulité et de révolte, Voltaire se moquait de cette physique en exaltant le mérite des conséquences morales qui en découlent.

Il disait d'un ton fort leste : « Lucrèce était un misérable physicien et il avait cela de commun avec toute l'antiquité. La physique ne s'apprend pas avec de l'esprit; c'est un art que l'on ne peut exercer qu'avec des instruments... Toute la physique ancienne est d'un écolier absurde. Il n'en est pas de même de la philosophie de l'âme et de ce bon sens qui, aidé du courage de l'esprit, fait peser avec justesse les doutes et les vraisemblances. C'est là le grand mérite de Lucrèce. » On voit bien ici que Voltaire, tout en méprisant le physicien, applaudit à ses hardiesses de moraliste et le loue comme un auxiliaire utile de sa propre entreprise philosophique. Ainsi la science de Lucrèce a été vantée ou dédaignée selon les temps, chaque siècle faisant honneur dans les livres de l'antiquité à ce qui peut servir ses passions.

Nous ne parlerons pas longuement de certaines erreurs qui sont de grandes théories fort contestables, toujours réfutées, mais aussi toujours soutenues dans quelques écoles par de grands esprits. Quand Lucrèce nie, par exemple, les causes finales, il se trompe, selon nous, mais il touche à un problème difficile auquel on peut donner des solutions diverses sans être ridicule. L'opinion du poëte rejetée par le sens commun reparaît de temps en temps, sous de nouveaux aspects, dans la science la plus sérieuse. On la reprend au xviii° siècle, où elle a tant de succès que l'on passe pour un petit esprit si on ne l'adopte pas. Voltaire, dont le bon sens savait résister même à des amis, braver leur raillerie et refuser leur mot d'ordre, disait ironiquement : « Je reste *cause-finalier*, c'est-à-dire un imbécile... Affirmer que l'œil n'est pas fait pour voir, ni l'oreille pour entendre, ni l'estomac pour digérer, n'est-ce point là la plus énorme absurdité, la plus révoltante folie qui soit jamais tombée dans l'esprit humain ? Tout douteur que je suis, cette démence me paraît évidente et je le dis[1]. » Voltaire fait ici une allusion

---

1. *Dictionn. phil.*, article *Dieux*.

directe à Lucrèce, dont le système est celui-ci : « Nous n'avons pas reçu les jambes pour marcher, mais nous marchons parce que nous avons des jambes; les philosophes ont renversé l'ordre respectif des effets et des causes. » La théorie épicurienne prônée par d'Holbach, abandonnée au commencement de notre siècle, réfutée par Bernardin de Saint-Pierre avec une science plus minutieuse que forte, est de nouveau hasardée aujourd'hui en des livres qui attirent l'attention des savants. Une vue philosophique si embarrassante qui, sans cesse réprouvée, revient à la lumière, ne doit donc pas être rangée parmi les erreurs puériles. Elle est trop redoutable d'ailleurs pour donner l'envie de la mépriser.

Cependant on aurait tort de croire que les explications antiques contraires aux causes finales fussent primitivement des arguments inspirés par l'impiété. Elles appartiennent souvent aux doctrines les plus religieuses. Le pieux Empédocle prétendait « que l'eau, en coulant dans le corps, s'est creusé un réservoir qui est devenu l'estomac; que l'air, tendant à s'échapper, s'est ouvert un passage et que de là sont nées les narines; si l'épine dorsale est partagée en vertèbres, c'est qu'elle s'est brisée en se tordant[1]. » Anaxagore, qu'on regarde communément comme le père de la philosophie spiritualiste, qui le premier proclama que l'esprit préside à

---

1. Aristote, *des Parties des animaux*, I, 1.

l'ordre universel de la nature, ne laisse pas de dire « que l'homme est le plus intelligent des animaux parce qu'il s'est trouvé avoir des mains. » On voit que Lamettrie, l'auteur de l'*homme machine,* n'était qu'un plagiaire. Toutes les doctrines antérieures à Platon expliquaient ainsi l'origine des êtres. Aristote est le premier qui ait établi les causes finales avec une précision scientifique[1]. Épicure et Lucrèce s'en étaient tenus aux plus vieilles théories, qui pouvaient d'ailleurs servir leur dessein. La négation des causes finales n'est donc pas, comme on se l'imagine souvent, une nouveauté hardie; elle fut le premier bégaiement de la philosophie dans l'enfance.

Nous ne toucherons pas non plus à d'autres théories visiblement erronées et même assez puériles sur l'origine de l'homme et des animaux. Comment l'homme a-t-il fait son apparition dans ce monde, d'où est-il sorti? Est-ce de la terre, de l'eau, du feu, du limon façonné par Prométhée ou des mains de Deucalion? Ici la science n'est pas plus savante que la Fable, et les explications physiques données par les diverses écoles anciennes sont presque toutes d'une naïveté qu'on ne discute pas. En de pareils problèmes il est permis à la philosophie d'errer[2].

Nous négligeons aussi, avec bien d'autres hypothèses, celle des *simulacres* par laquelle Lucrèce

---

1. *Phys.*, II, 8.
2. Lucrèce, V, 799.

explique l'origine de nos idées, la perception extérieure et la vision. Les corps, dit-il, laissent échapper des enveloppes légères qui entrent dans nos yeux et représentent l'objet. Cette théorie, qui nous paraît aujourd'hui bien bizarre, a régné dans les écoles. Gassendi ne fait pas difficulté de l'adopter. Ce ne sont point là d'ailleurs des questions de pure physique[1].

Sans insister sur ces difficiles problèmes qui ont de tout temps déconcerté la science, bornons-nous à de plus modestes considérations et citons quelques exemples de Lucrèce où l'on saisit la mauvaise méthode de la physique ancienne. Il arrive souvent au poëte de donner de quelque phénomène naturel une explication arbitraire, qui ne repose sur rien, avec une sérénité d'esprit et une assurance qui font sourire. Ainsi, voulant indiquer les causes du sommeil, il commence par demander en vers charmants l'attention la plus docile, et annonce par la plus belle fanfare poétique la vérité que voici : « Le sommeil naît en nous, quand l'âme se décompose dans la machine et qu'une de ses parties est chassée au dehors, tandis que l'autre se ramasse davantage dans l'intérieur du corps[2]. » Bien des raisonnements de la physique ancienne font penser à la science médicale de certains personnages de Molière.

---

1. IV, 33.
2. IV, 917.

Quelquefois Lucrèce se donne beaucoup de peine pour expliquer des faits qui n'existent pas. La physique des anciens n'était pas très-attentive à constater d'abord les faits avant d'en chercher les causes et souvent exposait doctement les raisons d'un phénomène avant de s'être assurée de sa réalité. C'est l'éternelle histoire de la *dent d'or*, si finement contée par Fontenelle. Ainsi Lucrèce nous apprend pourquoi le lion tremble et s'enfuit à la vue du coq. C'est que, dit-il, du corps de l'oiseau s'échappent des atomes qui piquent et blessent la prunelle du lion et qui abattent son courage[1]. Les raisons que donne le poëte sont d'une précision comique. Il ne manque à cette explication qu'un mérite, c'est que le fait soit réel. Du reste, toute l'antiquité l'admettait, Pline le naturaliste comme les autres, et aucun physicien ne s'avisa de s'en assurer. On se serait épargné bien de mauvaises raisons si on avait fait comme Cuvier, je crois, qui, par curiosité, mit un coq dans la cage d'un lion. Le roi des animaux, loin de trembler, marcha fort allégrement sur son prétendu épouvantail et s'en régala.

Il est inutile de multiplier ces exemples parce que les hypothèses de pure fantaisie, le manque d'observation sont des défauts communs à la physique de toutes les écoles anciennes. Il est une autre sorte d'erreurs moins pardonnables, plus particulières à l'épicurisme, qui mettent en droit de refuser à Épi-

---

1. IV, 714.

cure l'esprit scientifique. Nous voulons parler des erreurs astronomiques. L'astronomie pourtant était déjà assez avancée, on avait sur le ciel et le mouvement des astres des connaissances précises, ou du moins des opinions assez plausibles. Pythagore et d'autres philosophes avaient déjà appliqué à l'astronomie le calcul mathématique et la géométrie. Le grand astronome Eudoxe avait fait de belles découvertes et donné sur la marche du ciel des explications raisonnables un demi-siècle avant Épicure. Mais toutes ces conquêtes de la science sont comme non avenues pour le négligent philosophe; il ne se soucie pas de les connaître, et il s'en tient à la vieille astronomie populaire, à celle qu'on rencontre dans les premiers systèmes, dans les poëtes antiques ou dans les préjugés du peuple. Singulière ignorance dont il convient de dire quelques mots.

Bien qu'on célèbre quelquefois les services rendus par Épicure à la science physique, il ne fut pas physicien et n'eut pas de goût pour les recherches savantes. Il n'a de passion que pour la morale et ne pense qu'à mener l'homme au bonheur, à le délivrer des craintes superstitieuses. S'il emprunte à Démocrite le système des atomes, ce n'est pas qu'il soit curieux des secrets de la nature, non, c'est que le système qui présente l'univers comme un produit du hasard lui paraît de tous le plus propre à écarter l'idée d'une importune Providence. La science n'est donc pas pour lui un but, mais un moyen; elle ne fait pas l'objet de ses méditations, et lui-même professe le mépris pour les spéculations scientifiques dans sa lettre à Pythoclès : « Mets-toi donc dans l'esprit qu'on ne doit se proposer l'étude des phénomènes célestes, soit en général, soit en particulier, pour d'autres fins que la paix de l'âme. C'est l'objet unique de toutes les parties de la philosophie [1]. » Si l'épicurisme, qui paraît au premier abord être une école de physiciens, n'a jamais rien produit en physique, la faute en est à Épicure, qui, s'appropriant la science de ses devanciers, la fixa dans ses manuels, ses formulaires, ses abrégés, et enchaîna à jamais les études de ses disciples. Aussi Lucrèce est-il le seul qui ait fait effort pour enrichir la doctrine du maître, et, tout en lui restant fidèle, l'a du moins propagée avec l'originalité du génie.

Épicure est si indifférent à la science et si étranger à ses méthodes, que des problèmes les plus importants il admet à la fois les solutions les plus contraires, pourvu que les unes et les autres puissent se concilier avec sa morale, qui seule l'intéresse. Tout ce qui lui importe, c'est que l'explication d'un phénomène ne suppose pas l'intervention des dieux dans le monde. Que cette explication soit vraie ou fausse, qu'elle soit en contradiction avec une autre déjà adoptée, il ne s'en met pas en peine, et, par insouciance, dans l'unique intérêt de sa morale, semble méconnaître cette règle élémentaire de la logique qui nous apprend que deux propositions

---

1. Diogène, X, 85 et 35. — *De Fin.*, V, 29.

contradictoires ne peuvent être également vraies [1]. C'est en astronomie surtout que paraît cette dédaigneuse légèreté d'Épicure. Lui-même nous dévoile ingénument son état d'esprit et sa méthode, qu'on peut résumer en ces termes : comme la vue des grands mouvements célestes peut nous troubler, il faut bien s'occuper d'astronomie, mais seulement pour se persuader que cet ordre régulier du ciel n'exige pas la main d'un suprême *ordonnateur*, et qu'il n'est que l'effet de causes naturelles. Parmi les explications qu'on donne des phénomènes, choisissez celle qui vous plaira. Elle ne peut être mauvaise quand elle vous ôte la crainte [2]. Si l'astronomie de Lucrèce est bizarre, c'est que, sur la foi de son maître, il propose à la fois les hypothèses les plus sérieuses et les plus puériles, sans choix et pêle-mêle.

S'il faut donner des exemples, en voici quelques-uns que nous résumons en courtes propositions : Le soleil n'est guère plus grand ni plus petit qu'il ne paraît. Quant au lever, au coucher du soleil, de la lune et des autres astres, vous pouvez l'expliquer, avec l'astronomie récente, par leur mouvement autour de la terre, ou croire avec l'ancienne physique que les astres s'allument ou s'éteignent chaque jour. — Croyez que la lune a une lumière

---

1. Cicéron, *De nat. Deor.*, I, 25. *De Fato*, 10. — Diogène, X, 91-97.
2. *Lettre d'Épicure à Hérodote.* Diogène, X, 76-83.

qui lui est propre, à moins que vous n'aimiez mieux admettre qu'elle l'emprunte au soleil. — Pour expliquer les éclipses, vous pouvez adopter l'opinion des astronomes qui les attribuent à l'interposition d'un corps, ou suivre la croyance populaire, qui veut que les astres s'éteignent[1]. Ce qui prouve mieux l'indifférence d'Épicure, c'est que, n'ignorant pas les explications données par les véritables astronomes, elles ne lui paraissent pas valoir la peine d'être préférées.

Cette indifférence mérite d'autant plus d'être remarquée qu'Épicure suivait de près le système de Démocrite, de ce grand philosophe géomètre qui, par la seule intuition d'un génie perçant et sans le secours des instruments que le hasard a depuis donnés à la science moderne, avait pénétré certains mystères du ciel. Il enseignait, par exemple, que le soleil n'est point tel que nous le voyons, qu'il est d'une grandeur immense; que la voie lactée est un assemblage d'étoiles, qui par leur éloignement échappent à notre vue et qui « près les unes des autres s'entr'enluminent à cause de leur épaisseur[2], » que les taches qu'on observe dans la lune doivent être attribuées à la hauteur de ses montagnes et à la profondeur de ses vallées.

Les épicuriens, comme leur maître, faisaient profession de mépriser les mathématiques. Il n'y a,

---

1. Diogène, X, 91, 92, 94.
2. Plutarque, *Opin. des phil.*, III, 1.

selon eux, qu'une science, celle du bonheur. Quoi ! disaient-ils, nous irions, comme Platon, nous consumer dans la géométrie, dans les nombres et dans l'étude des astres, quand nous savons que ces sciences sont fondées sur des principes faux : *falsis initiis profecta vera esse non possunt.* Et quand elles nous conduiraient à la vérité, elles ne nous conduiraient pas au souverain bien. Ils se moquaient des mathématiciens qui ne savent pas peut-être « combien il y a de stades d'Athènes à Mégare, mais qui savent positivement de combien de coudées est l'espace qui sépare la lune du soleil, qui dessinent des triangles sur des carrés avec je ne sais combien de sphères, et mesurent, ma foi, le ciel lui-même. » Aussi ne sommes-nous pas étonné que Balbus ait dit qu'Épicure ignorait « ce que font deux et deux, » que ses disciples n'avaient jamais tracé une figure « sur la savante poussière des géomètres. » Les épicuriens parlaient des sciences exactes avec un dédain dont la naïveté est d'autant plus inconcevable qu'eux-mêmes appuyaient tout leur système sur la science physique. N'oublions pas de relever un fait curieux : un jour un grand mathématicien, Polyænus, s'étant converti à l'épicurisme, déclara aussitôt que toute la géométrie est fausse, *magnus mathematicus, Epicuro assentiens, totam geometriam falsam esse crediditi*[1]. N'avons-nous pas le droit, comme nous

---

1. Cicéron, *Academ.*, II, 33; *De Finib.*, I, 21; *De nat. Deor.*, II, 18. Lucien, *Icaroménippe*, 6. — Cicéron dit avec esprit qu'Épicure « aurait mieux fait d'apprendre la géométrie de

avons fait plus haut, de comparer l'école épicurienne à un couvent?

Mal guidé par cette insouciance d'Épicure si peu sensible aux découvertes de la science, Lucrèce passe quelquefois à côté des plus belles vérités sans s'y arrêter, ou ne s'y arrête que pour les combattre. Ainsi il réfute comme une ineptie, *vanus stolidis error,* l'opinion des philosophes qui admettent les antipodes. Cette opinion qu'il repousse, il l'expose avec une précision surprenante ; un physicien moderne ne pourrait mieux dire : « Conçoit-on, dit-il avec dédain, que des corps pesants, sous nos pieds, exercent leur gravitation en haut, attachés à la terre dans une position inverse à la nôtre, comme le sont nos images reflétées dans l'eau? D'après ces principes on assure que sur la surface opposée de la terre vont et viennent des êtres animés qui ne sont pas plus exposés à tomber dans les régions inférieures de leur ciel que nous ne risquons nous-mêmes d'être entraînés vers notre voûte céleste. On nous dit encore que ces peuples voient le soleil quand nous voyons les flambeaux nocturnes, qu'ils partagent alternativement avec nous les saisons, les jours, les nuits, qui ont la même durée qu'ont les nôtres[1]. » Il est singulier que Lucrèce,

---

Polyænus, son ami, que de la lui faire désapprendre. » *De Fin.,* I, 6.

1. Il faut voir ici la précision du texte latin :

> Et quæ pondera sunt sub terris, omnia sursum
> Nitier, in terraque retro requiescere posta :

après avoir si bien compris l'opinion sur les antipodes, la rejette. Sa docilité pour Épicure ne lui permet pas d'admettre ce que sa pénétration a si bien saisi.

Ce que Lucrèce repoussait avec tant de mépris au nom d'une science incrédule, les Pères de l'Église le rejetteront bientôt avec plus de mépris encore au nom de la religion. Qu'on nous permette de faire à ce sujet une réflexion que nous a souvent suggérée la lecture du poëme.

Les opinions sur la physique ne sont point par nature religieuses ou impies. Elles n'appartiennent pas en propre à telle ou telle secte et souvent changent de parti avec le temps. Cependant, pour employer le langage du jour, nous déclarons quelquefois que telle opinion sur la physique est spiritualiste, telle autre matérialiste, et nous l'adoptons ou la rejetons d'avance selon la doctrine à laquelle nous appartenons, sans songer que ces sortes de théories n'ont point de drapeau ou du moins ne lui sont pas exclusivement fidèles. Nous voyons ici que ce qui fut épicurien est devenu chrétien. Plus d'une fois des opinions de libres penseurs se sont chan-

---

Ut per aquas quæ nunc rerum simulacra videmus,
Adsimili ratione animalia subtu' vagari
Contendunt, neque posse e terris in loca cœli
Recidere inferiora magis, quam corpora nostra
Sponte sua possint in cœli templa volare;
Illi cum videant solem, nos sidera noctis
Cernere, et alternis nobiscum tempora cœli
Dividere, et noctes pariles agitare diesque. (I, 1069.)

gées en opinions religieuses et réciproquement. Nous pourrions en trouver bien des exemples dans Lucrèce même. C'est lui, le philosophe matérialiste, qui affirme le libre arbitre (la liberté dans l'épicurisme est une opinion sur la physique), ce sont les doctrines religieuses de l'antiquité qui le nient. Sur la génération spontanée, c'est le pieux Empédocle qui admet que les êtres peuvent sans germe naître de la fermentation des éléments, c'est l'incrédule Lucrèce qui reconnaît, à sa façon, les germes déterminés [1]; c'est encore Lucrèce qui soutient, à l'encontre de la religion, la permanence des espèces, et aujourd'hui ce sont les matérialistes qui la nient, et les spiritualistes qui l'affirment [2]; chez les anciens ce sont les pieuses âmes qui croient à l'éternité du monde et c'est l'impie Lucrèce qui pense que le monde est voué à une destruction prochaine. Aussi ne faut-il pas, comme on fait trop souvent, embrasser avec amour ou repousser avec haine une opinion nouvelle sur la physique, sous prétexte qu'elle est amie ou qu'elle est ennemie. Est-elle vraie, est-elle fausse, voilà toute la question. Elle est impie aujourd'hui, elle sera peut-être religieuse demain. Sans être indifférents, aimons-la comme si nous pouvions la haïr un jour, haïssons-la comme si nous pouvions un jour être amenés à l'aimer. Aussi bien, les idées sur la physique ne sont dangereuses

---

[1]. I, 160.
[2]. V, 920.

que parce qu'on les a déclarées telles. Une fois qu'elles ont fait leur chemin, tout le monde s'en accommode. De dangereuses qu'elles étaient elles sont devenues innocentes. Les systèmes d'abord condamnés de Copernic et de Galilée ont fourni depuis à la religion des armes nouvelles et, pour en revenir à l'exemple de Lucrèce, la théorie des antipodes, qui jadis avait si fort agité les esprits, a été acceptée par toutes les doctrines les plus contraires, sans qu'aucune d'elles s'en soit mal trouvée.

Même cette science inepte, arriérée, dont s'accommodait la paresse d'Épicure et dont il avait fait des articles de foi, est revêtue par Lucrèce de la plus éclatante et souvent de la plus aimable poésie. Cette vile matière façonnée par l'imagination inventive du poëte prend parfois des formes exquises. Pour citer encore un exemple, à propos des phases de la lune, Lucrèce d'après Épicure nous dit d'abord : « La nature ne pourrait-elle pas produire une lune pour chaque jour... détruire la lune de la veille et mettre la nouvelle à sa place? » L'explication du phénomène est risible et donne l'envie de demander à Épicure ce qu'on fait des vieilles lunes. Eh bien, Lucrèce, même en une si pitoyable démonstration, demeure grand poëte ; il cherche à se satisfaire par des comparaisons, il croit voir dans la nature un grand nombre de pareilles productions périodiques, et le voilà conduit à faire un tableau de l'alternative des saisons qui, dit-il, peut être assimilée aux phases de la lune ; tableau plein de force et de grâce où l'on voit comment l'imagination d'un grand poëte peut couvrir de misérables erreurs non par des artifices, mais par de brillantes vérités accessoires[1].

Épicure n'est donc pas un philosophe physicien, bien que sa doctrine repose sur la physique. Il a emprunté le système de Démocrite parce qu'il lui paraissait le plus capable de mettre l'esprit en repos; mais il dédaigne les progrès de la science, surtout ceux de l'astronomie. Non-seulement il la méprise ouvertement, mais il en adopte avec plaisir les explications les plus enfantines parce qu'elles ôtent de l'importance aux phénomènes, qu'elles les rapetissent et empêchent ainsi que le spectacle du ciel ne devienne un objet d'épouvante ou d'étonnement. Comme la morale seule a pour lui du prix, il écarte de ses méditations tout ce qui ne peut servir à la tranquillité de l'âme, tout ce qui risquerait de troubler son indifférente quiétude. Ici encore nous sommes tenté de le comparer à certains quiétistes modernes qui déclarent aussi mépriser les sciences parce qu'elles sont inutiles pour la connaissance de nos devoirs moraux, qu'elles inquiètent l'esprit et la foi et enlèvent l'âme à l'unique pensée du salut[2].

---

1. V, 736.
2. Il nous est d'autant plus permis de faire ce rapprochement qu'Épicure appelait *salut* la perfection morale : « Egregie mihi hoc dixisse videtur Epicurus : initium est *salutis* notitia peccati. » Sénèque, *Lett.*, 28. — « Iste homo non est unus e populo, ad *salutem* spectat. » 10.

Si la science épicurienne est sur certains points bien infirme, sur d'autres elle est solide. Elle renferme une théorie physique qui est loin d'être méprisable et qui suppose chez ses inventeurs une singulière pénétration de génie. Cette théorie marque un grand progrès dans la science. Les premiers philosophes physiciens essayant d'expliquer l'univers et l'origine de la nature avaient fait tout sortir d'un principe unique; pour Thalès, c'était l'eau, pour Anaximène l'air, pour Héraclite le feu. D'autres, comme Xénophane, admettaient deux principes, la terre et l'eau. Empédocle établit les quatre éléments. Ces explications primitives qui, malgré leur apparente naïveté, étaient déjà de grandes vues sur la nature, ont été bien dépassées par les fondateurs de l'atomisme, par Leucippe et par Démocrite. Ces deux grands physiciens, reculant les bornes de la science antique, à l'aide de raisonnements profonds reconnurent que ces prétendus éléments simples sont des corps composés, et que ces corps, en remontant jusqu'à leurs premiers principes, sont formés de particules qu'il n'est plus possible de diviser, qui sont insécables, ἄτομοι. Cette théorie n'est pas abandonnée, et la science moderne repose encore sur cette hypothèse[1].

Cependant nos chimistes, tout en rendant hommage à la parfaite clarté de cette théorie moléculaire, clarté qui, disent-ils, n'a point été surpassée.

---

1. Hœfer, *Hist. de la Chimie.*

prétendent que les atomistes n'ont vu qu'un côté des choses, qu'ils n'ont admis dans la nature que des combinaisons mécaniques, c'est à-dire des assemblages variés d'atomes qui forment les êtres divers comme les assemblages de lettres forment les mots[1], mais que ces philosophes anciens restent tout à fait étrangers à l'idée d'une véritable combinaison chimique. Après avoir fait ces réserves, il faut reconnaître que le système atomique, très-net sur certains points, moins explicite sur d'autres, ressemble beaucoup à nos théories moléculaires. Ces antiques hypothèses ont gardé tout leur prix. Elles sont incomplètes, elles n'ont pas tout prévu, ni tout embrassé, elles ne donnent pas à l'atome toutes les vertus ni toutes les évolutions que nous attribuons à la molécule, mais elles ne sont pas rejetées par la science contemporaine. Aussi certains vers de Lucrèce qui renferment les principes les plus généraux du système pourraient servir encore d'épigraphe à nos livres de physique ou de chimie. Quand le poëte dit : « Les principes qui forment le ciel, la mer et la terre, les fleuves et le soleil, sont les mêmes qui, mêlés avec d'autres et entraînés en d'autres combinaisons, ont formé les fruits de la terre, les arbres, les animaux. »

---

[1]. « Une tragédie et une comédie se font avec les mêmes lettres; seulement ces lettres sont ici combinées autrement que là. » Cette comparaison lucide, employée déjà par Leucippe et par Démocrite, est reprise par Lucrèce, liv. I, 824.

> Namque eadem cœlum, mare, terras, flumina, solem
> Constituunt, eadem fruges, arbusta, animantes,
> Verum aliis, alioque modo commixta moventur, (I, 820.)

ces vers s'appliquent avec rigueur à ce que nous appelons les corps simples, les éléments indécomposables, et un chimiste de nos jours voulant résumer en quelques mots la science pourrait les écrire en tête de son traité[1].

Outre ces hypothèses profondes on peut recueillir çà et là dans l'atomisme un grand nombre de vérités physiques, que nous ne voulons pas énumérer, mais dont il faut donner des exemples. Lucrèce reconnaît que l'espace est infini. Il faut remarquer encore que les épicuriens, qui étaient de pauvres astronomes et qui se piquaient même de mépriser l'astronomie, étaient pourtant arrivés par le seul raisonnement à penser que l'espace infini est peuplé de mondes. Métrodore disait : « Prétendre qu'il n'y a qu'un seul monde dans l'infini serait aussi absurde que de penser qu'un vaste champ est fait pour produire un seul épi de blé[2]. » Tandis que Pythagore, Platon, Aristote n'admettaient que notre système, la terre, le soleil, les planètes et les étoiles, les épicuriens croyaient qu'au delà il y a d'autres systèmes de même nature, et pour eux la somme de tous ces systèmes compose ce qu'ils appellent le grand Tout, *omne immensum.* « Si un espace infini, dit Lucrèce,

---

1. Berthelot, *Chimie organique fondée sur la synthèse,* Introd.
2. Plutarque, *Opin. des phil.,* I, 5.

s'étend en tout sens, si des principes créateurs de la matière en nombre infini se meuvent de toute éternité dans ces plaines incommensurables, comment n'auraient-ils produit que notre terre et notre firmament, et peut-on penser qu'au delà de ce monde tant d'éléments restent oisifs [1]? » Dans ces vastes conceptions qu'ils devaient à Démocrite, les épicuriens se rencontrent encore avec les conjectures de la science moderne.

Sur d'autres points de physique les atomistes ont été plus loin que beaucoup d'autres philosophes de l'antiquité. Ils reconnaissent l'existence du vide que nient la plupart des écoles, entre autres celles de Platon et d'Aristote. Non-seulement les atomistes l'admettent comme conception rationnelle, mais dès le début ils ont fait des expériences pour le démontrer [2]. On comprend que dans l'ato-

---

1. Undique cum vorsum spatium vacet infinitum,
Seminaque innumero numero summaque profunda
Multimodis volitent æterno percita motu,
Hunc unum terrarum orbem, cœlumque creatum;
Nil agere illa foris tot corpora materiai... (II, 1053.)

Selon Lucrèce, ces mondes doivent avoir leurs habitants :

... necesse est confiteare
Esse alios aliis terrarum in partibus orbes,
Et varias hominum gentes et sæcla ferarum. (II, 1075.)

2. Leucippe disait : « Un vase plein de cendre peut recevoir autant d'eau qu'il en reçoit quand il est vide, ce qui suppose inévitablement de petits pores entre les particules de la cendre, sans

misme le vide était nécessaire pour permettre aux atomes irréductibles de se mouvoir et de se combiner.

A propos du vide qui, avec les atomes, sert de fondement à tout le système, signalons une observation ou du moins une vue remarquable. Les épicuriens reconnaissent que dans le vide tous les corps, quelle que soit leur pesanteur, tombent avec une vitesse égale. Lucrèce a vu très-clairement et a bien expliqué ce qui n'a été démontré depuis qu'à l'aide de la machine pneumatique. Quand on est accoutumé aux vagues aperçus de la physique de l'antiquité, on se demande comment le poëte a pu exprimer cette loi avec tant de netteté et de précision : « Dans l'eau ou dans l'air les corps accélèrent leur chute à proportion de leur pesanteur, parce que la densité de l'eau et la légère fluidité de l'air ne peuvent opposer à tous la même résistance, mais doivent céder plus aisément aux plus pesants. Au contraire le vide ne résiste jamais aux corps : il leur ouvre également à tous un passage. Ainsi tous les corps doivent tomber avec une égale vitesse dans le vide, quelle que soit l'inégalité de leur pesanteur[1]. »

---

quoi la cendre et l'eau occuperaient simultanément le même lieu. » L'expérience laisse beaucoup à désirer, mais elle a le mérite d'être une expérience.

[1.] Nam per aquas quæcunque cadunt, atque aera rarum,
Hæc pro ponderibus casus celerare necesse est,
Propterea quia corpus aquæ rem quamque morari,
Aeris haud possunt æque naturaque tenuis
Sed citius cedunt gravioribus exsuperata :
At contra nulli de nulla parte, neque ullo

Nous laissons aux physiciens le soin de nous dire par quel procédé les anciens ont pu constater cette loi.

Je ne sais pas pourquoi la science moderne prétend quelquefois que les anciens ne reconnaissaient pas que l'air est matériel. Lucrèce, après avoir dit : « qu'il y a des corps dont il faut admettre l'existence, bien qu'ils échappent à la vue, » fait une longue et poétique description des ravages de l'air, qu'il compare à un fleuve destructeur, et conclut que l'air, « tout invisible qu'il soit, est un corps, puisqu'il balaye la mer, la terre, les nuages du ciel et qu'il est capable de tout entraîner dans la violence de ses tourbillons[1]. » Le reproche qu'on fait à la physique ancienne d'avoir méconnu la matérialité de l'air tombe devant le tableau et les conclusions formelles du poëte physicien.

On trouve dans Lucrèce un certain nombre d'explications très-justes de phénomènes redoutables, au moyen de comparaisons très-simples empruntées à l'observation journalière et qui ressemblent à celles qu'on rencontre dans nos traités de physique. Ainsi, lorsqu'il parle du tonnerre et des éclairs, il fait voir, pour délivrer les hommes de leurs terreurs superstitieuses, que ces prétendues menaces du ciel ne sont que des phénomènes naturels facile-

---

Tempore inano potest vacuum subsistere rei...
Omnia quapropter debent per inane quietum
Æque ponderibus non æquis concita ferri. (II, 230.)

1. I, 27.

ment explicables. Il est conduit à se demander pourquoi on voit l'éclair avant d'entendre le tonnerre, et remarque fort justement que le son va moins vite que la lumière. Ce n'était pas alors une vérité commune, car, s'il faut en croire Plutarque, « les physiciens tiennent que l'éclair sort de la nue après le tonnerre encore qu'il apparaisse devant[1]. » Lucrèce, selon la coutume épicurienne, assimile ce phénomène formidable à un fait connu que tout le monde a pu observer. Il faut encore remarquer ici la précision de ce langage poétique : « Le bruit du tonnerre parvient à notre oreille après que l'éclair a frappé nos yeux, parce que les objets qui s'adressent à l'ouïe ne vont pas si vite que ceux qui excitent la vue. Regardez de loin le bûcheron frapper avec la hache le tronc d'un arbre, vous verrez le coup avant d'entendre le son. De même nous voyons l'éclair avant d'entendre le tonnerre, quoique le bruit parte en même temps que la lumière et qu'ils soient l'un et l'autre produits par la même cause, par le même choc des nuages[2]. » A part la vérité d'observation

---

1. *Un prince doit être savant*, 6.
2. Sed tonitrum fit uti post auribus accipiamus,
Fulgere quam cernant oculi, quia semper ad aures
Tardius adveniunt quam visum quæ moveant res...
Et licet hinc etiam cognoscere : cædere si quem
Ancipiti videas ferro procul arboris auctum,
Ante fit ut cernas ictum quam plaga per aures
Det sonitum : sic fulgorem quoque cernimus ante
Quam tonitrum accipimus, pariter qui mittitur igni
E simili causa, concursu natus eodem.   (VI, 164.)

sur la vitesse du son inférieure à celle de la lumière, il y a dans ces vers une preuve nouvelle de ce courage d'esprit peu commun dans l'antiquité, qui consiste à expliquer par des causes purement physiques des phénomènes qui étaient l'objet de l'universelle terreur.

Si, passant à un ordre de considérations différent, nous voulions constater les connaissances de Lucrèce en physiologie, nous pourrions citer des vers remarquables qui montrent que le poëte n'était pas étranger à cette science. Nos physiologistes avouent ce qu'il dit de la nutrition, de la facile assimilation des substances réparatrices dans la jeunesse, « où le corps acquiert plus qu'il ne dissipe,

Plura sibi adsumunt quam de se corpora mittunt,

ce qu'il dit de la vieillesse où les pertes sont plus grandes que les acquisitions et où l'affaissement de la machine tourmentée, fatiguée par les objets du dehors ne peut plus résister à leurs chocs destructeurs[1]. » De même, il sait comment dans les plantes « les sucs circulent dans des canaux invisibles[2]; » avec une rare finesse de langage il explique la sensation du goût qu'il rend en quelque sorte visible lorsqu'il nous apprend que la trituration exprime « comme l'eau d'une éponge le suc des aliments qui

---

1. Liv. II, 1122. Voy. les *Études médicales sur les poëtes latins*, par le docteur Menière.
2. Liv. I, 347.

s'insinue dans les pores du palais et dans les routes compliquées de la langue[1]. » Il faut lire ces passages auxquels nous ne faisons que toucher, pour savoir ce que les vers peuvent emprunter de force et de prix à une rigoureuse exactitude.

Il ne manque pas non plus au *Poëme de la Nature* certains pressentiments au sujet de problèmes posés dans la science la plus moderne, et qui n'étaient pour l'antiquité que de vagues traditions ou des aperçus lointains du génie. Sur les premiers essais de la création, sur les animaux que nous appelons antédiluviens, sur les espèces perdues, il y a dans le poëme des mots qui ne sont pas sans valeur. Les espèces qui n'étaient défendues ni par leur force, ni par leur agilité, ni par leur ruse, ou qui n'étaient pas assez utiles pour que l'homme les prît sous sa protection, ont dû disparaître. Trop faibles, « réduites à l'impuissance par le malheur de leur destinée, elles étaient en proie aux animaux voraces jusqu'à ce que la nature les eût entièrement détruites. »

> Scilicet hæc aliis prædæ lucroque jacebant
> Indupedita suis fatalibus omnia vinclis,
> Donec ad interitum genus id natura redegit.   (V, 873.)

N'est-ce point déjà en quelques vers concis la célèbre théorie de Darwin sur la sélection naturelle

---

[1]. Principio succum sentimus in ore, cibum cum
 Mandendo exprimimus, ceu plenam spongiam aquai
 Si quis forte manu premere ac siccare coëpit :
 Inde quod exprimimus, per caulas omne palati
 Diditur, et raræ per plexa foramina linguæ. (IV, 615.)

et le *combat pour l'existence?* De même sur les tremblements de terre on rencontre çà et là bien des traits de lumière qui sans doute n'éclairent pas notre géologie, mais qui sont comme le premier crépuscule de cette science. Le poëme a donc de l'intérêt, même comme traité de physique. Il peut être justement appelé le roman de la nature, mais, comme tous les romans bien faits et de main de maître, il est plein de vérités.

Sans nous arrêter davantage sur ce qui appartient à l'école et qui est impersonnel, nous devons relever ce qui est propre au génie de Lucrèce et montrer par quel effort poétique il a embelli une ingrate matière. Faute d'avoir étudié dans toutes ses parties cette grande œuvre, certains critiques répètent que Lucrèce n'est poëte que dans ses descriptions et dans sa morale. Non, la poésie est partout répandue dans cet aride système. Tantôt elle s'épanouit à l'aise en de belles digressions, tantôt elle est attachée étroitement à la matière même et y étend une surface brillante, tantôt elle y est disséminée en resplendissante poussière et des mots d'un éclat imprévu étincellent dans les vers les plus techniques, comme l'or qui dans les graviers les plus stériles de certaines terres privilégiées se rencontre en morceaux ou en impalpables parcelles.

Prenons nos exemples dans les deux premiers livres où la science est abstruse et bien difficile à orner, puisqu'il ne s'agit que de la nature et du mouvement des atomes. Jusque dans ces hypothèses, où tout échappe à nos sens, et qui ne sont que des conceptions rationnelles, Lucrèce déploie son imagination. Alors même qu'il n'est occupé que de ses raisonnements, qu'il disserte, qu'il ne se soucie que de rendre sa démonstration lucide, il trouve naturellement un langage plein de passion et d'images. Ce ne sont pas des ornements qu'il cherche, mais des arguments dont il a besoin. La simple clarté exige quelquefois des expressions poétiques qui nous mettent sous les yeux ce que nous aurions autrement de la peine à comprendre. Elles n'illuminent que si elles brillent. Quelquefois, à l'appui d'un principe ou d'un raisonnement abstrait, il faudra au poëte un exemple capable d'éclairer l'esprit par une frappante analogie, et cet exemple uniquement destiné à la démonstration sera comme un épisode agréable, bien qu'il ne prétende qu'à servir de preuve lumineuse. Ainsi en un endroit où il s'agit de prouver que les atomes sont éternels, indestructibles, que rien ne s'anéantit dans la nature, que tout se transforme, Lucrèce se fait faire une objection : « Mais la pluie, lui dit-on, disparaît dans la terre, elle s'y dissipe, elle y périt. » Non, répond le poëte, et sa réponse à une objection va devenir un tableau animé, de la plus gracieuse magnificence.

Tu penses que la pluie est détruite et perdue
Quand le céleste époux, l'Air, du haut de la nue,

S'unissant à la Terre en un fécond hymen,
De son épouse ardente emplit le vaste sein.
Mais c'est grâce à ces eaux que les moissons verdissent,
Qu'à l'arbre desséché les rameaux refleurissent,
Que cet arbre lui-même élèvera son front,
Que sous le poids des fruits ses branches fléchiront.
L'homme et les animaux en reçoivent la vie ;
De là, dans la cité joyeuse et rajeunie,
D'un grand peuple d'enfants l'aimable floraison,
Et, plein d'hôtes nouveaux, le bois n'est que chanson.
De là les gras troupeaux dans les herbes nouvelles
Traînent leur embonpoint et leurs lourdes mamelles,
D'où la chaude liqueur s'épanche en blancs ruisseaux ;
De là, par les prés verts, un fol essaim d'agneaux
S'animant au doux feu de ce lait qui l'enivre
Sur ses débiles pieds bondit, heureux de vivre.
Rien ne périt : le corps que tu croyais perdu,
Quoi qu'en disent tes yeux, à la vie est rendu ;
La main de la nature en forme un nouvel être ;
C'est par la mort de l'un qu'un autre pourra naître [1].

(I, 250.)

---

1. Postremo, pereunt imbres, ubi eos pater Æther
In gremium matris Terraï præcipitavit :
At nitidæ surgunt fruges, ramique virescunt
Arboribus; crescunt ipsæ, fetuque gravantur :
Hinc alitur porro nostrum genus atque ferarum;
Hinc lætas urbes pueris florere videmus,
Frondiferasque novis avibus canere undique silvas ;
Hinc fessæ pecudes pingui per pabula læta
Corpora deponunt, et candens lacteus humor
Uberibus manat distentis ; hinc nova proles
Artubus infirmis teneras lasciva per herbas
Ludit, lacte mero mentes perculsa novellas.
Haud igitur penitus pereunt quæcumque videntur,
Quando alid ex alio reficit natura, nec ullam
Rem gigni patitur, nisi morte adjuta aliena.

Que de poésie pour expliquer une évolution d'atomes ! Et pourtant ce n'est pas un morceau rapporté et d'apparat, mais une démonstration philosophique et pressante. La peinture est renfermée dans un raisonnement. On verra toujours que la poésie impétueuse de Lucrèce est emprisonnée dans le système et qu'elle s'épanche dans un canal tracé par la logique[1].

Nous cherchons à marquer par des exemples variés les différents caractères de cette poésie scientifique, pour montrer comment l'auteur a donné de l'intérêt à l'épineuse physique d'Épicure, qui paraît si peu faite pour les vers. Quelquefois la poésie tient seulement à la justesse, au choix de quelques observations communes, qu'on peut faire journellement, comme on en rencontre dans nos traités modernes de physique. La science alors est agréable parce qu'elle est palpable, qu'elle ne coûte aucun effort et qu'elle est exprimée avec cet art que Virgile portera à sa perfection, l'art de dire les petites choses avec aisance, précision et avec une élégance flatteuse pour l'esprit et l'oreille. Ainsi, pour prouver l'invisibilité des atomes, Lucrèce accumule des exemples familiers à tout le monde et qui montrent que les molécules entrent dans les corps ou s'en détachent sans qu'on les aperçoive; la grâce

---

[1]. Un peu plus loin, liv. I, 272, pour rendre sensible cette vérité que le vent est un corps, bien qu'il soit invisible, le poète est amené à faire une description de la puissance et des ravages de l'air. Cette belle et longue peinture est encore un raisonnement.

poétique est ici dans l'exacte observation des phénomènes vulgaires :

> Qu'aux bords où l'eau se brise un lin soit suspendu,
> Il se mouille ; il se sèche au soleil étendu ;
> Tu n'as pas vu pourtant entrer le corps humide,
> Ni comment la chaleur a chassé le fluide ;
> C'est que l'eau divisée en atomes épars
> Dans sa ténuité se dérobe aux regards.
>
> Vois les effets du temps et sa lente morsure :
> L'anneau qui brille au doigt s'amincit par l'usure,
> L'eau creuse le rocher en distillant du toit,
> Le fer même du soc dans le sillon décroît,
> Les pavés sous les pieds sont usés dans nos rues ;
> Aux portes des cités regarde ces statues
> Qu'on salue en passant, qui montrent une main
> Dont de fréquents baisers ont dévoré l'airain.
> La perte de ces corps sans doute elle est visible,
> Mais l'usure elle-même est pour nous insensible ;
> Car comment chaque atome a fui, s'est détaché,
> La jalouse nature à nos yeux l'a caché.
>
> On voit bien qu'à tout corps la nature dispense
> Une matière propre à sa lente croissance,
> Et puis, avec le temps, retire sous nos yeux
> Aussi de la substance au corps devenu vieux ;
> Mais tu n'as vu jamais la subtile partie
> Ou quand elle est entrée, ou quand elle est sortie,
> Pas plus que tu ne vois comment le sel amer
> Ronge les grands rochers qui surplombent la mer.
> Ainsi donc la nature, en discrète ouvrière,
> Par d'invisibles corps fait, défait la matière[1]. (I, 315.)

---

1. Denique fluctifrago suspensæ in littore vestes
  Uvescunt; eædem dispansæ in sole serescunt;

Quand Lucrèce veut faire comprendre que les atomes sont toujours en mouvement, que leurs rapides évolutions et leurs rencontres fortuites forment les corps, mais qu'un grand nombre de ces molécules sont exclues et rejetées de tout assemblage et flottent au hasard et sans emploi dans le vide, il a recours à une analogie ; il les compare à ces légers flocons presque imperceptibles que l'on voit s'agiter dans un rayon de soleil pénétrant dans un lieu obscur. La comparaison, au témoignage d'Aristote[1], a été faite en un mot par Démocrite.

At neque quo pacto persederit humor aquai
Visum est, nec rursum quo pacto fugerit æstu.
In parvas igitur partes dispergitur humor,
Quas oculi nulla possunt ratione videre.
  Quin etiam, multis solis redeuntibus annis,
Annulus in digito subtertenuatur habendo;
Stillicidi casus lapidem cavat : uncus aratri
Ferreus occulte decrescit vomer in arvis;
Strataque jam volgi pedibus detrita viarum
Saxea conspicimus; tum portas propter ahena
Signa manus dextras ostendunt attenuari
Sæpe salutantum tactu, præterque meantum.
Hæc igitur minui, cum sint detrita, videmus ;
Sed quæ corpora decedant in tempore quoque,
Invida præclusit speciem natura videndi.
  Postremo quæcumque dies naturaque rebus
Paullatim tribuit, moderatim crescere cogens,
Nulla potest oculorum acies contenta tueri,
Nec porro quæcumque ævo macieque senescunt;
Nec mare quæ impendent vesco sale saxa peresa,
Quid quoque amittant in tempore, cernere possis,
Corporibus cæcis igitur natura gerit res.

1. *De anima*, I, 5.

Lucrèce avec ce mot compose un tableau et trouve le moyen de nous intéresser à ces atomes égarés :

> Ainsi, lorsqu'au travers d'une étroite fenêtre
> Un rayon du soleil s'insinue et pénètre,
> Clair et droit, dans la nuit d'un sombre appartement,
> Tu vois tout aussitôt voler confusément
> De mille petits corps la vivante poussière
> Qui monte et qui descend dans ce champ de lumière.
> On dirait un combat sans fin ; leurs tourbillons
> S'élancent l'un vers l'autre en ardents bataillons.
> Ici, là, sans repos, la troupe avance ou plie,
> Et tantôt se divise et tantôt se rallie.
> Tu peux imaginer par là de l'élément
> Dans le vide infini l'éternel mouvement ;
> Car le plus simple objet souvent découvre au sage
> De grandes vérités dans leur petite image[1]. (II, 114.)

Il faut redire que ces sortes de comparaisons ne sont destinées qu'à éclaircir le système. On n'y trouve pas de ces recherches de style et de versification par lesquelles on essaye d'ordinaire de relever un sujet dont on se défie. Ce n'est point l'art de Delille, qui souvent ne décrit que pour

---

[1]. Contemplator enim, cum solis lumina cumque
Inserti fundunt radios per opaca domorum :
Multa minuta, modis multis, per inane videbis
Corpora misceri, radiorum lumine in ipso,
Et velut æterno certamine prœlia pugnasque
Edere, turmatim certantia, nec dare pausam,
Conciliis et discidiis exercita crebris ;
Conjicere ut possis ex hoc, primordia rerum
Quale sit in magno jactari semper inani.
Duntaxat rerum magnarum parva potest res
Exemplare dare et vestigia notitiaï.

décrire, et dit en vers élégants ce qui ne vaudrait pas la peine d'être dit en prose, ou qui croit de son devoir de cacher la science sous les fleurs. On ne sent pas même, comme dans les *Géorgiques*, cet autre art plus savant de Virgile qui laisse voir dans l'harmonieuse précision de ses peintures le souci d'un écrivain industrieux. Les vers de Lucrèce ne veulent être que des éclaircissements et l'imagination du poëte n'est que la servante de la physique.

La poésie de Lucrèce non-seulement raisonne sans cesse, mais encore sait définir le raisonnement. Elle nous apprend en vers ingénieux ce qu'est l'analogie ou l'induction. Après avoir démontré l'existence du vide par des preuves accumulées, le poëte s'arrête tout à coup pour dire à son ami Memmius qu'il n'a pas besoin d'en entendre davantage, qu'il est maintenant sur la voie. L'esprit, à la poursuite de la vérité, finit par l'atteindre, si on l'a mis sur la piste. On ne peut mieux définir ou plutôt peindre un procédé logique :

> Sans doute je pourrais à cette grande loi
> Par vingt autres raisons solliciter ta foi ;
> Mais pourquoi ces lenteurs ? Lancé sur une trace
> Seul à la vérité court un esprit sagace.
> Par les bois, par les monts, souvent le chien chasseur
> Si de la bête errante il a saisi l'odeur,
> De détours en détours, penché sur cette voie,
> Dans le feuillage obscur va surprendre sa proie ;
> Tel l'esprit, poursuivant un mystère lointain,
> Peut toujours, s'il rencontre un principe certain.

De réduit en réduit, par des routes secrètes,
Forcer la vérité jusque dans ses retraites[1]. (I, 400.)

Il y a quelquefois dans cette singulière histoire des mouvements corpusculaires de grandes images dignes de l'épopée. C'est que Lucrèce s'intéresse à ses atomes comme Homère à ses héros. Il croit les voir, il suit leurs combinaisons, leurs succès et leurs revers. De là des réflexions et des tableaux qui surprennent par leur grandeur et leur éclat en pareil sujet. Le système atomique exige, par exemple, que les atomes de même espèce soient en nombre infini, parce que flottant dans un espace infini, s'ils n'étaient eux-mêmes infinis en nombre, ils n'auraient pas la chance de s'unir et de former un être. Lucrèce éclaire cette question de physique par de magnifiques images. Les atomes, dit-il, s'ils étaient en nombre fini, nageraient dispersés dans l'infini de l'espace, comme les débris d'un naufrage, les bancs, les rames, les gouvernails sur l'immensité des mers. Vue profonde et conforme à la science moderne qui se hasarde à dire que certaines pous-

---

[1]. Multaque præterea tibi possum commemorando
Argumenta fidem dictis corradere nostris;
Verum animo satis hæc vestigia parva sagaci
Sunt, per quæ possis cognoscere cetera tute.
Namque canes ut montivagæ persæpe feraï
Naribus inveniunt intectas fronde quietes,
Cum semel institerunt vestigia certa viaï,
Sic alid ex alio per te tute ipse videre
Talibus in rebus poteris, cæcasque latebras
Insinuare omnes, et verum protrahere inde.

sières cosmiques, les pluies de pierres, les étoiles filantes sont comme des matériaux non employés dans la construction des mondes [1].

Ne craignons pas de multiplier les exemples de ces descriptions et de ces analogies qui ont souvent une grande force démonstrative. Pensons un peu comme Lucrèce lui-même qui ne croit pas que son sujet, si difficile qu'il soit, puisse rebuter le lecteur. Lucrèce nous apprend que les atomes et tout dans la nature est toujours en mouvement. Il entrevoit ce grand principe de la physique moderne qui enseigne que les forces générales de la nature ne se reposent jamais même dans le monde inorganique, que rien n'est absolument stable et, comme on l'a dit, que tout oscille, la molécule aussi bien que l'océan. « Tout est mouvement, disait Galilée, et qui ignore le mouvement ignore la nature. » Nous ne voyons pas cette agitation perpétuelle de tomes dans les corps, parce que nos organes sonts trop grossiers pour la saisir. Ces corpuscules sont trop éloignés de nous par leur petitesse, et cette espèce de distance nous dérobe leur mobilité. Il était malaisé de rendre ces idées intelligibles et claires. Deux comparaisons d'une grâce et d'une grandeur homériques, où les images sont encore des preuves, vont jeter la lumière sur cette théorie et ces lointains mystères de la science.

---

1. Liv. II, 547.

Quand sur une colline et sur son vert penchant
Se traîne un blanc troupeau, chaque brebis marchant
En désordre, à son pas, lente ici, là pressée,
Vers l'herbe où luit encor la perle de rosée,
Que les agneaux, de lait enivrés, dans leurs bonds,
Dans leurs jeux enfantins entrechoquent leurs fronts,
Ce mobile tableau, vu de loin, ne figure
Qu'une fixe blancheur tranchant sur la verdure.
Et quand des légions dans la plaine, à grands pas,
Se rangent pour offrir l'image des combats,
Que l'acier jette au ciel son éclair, que la terre
Scintille sous l'airain, que la foule guerrière
Ébranle au loin le sol d'un pied rapide et lourd,
Qu'une vaste clameur aux grands monts d'alentour
Se heurte et rebondit jusqu'aux voûtes du monde ;
Et quand les cavaliers voltigent à la ronde
Et, soudain rassemblés, sous leur emportement
Dévorent un espace immense en un moment,
Le spectateur debout sur les cimes lointaines
Ne voit dans ce tumulte étincelant des plaines
Qu'une masse immobile, et tout ce mouvement
N'est pour lui qu'un éclair sur la terre dormant[1].

(II, 317.)

---

1. Nam sæpe in colli tondentes pabula læta
 Lanigeræ reptant pecudes, quo quamque vocantes
 Invitant herbæ gemmantes rore recenti,
 Et satiati agni ludunt blandeque coruscant;
 Omnia quæ nobis longe confusa videntur,
 Et velut in viridi candor consistere colli.
 Præterea, magnæ legiones cum loca cursu
 Camporum complent, belli simulacra cientes,
 Fulgor ibi ad cœlum se tollit, totaque circum
 Ære renidescit tellus, subterque virum vi
 Excitur pedibus sonitus, clamoreque montes
 Icti rejectant voces ad sidera mundi ;

Ces sortes de comparaisons, on le voit encore ici, quoiqu'elles soient redoublées et prolongées, ne sont pas une parure de la physique. Ce sont des faits, des exemples pour mettre en lumière une loi. Elles placent sous les yeux ce qu'autrement l'esprit aurait de la peine à comprendre. On dit quelquefois que la poésie ne peut pas servir la science; on se trompe. Quand le génie veut pénétrer dans les dernières obscurités, l'imagination doit être son porte-flambeau et peut seule éclairer de loin le fond du sanctuaire.

Il n'y a point, à proprement parler, d'épisode dans ce poëme sévère. Tel autre grand tableau digne de l'épopée n'est encore qu'une explication scientifique. Ayant à parler des principes constitutifs de la terre, des atomes qui la composent, Lucrèce est amené naturellement à dire quelque chose du culte superstitieux qu'on lui a rendu, du culte de Cybèle; il explique en physicien les mythes des poëtes, décrit les attributs de la déesse, son char, son cortége, ses prêtres mutilés avec leurs tambours, leurs cymbales, leurs flûtes qui excitent la fureur dans les âmes et provoquent les hommages d'une pieuse terreur. Dans cette belle peinture le poëte ne perd pas de vue ses atomes. On y trouve une discussion des idées qu'on s'est faites sur la nature de la terre, une

---

Et circumvolitant equites, mediosque repente
Transmittunt valido quatientes impete campos :
Et tamen est quidam locus altis montibus, unde
Stare videntur, et in campis consistere fulgur.

réfutation passionnée d'antiques erreurs physiques qui ont été érigées en dogmes religieux [1].

Il nous reste à montrer par un exemple comment le poëte embellit ses exactes démonstrations sur la nature des atomes, non-seulement par la richesse de son imagination, mais par les grâces du sentiment. Du sentiment en pareille matière, cela peut surprendre. Il veut prouver que les atomes ont des formes diverses, que cette diversité donne aux corps, aux animaux un aspect différent et comme une physionomie propre aux individus de même espèce ; autrement on ne pourrait comprendre comment les mères reconnaissent leurs enfants. Si l'observation sur la diversité des figures chez les animaux est incontestable, la preuve est assez puérile. Remarquons, en passant, qu'en général les observations naturelles de Lucrèce sont très-justes et fines, et les explications systématiques erronées. Ce qu'il voit et ce qu'il invente est d'un esprit pénétrant, ce qu'il emprunte à la science d'Épicure est souvent sans valeur. Mais combien est charmant ici l'exemple qu'il donne à l'appui de sa singulière théorie ! Une vache qui a perdu son veau le cherche dans les pâturages sans que les autres veaux de même couleur puissent lui faire illusion, tant elle reconnaît, grâce à la prétendue différence des atomes, sa chère progéniture. On trouve déjà dans ce morceau célèbre l'art exquis de Virgile, qui sait inté-

---

1. II, 604.

resser aux mœurs des animaux ; mais ici cet art ne sert pas seulement au plaisir, il sert encore à la démonstration :

> Tout ce qui vit, humains, troupeaux, monstres sauvages,
> Poissons à blanche écaille, oiseaux aux fins plumages,
> Aussi bien ceux qu'on voit promener leurs couleurs
> Près des lacs, des ruisseaux, que les sombres chanteurs
> Qui volent loin des yeux dans la forêt obscure,
> Ils ont tous et leur forme et leur propre peinture.
> Observe-les de près : comme chez les humains,
> Chacun a son visage et des signes distincts ;
> Comment connaîtrait donc, sans ce trait qui diffère,
> La mère ses enfants, et les enfants leur mère ?
>
> Près d'un autel fleuri quand un jeune taureau,
> Parmi les flots d'encens, tombe sous le couteau
> Et verse un chaud torrent de sa poitrine ouverte,
> Sa mère qui n'est plus mère, ignorant sa perte,
> Parcourt les verts pâtis, d'un regard triste et lent
> Interroge les lieux connus de son enfant,
> Parfois s'arrête, appelle et d'un cri lamentable
> Remplit les bois muets, puis revient à l'étable,
> Et de l'étable encor retourne à la forêt,
> Le cœur toujours percé d'un maternel regret.
> Gazon humide et frais, tendres saules, fontaines
> Offrant leurs claires eaux entre des rives pleines,
> Rien ne peut un moment distraire sa douleur,
> Tous les jeunes taureaux jouant sur l'herbe en fleur
> Ne sauraient abuser ni ses yeux, ni sa peine,
> Tant son fils a pour elle une marque certaine[1]. (II, 342.)

---

1. Præterea, Genus humanum, mutæque natantes
    Squamigerùm pecudes, et læta armenta, feræque,
    Et variæ volucres, lætantia quæ loca aquarum
    Concelebrant, circum ripas, fontesque, lacusque,

C'est assez parler des atomes, de leur mouvement, de leur figure. Après l'infiniment petit, voyons l'infiniment grand. Aussi bien, tout le système repose sur ces deux conceptions, les atomes et le vide : « De quelque côté qu'on se tourne, dit Lucrèce, à droite, à gauche, sur votre tête, sous vos pieds, il n'y a pas de limite dans le grand tout. » Sans doute le poëte ne sait pas, comme Pascal, emprisonner l'infini dans une définition géométrique : « L'univers est une sphère dont le centre est partout et la circonférence nulle part. » Il essaye de peindre l'infini avec une naïveté et une abondance plus poétiques, il défie l'imagination de mettre des bornes à l'es-

---

 Et quæ pervolgant nemora avia pervolitantes,
 Quorum unum quodvis generatim sumere perge;
 Invenies tamen inter se differre figuris.
 Nec ratione alia proles cognoscere matrem,
 Nec mater posset prolem; quod posse videmus,
 Nec minus atque homines inter se nota cluere.
  Nam sæpe ante Deum vitulus delubra decora
 Turicremas propter mactatus concidit aras,
 Sanguinis exspirans calidum de pectore flumen :
 At mater, virides saltus orbata peragrans,
 Linquit humi pedibus vestigia pressa bisulcis,
 Omnia convisens oculis loca, si queat usquam
 Conspicere amissum fetum; completque querelis
 Frondiferum nemus adsistens; et crebra revisit
 Ad stabulum, desiderio perfixa juvenci;
 Nec teneræ salices atque herbæ rore virentes,
 Fluminaque ulla queunt summis labentia ripis
 Oblectare animum, subitamque avertere curam :
 Nec vitulorum aliæ species per pabula læta
 Derivare queunt animum, curaque levare:
 Usque adeo quiddam proprium notumque requirit.

pace, montrant qu'il y aura toujours quelque chose au delà, il semble commenter d'avance cette autre pensée de Pascal : « Quelque grand que soit un espace, on peut en concevoir un plus grand, et encore un qui le soit davantage et ainsi à l'infini, sans jamais arriver à un qui ne puisse être augmenté... Votre imagination se lassera plutôt de concevoir que la nature de fournir. » Lucrèce suit une pareille progression, et enfermant de grandes images dans un dilemme pressant mêle une poésie sublime à des formes de dialectique :

> S'il est une limite a cette immensité,
> Imagine un archer qui de l'extrémité
> Décoche avec vigueur une flèche rapide ;
> Admets-tu que le trait parte en l'espace vide,
> Qu'il vole sans que rien soit là pour l'arrêter,
> Ou bien à quelque obstacle ira-t-il se heurter?
> Il faut faire ton choix, et ta raison captive
> Ne pouvant s'échapper de cette alternative
> Sera, tu vas le voir, contrainte d'effacer
> La borne qu'à l'espace elle prétend fixer.
> Car soit que quelque chose intercepte à distance
> La flèche, soit que libre au loin elle s'élance,
> Tu vois bien, en prenant l'un ou l'autre parti,
> Que le bord n'était pas d'où le trait est parti.
> Avance, si tu veux, avance ta limite,
> Tu ne peux m'éluder ; de poursuite en poursuite
> Je t'arrête et je dis : que devient notre trait?
> Ainsi toujours, toujours ta borne avancerait,
> Et partout à l'archer, n'importe où tu le places,
> L'immensité sans fin ouvre d'autres espaces. — (I, 967.)
> Hors de lui l'univers n'a rien qui le termine.
> Si tu veux concevoir cet espace, imagine

Qu'un grand fleuve coulant durant l'éternité
Se précipite au fond de cette immensité ;
Il aurait beau chercher dans sa course éternelle
La limite, il serait toujours aussi loin d'elle[1]. (I, 1002.)

Ces longues descriptions des atomes et du vide qui remplissent les deux premiers livres et qui semblent braver toute poésie doivent surtout leur intérêt et leur crédit à la foi philosophique de Lucrèce. Un enthousiasme constant pour la doctrine du maître lui représente ces hypothèses comme des réalités. Pour lui, c'est peu d'y croire, il les voit, il assiste au travail de la nature à l'origine des choses.

---

1. Præterea, si jam finitum constituatur
Omne quod est spatium, si quis procurrat ad oras
Ultimus extremas, jaciatque volatile telum,
Id validis utrum contortum viribus ire,
Quo fuerit missum, mavis, longeque volare,
An prohibere aliquid censes obstareque posse?
Alterutrum fatearis enim sumasque necesse est;
Quorum utrumque tibi effugium præcludit, et omne
Cogit ut exempta concedas fine patere.
Nam sive est aliquid, quod probeat efficiatque
Quo minu' quo missum est veniat, finique locet se,
Sive foras fertur, non est a fine profectum.
Hoc pacto sequar atque, oras ubicumque locaris
Extremas, quæram, quid telo denique fiat.
Fiet uti nusquam possit consistere finis,
Effugiumque fugæ prolatet copia semper...
Est igitur natura loci spatiumque profundi,
Quod neque clara suo percurrere flumina cursu
Perpetuo possint ævi labentia tractu,
Nec prorsum facere, ut restet minus ire meando ;
Usque adeo passim patet ingens copia rebus,
Finibus exemptis, in cunctas undique partes.

Il a lui-même le sentiment de cette puissance d'imagination quand il dit dans un élan d'orgueil et une effusion de bonheur: « Je vois l'univers se former au milieu du vide, *totum video per inane geri res.* » Son regard perce non-seulement les libres espaces du ciel, mais à travers l'épaisseur de la terre plonge dans les espaces infinis qui s'ouvrent sous nos pieds,

Non tellus obstat quin omnia dispiciantur
Sub pedibus quæcunque infra per inane geruntur.

Pour lui la nature n'a plus de voiles, elle est tout entière devant ses yeux :

Tam manifesta patens ex omni parte retecta [1].

Imagination ardente et lumineuse qui versera des feux en se concentrant dans la langue la plus précise.

Il y a des auteurs latins dont la diction est plus élégante, qui choisissent leurs mots avec plus de soin pour le plaisir de l'oreille. Ainsi fait Cicéron lorsqu'il rencontre certaines difficultés de la science et qu'il évite la sécheresse d'un langage technique. Sénèque, dans ses *Questions naturelles,* met en usage toutes les ressources d'une langue raffinée, il nous dissipe à force de vouloir nous contenter; concis dans le détail, il est souvent diffus dans l'ensemble. Il imprime fortement sa pensée dans les esprits, mais en appuyant trop à plusieurs reprises, il détruit les contours arrêtés de l'empreinte. Nous ne par-

---

1. III, 17-30.

lons pas de Pline l'ancien, dont le style est obscur et vague. De tous les philosophes romains Lucrèce est peut-être celui qui parle la langue de la science avec la plus forte simplicité. Il s'accommode du mot propre, même quand il est rude; il l'échange rarement contre une périphrase, à moins qu'elle n'ajoute quelque chose à la pensée. Il ne connaît pas encore ces scrupules qui, en polissant la langue, l'affaiblissent. Presque toujours il laisse aux mots leur sens primitif et étymologique. On ne peut trouver un meilleur vocabulaire. Si son style manque de certaines qualités exquises que demande la poésie, il possède plus que tout autre celles que réclame la science. « C'est, disait Montaigne, un langage tout plein et gros d'une vigueur naturelle et constante..., une éloquence nerveuse et solide, qui ne plaît pas tant, comme elle remplit et ravit, et ravit les plus forts esprits [1]. » L'exacte justesse des termes, leur simplicité sans fard est en philosophie comme la marque de la droiture et de la probité.

Le *Poëme de la Nature* parut dans la littérature latine à l'heure la plus favorable pour la poésie philosophique. Plus tôt, il n'eût pas été compris par les Romains encore incultes; plus tard, après Cicéron, quand la philosophie était partout répandue, il eût manqué de nouveauté et de prestige. Il faut en effet que la science soit nouvelle pour exciter l'enthousiasme d'un poëte et l'admiration des lec-

---

1. *Essais*, III 5.

teurs. Dès que les connaissances sont vulgaires, que la science, de mystérieuse qu'elle était, est devenue précise, qu'elle a été fixée, le moindre traité, rédigé avec exactitude, est plus précieux qu'un poëme. Si on ne fait que peindre ce que personne n'ignore, que redire en vers ce qui a été dit cent fois en prose, l'inspiration fait défaut, le poëte n'est pas soutenu par un grand intérêt, il n'éprouve ni ne cause de surprise et il en est réduit à cultiver laborieusement, comme les poëtes alexandrins ou Delille, cet art douteux qui consiste à exprimer avec une aisance apparente les choses difficiles. Lucrèce, sans appartenir à ces temps heureux où la science se confondait encore avec la poésie, où les Xénophane, les Parménide, les Empédocle chantaient une physique qu'ils avaient eux-mêmes créée, put ressentir pourtant de ces transports qu'éprouvent les inventeurs. Il s'éprit de vérités qu'il avait conquises sur l'étranger et qu'il rapportait un des premiers à Rome ; il eut cette joie suprême de connaître et d'enseigner des choses peu connues, « de cueillir des fleurs nouvelles, »

... Juvatque novos decerpere flores,

de répandre la lumière poétique sur des sujets obscurs,

Deinde quod obscura de re tam lucida pango
Carmina.

De là vient son admiration pour son système, l'ardeur de ses convictions et la fierté triomphante de son langage. C'est à peu près ainsi que Voltaire, rapportant d'Angleterre les découvertes de Newton, les célébra avec un enthousiasme si poétique. L'étonnement avait fait tressaillir son génie qu'animait encore l'espoir d'étonner à son tour ses concitoyens et de les ravir par de beaux vers, comme il avait été ravi lui-même par la révélation subite des plus profonds mystères de la science.

Mais quel que fût le génie de Lucrèce, il n'aurait pu composer un si grand et si difficile poëme, si la Grèce ne lui avait fourni des modèles. Quand on parle de poésie latine, il faut toujours revenir à la Grèce, qui, dans tous les genres, a offert à l'inexpérience romaine d'indispensables exemplaires. Lucrèce eut en effet sous les yeux les grands poëmes de Parménide et d'Empédocle; il les a médités, il les imite comme poëte, bien que les doctrines de ces premiers philosophes ressemblent peu à la sienne et qu'il ait souvent à les réfuter. Mais comme il a l'ambition d'embrasser aussi dans un vaste ouvrage les plus hauts problèmes de la science physique, il se fait gloire de marcher sur leurs traces et leur emprunte jusqu'au titre de leur poëme, περὶ φύσεως, *de rerum natura*. Celui de ces poëtes philosophes qu'il paraît avoir le plus étudié est Empédocle d'Agrigente, auquel il donne de magnifiques louanges où la reconnaissance se mêle à l'admiration [1].

---

1. I, 717.

Quand on connaît le caractère et la vie d'Empédocle, on comprend mieux quel dut être en Grèce le prestige des poëmes philosophiques sur la nature. Il florissait vers le milieu du v⁰ siècle avant notre ère, en un temps où la science n'était pas encore fondée, où la poésie était à peu près l'unique dépositaire des connaissances humaines. Sa vie ressemble à un tissu de fables. Comme citoyen il avait sauvé la république, combattu les tyrans et refusé le pouvoir suprême. A la fois prêtre, médecin, physicien, ses vers étaient regardés comme de vrais oracles et lui-même comme un dieu. Les anciens rapportent un grand nombre de faits véritables ou supposés, qui montrent quelle fut la science extraordinaire d'Empédocle ou du moins quelle était l'idée merveilleuse qu'on s'en faisait. Il délivra Agrigente d'une peste en fermant une vallée, Sélinonte en détournant deux rivières à travers un marais voisin [1]. Le bruit s'était répandu qu'il ressuscitait les morts. Lui-même entretenait la multitude dans cette admiration superstitieuse et semblait vouloir frapper les imaginations par un appareil de théâtre. Il ne paraissait dans les rues que suivi d'un nombreux cortége, en robe de pourpre, chaussé de crépides d'airain, portant sur sa longue chevelure une coiffure sacerdotale et tenant à la main le lau-

---

[1]. On possède encore aujourd'hui deux médailles frappées à cette occasion, où l'on voit Empédocle debout sur le char d'Apollon et retenant la main du dieu qui s'apprête à lancer ses traits mortels.

rier d'Apollon. Dans un fragment qui nous a été conservé, il célèbre sa propre apothéose : « O mes amis, s'écrie-t-il... Je ne suis plus à vos yeux un mortel, oui, je suis un dieu ! »

Ce n'est point seulement par des prestiges qu'il obtint une gloire sans pareille dans l'antiquité. Il était le plus grand savant de son siècle. Ses vastes théories, après avoir si vivement frappé les imaginations contemporaines, ont depuis mérité d'être discutées en tout temps par les plus célèbres philosophes et nous surprennent encore. Et pourtant la perte de ses ouvrages n'a laissé parvenir jusqu'à nous que quelques rayons de son génie. La science moderne plus d'une fois, en s'ouvrant des routes inexplorées, a cru y rencontrer les traces d'Empédocle. Quand il décrit, par exemple, les informes et gigantesques essais de la création, on est tenté de croire qu'il avait sous les yeux des restes fossiles du règne animal antédiluvien. Il enseignait que la croûte solide du globe repose sur le noyau d'un feu central, que les montagnes et les rochers avaient été poussés de bas en haut par ce feu souterrain ; belle et féconde théorie que le voisinage de l'Etna avait sans doute suggérée au philosophe sicilien et qui est devenue depuis la théorie *des soulèvements* qui occupe une si grande place dans notre science géologique. C'est à Empédocle que paraît avoir été empruntée la pensée de Pascal si justement admirée sur « la sphère infinie dont le centre est partout, la circonférence nulle part. » *Empedocles sic Deum de-*

finire fertur : Deus est sphæra, cujus centrum ubique, circonferentia nusquam[1]. La beauté du langage égalait la sublimité des conceptions chez le philosophe poëte.

C'était le temps où la science animée par de jeunes transports n'avait pas fait encore divorce avec la poésie, où tout en Grèce se chantait : la physique, la morale, même les lois et les codes. C'est ce qui fit donner le même nom aux lois et aux chansons, νόμοι. Plutarque nous dit, dans la gentille langue que lui prête Amyot : « Alors toute histoire, toute doctrine philosophique, toute affection et brief toute matière qui avoit besoing de plus grave et plus ornée voix, ils la mettoient toute en vers poétiques et en chants de musique. Car ce que peu de gens escoutent maintenant à toute peine, alors tout le monde l'oyoit, et prenoit grand plaisir à l'ouir chanter, et laboureurs et preneurs d'oyseaux, comme dit Pindare[2]. » Aussi la multitude même n'était pas insensible aux vers d'Empédocle, qu'on chantait quelquefois sur les théâtres. La science avait alors un caractère sacré et les philosophes étaient pour le peuple les véritables théologiens.

Tel était le pouvoir des poëtes philosophes dans les premiers âges de la science. La doctrine d'Em-

---

1. Voir les savantes recherches de M. Havet sur la phrase de Pascal, 2e édit., t. I, p. 18.
2. *Des Oracles*, 24.

pédocle devait d'ailleurs saisir les âmes par un certain mysticisme qui se trouve mêlé à ses explications physiques de la nature. Il ne s'adresse pas seulement à la raison, comme Lucrèce. Sa philosophie, qui n'a pas rompu avec les fables et les mythes de l'antique religion, se compose souvent d'allégories. On sait aussi qu'il admettait la métempsycose et qu'à ses yeux l'homme est un être déchu qui expie dans ce monde une faute qu'il a commise avant de descendre sur la terre : « Triste race de mortels... De quelle dignité, de quel bonheur je suis tombé parmi les hommes! »

L'homme est un dieu tombé qui se souvient des cieux [1].

On se demande comment ce poëte mystique, qu'on peut appeler, avec Aristote, un naturaliste théologien, comment ce pieux révélateur des mystères divins a pu servir de modèle à un poëte contempteur de la Divinité. C'est que le poëme d'Empédocle exposait une physique qui, sans être semblable à celle d'Épicure, fournissait pourtant à un épicurien des vues, des images, des expressions poétiques qui pouvaient s'adapter à un système différent. Il nous faut dire quelques mots de cette physique, parce qu'on a coutume de parler des imitations de Lucrèce, sans rien préciser.

Empédocle, comme on sait, avait établi les quatre éléments, en faisant faire un grand pas à la science

---

[1]. Lamartine, *Méditations*.

qui jusqu'alors attribuait toutes choses à un principe unique, ou à l'air, ou à l'eau, ou au feu, ou à la terre. Mais il ne s'en tint pas à cette hypothèse simple encore. Pour lui, chacun de ces éléments est composé de particules homogènes, irréductibles, invariables, insécables, éternelles. Ce sont les éléments des éléments. Tous les corps ne sont que le résultat de la combinaison de ces dernières particules indécomposables; à proprement parler, il n'y a ni création ni destruction; la naissance et la mort ne sont que des phénomènes produits par l'*amitié* des particules homogènes qui s'attirent et par la *haine* des particules hétérogènes qui se repoussent et se séparent. Le monde lui-même n'est que l'ensemble de toutes les combinaisons formées par les éléments simples et l'harmonie de l'univers n'est que le balancement entre des propriétés hostiles. Vues admirables pour le temps, et même pour le nôtre, où il semble qu'Empédocle, l'envoyé des dieux, le poëte théologien, ait entrevu nos idées modernes sur la constitution atomique des corps, sur les attractions et les affinités chimiques.

On voit par cette courte et sèche exposition, qui repose surtout sur des témoignages d'Aristote, que Lucrèce, sans admettre le système des quatre éléments que d'ailleurs il réfute, a pu emprunter au poëte grec un grand nombre de termes et les détourner sans effort pour les appliquer à l'épicurisme. Que de rapports entre les particules insécables d'Empédocle et les atomes d'Épicure! Les deux doctrines pouvaient n'être pas d'accord sur le mode de leurs combinaisons, mais les mêmes termes convenaient également à l'une et à l'autre.

Oserai-je hasarder une opinion qui ne repose, il est vrai, que sur de faibles indices? L'hymne à la Vénus universelle qui donne naissance à tous les êtres ne serait-il pas un souvenir d'Empédocle? Je ne vais pas jusqu'à dire que ce soit un emprunt. Ce beau morceau porte tous les caractères de l'originalité, il a une couleur fortement romaine, il renferme même des allusions à la religion nationale; mais l'idée de cette invocation pourrait bien avoir été inspirée par le poëte grec, qui vivait dans un âge où la religion se mêlait à la philosophie, qui animait la nature par des passions allégoriques et donnait à l'attraction corpusculaire le nom d'amitié et de Vénus. Cette Vénus présidait aux combinaisons de la matière et à la naissance des êtres. Ce n'est point là une idée épicurienne. Rien n'est plus contraire au système que cette personnification religieuse qui est si peu en harmonie avec l'impiété du poëme. Ne peut-on pas croire que Lucrèce, au risque d'introduire dans la physique d'Épicure un élément poétique qui s'accordait mal avec la doctrine, s'est laissé tenter par les belles images du poëte théologien?

En général, l'imitation est manifeste et le serait davantage s'il nous restait un nombre moins restreint de vers d'Empédocle. Au fond de la doctrine Lucrèce n'a pu faire beaucoup d'emprunts. Les deux systèmes physiques sont assez dissemblables, et Lucrèce ne se fait pas faute de combattre celui de son devancier. Les doctrines morales sont plus différentes encore. Empédocle est un pieux enthousiaste, toujours occupé de la Divinité, qui prétend être sorti d'elle, qui aspire à y retourner et regarde la terre comme un lieu d'expiation. Il a ses tristesses comme Lucrèce, il se plaît aussi à peindre la misère de l'homme, non pour le vouer à une éternelle destruction, mais pour lui proposer de hautes espérances et lui promettre une destinée nouvelle. Si l'on comprend bien ses idées sur la métempsycose, elle paraît être dans son langage mystérieux une suite d'épreuves par lesquelles les âmes purifiées peuvent reconquérir leur noblesse divine. Combien nous sommes loin de Lucrèce! Mais on voit pourtant ce que le poëte latin a pu puiser d'inspirations dans ce poëme. Il alluma son génie à l'enthousiasme de cet inspiré, il lui déroba une foule d'expressions pour décrire les évolutions de la matière, il suivit ses élans, mais en se portant contre la Divinité au lieu d'aller vers elle. Pour emprunter une comparaison à l'épicurisme, de même que les éléments qui ont formé le corps d'un être peuvent, après leur dissolution, composer un être nouveau et différent, ainsi les éléments poétiques d'Empédocle se sont réunis sous le génie de Lucrèce pour produire un ouvrage nouveau qui n'a point même figure, ni même passion.

On ne peut lire le *Poëme de la Nature* sans être

étonné d'un certain accent religieux dans l'expression même de l'impiété. Lucrèce est le hiérophante de la philosophie incrédule. Lui qui ne parle qu'au nom de la science, qui expose la doctrine la plus sèche de l'antiquité, la plus triste pour le cœur et l'imagination, ne laisse pas de s'élever au ton le plus sublime et de proclamer ses principes comme des oracles. Ne peut-on pas supposer que pour avoir vécu dans une longue familiarité avec Empédocle il s'est mis peu à peu à l'unisson de ce révélateur des divins mystères? Il a gardé à son insu les parfums du temple poétique où il avait passé sa jeunesse et ce grand langage qui ne semble fait que pour les vérités saintes. C'est ainsi que de nos jours un illustre écrivain, nourri de la Bible et des Pères, qui, après avoir été le plus ardent défenseur de l'Église, finit par se révolter contre elle, conserva toujours le ton de l'éloquence sacrée, et dans sa polémique antireligieuse exhala son incrédulité nouvelle en imprécations sacerdotales.

Le poëme de Lucrèce, en levant tout à coup devant l'ignorance romaine le voile qui couvrait la nature, jeta toutes les imaginations curieuses dans un ravissement, où je ne sais quel scrupule, quel léger frisson de crainte se mêlait à la joie, et dont témoigne plus d'un livre latin. Pour la science, les Romains du temps ressemblaient à ces hommes que suppose Aristote, qui, ayant toujours habité sous terre dans de grandes et belles maisons ornées de tableaux et de sculptures, fournis de tout ce qui abonde chez ceux qu'on croit heureux, auraient tout à coup quitté leur ténébreux séjour et verraient pour la première fois la terre, les mers, le soleil, le ciel étoilé[1]. La nature jusque-là confuse, brouillée, décousue, traversée par l'irrationnelle intervention de mille divinités capricieuses, se présenta dans la claire et majestueuse simplicité de ses lois précises. Au plaisir de connaître, à l'orgueil de savoir, peut-être à la satisfaction de voir diminuer le pouvoir de dieux plus craints que respectés, s'ajoutait l'admiration pour une œuvre poétique qui surpassait en grandeur et en éclat tout ce qu'avait produit la littérature nationale. Aussi voit-on que presque tous les poëtes venus depuis déposent un hommage aux pieds de Lucrèce. S'ils n'osent prononcer son nom par une sorte de bienséance religieuse ou morale, ils lui apportent le tribut de leur reconnaissance discrète et presque clandestine. Ils lui disent à mots couverts ce que Lucrèce dans un beau transport disait à Épicure : « O toi qui le premier levas sur nos profondes ténèbres le clair flambeau de la science, nous montrant le vrai chemin de la vie, je veux marcher sur tes pas. »

> E tenebris tantis tam clarum extollere lumen
> Qui primus potuisti, illustrans commoda vitæ,
> Te sequor... (III, 4.)

Ils veulent le suivre, ils ne peuvent et déclarent

---

[1]. Cicéron, *De nat. Deor.*, II, 95.

ingénument leur impuissance. Ils vont prendre leur élan pour pénétrer dans les mystères de la nature, mais ils se sentent retenus par leur faiblesse et se renferment dans une modestie nécessaire. Faute de pouvoir imiter Lucrèce, ils s'inclinent devant lui:

> Leur génie étonné tremble devant le sien.

Recueillons d'abord les naïfs aveux d'un jeune poëte inconnu, qui est peut-être Cornélius Gallus, le contemporain et l'ami de Virgile, l'auteur présumé d'un petit poëme intitulé *Ciris*. Il n'a point encore trouvé sa voie ni en philosophie, ni en poésie, et fait part de ses hésitations à son protecteur Messala. Il étudie dans Athènes où il respire, dit-il, les doux parfums des jardins d'Épicure. Sa muse a déjà osé lever les yeux vers les astres et suivre sur des hauteurs peu fréquentées le sentier de la science. Il voudrait, comme Lucrèce, qu'il ne nomme pas, mais qu'il désigne, contempler de haut sur la terre les égarements des hommes et mêler le nom de son protecteur aux grands spectacles de la nature; mais sa jeunesse ne fait que de naître à de si hautes spéculations et ses forces le trahissent,

> Altius ad magni suspexit sidera mundi,
> Et licitum paucis ausa est adscendere collem...
> Unde hominum errores longe lateque per orbem
> Despicere atque humiles possem contemnere curas...
> Sed quoniam ad tantas nunc primum nascimur artes,
> Nunc primum teneros firmamus robore nervos [1]...

---

1. *Ciris*, 1-43.

Ce jeune étudiant d'Athènes est ici, comme le sont d'ordinaire les jeunes gens, l'interprète de l'admiration contemporaine.

Voici maintenant le plus grand poëte de Rome, Virgile, déjà parvenu à la gloire, qui se montre aussi humble devant Lucrèce que cet écolier. Il nous dit dans une de ses confidences, qui sont d'autant plus précieuses qu'elles sont plus rares, en des vers les plus beaux qu'il ait faits peut-être, ou du moins les plus touchants, parce que rien ne va plus avant dans le cœur que la candeur modeste du génie :

« Puissent les Muses, mes plus chères délices, dont je sers le culte, le cœur rempli d'un ineffable amour, m'accueillir avec bonté, me montrer les routes des astres dans le ciel, d'où viennent les défaillances du soleil, les décroissances de la lune, ce qui fait trembler la terre, par quelle force mystérieuse les mers se gonflent, rompent leurs rivages et de nouveau rentrent dans leurs limites... Que si je ne puis m'approcher de ces secrets de la nature, si la froideur de mon sang enchaîne mon génie, que du moins la campagne fasse ma joie et les eaux qui courent à travers les vallées. Fleuves, forêts, je vous aimerai sans gloire!... Heureux celui à qui il fut donné de connaître les causes des phénomènes, qui a mis sous ses pieds toutes les craintes, l'inexorable destin et le vain bruit de l'Achéron avare! »

Me vero primum dulces ante omnia Musæ

Quarum sacra fero ingenti percussus amore,
Accipiant, cœlique vias et sidera monstrent...
Sin has ne possim naturæ accedere partes,
Frigidus obstiterit circum præcordia sanguis,
Rura mihi et rigui placeant in vallibus amnes,
Flumina amem et silvas inglorius...
Felix qui potuit rerum cognoscere causas
Atque metus omnes et inexorabile fatum
Subjecit pedibus strepitumque Acherontis avari[1] !

Il n'est pas de plus bel hommage rendu à la physique nouvelle de Lucrèce que ce soupir poétique d'une émulation pareille qui se déclare impuissante. Virgile a, du reste, plus d'une fois tenté de s'élever à ces hauteurs de la science sur les pas de son devancier. Dans la sixième Églogue, voulant mettre dans la bouche d'un dieu, du dieu même de l'inspiration poétique, un chant digne de lui, il lui fait dérouler en vers précis la cosmogonie de Lucrèce. A la voix divine célébrant la naissance du monde accourent Faunes et bêtes sauvages; les chênes frémissent et inclinent leur cimes altières, les rochers mêmes sont émus; toute la nature attentive assiste à l'histoire de la nature et tressaille aux accents de celui qui n'est ici, par une fiction flatteuse, que l'interprète du poëte physicien.

Beaucoup d'autres poëtes latins, quoique moins enthousiastes que Virgile, laissent voir pourtant combien la nouveauté de ces problèmes physiques s'étaient emparée des esprits romains. Si Horace

---

1. *Géorgiques*, II, 475-492.

paraît avoir été peu curieux de science, bien qu'il fût épicurien et se reconnût en plus d'un endroit disciple de Lucrèce, un de ses amis, Iccius, élève sa pensée à ces hautes spéculations et recherche « les causes qui retiennent la mer dans ses limites, quelles influences règlent les saisons, si les astres errent dans l'espace, animés de leur propre mouvement ou conduits par une volonté toute-puissante. »

> Quæ mare compescant causæ; quid temperet annum ;
> Stellæ sponte sua, jussæne vagentur et errent [1]...

Ovide, dans les *Métamorphoses*, fait traiter par Pythagore les problèmes épicuriens sur les astres, les nuages, la foudre : « Est-ce Jupiter, est-ce le vent qui produit le tonnerre? »

> Jupiter, an venti, discussa nube tonarent [2]...

Ovide touche souvent à ces questions cosmogoniques; il envie ceux qui connaissent les grands phénomènes de la nature. N'est-ce pas à Lucrèce qu'il fait allusion, lorsque dans les *Fastes* il s'écrie : « Heureux les génies qui les premiers connurent ces mystères et montèrent jusqu'à ces régions célestes! »

> Felices animos, quibus hæc cognoscere primis,
> Inque domos superas scandere cura fuit ! [3]

---

1. *Epîtres*, I, 12, 16.
2. Liv. XV, 70. — 3. l. I, 297.

Le voluptueux Properce, qui était bien loin d'être un sage, mais qui se flattait de le devenir avec les années, réserve à sa vieillesse le noble plaisir d'étudier les lois de la nature. Il indique d'avance, d'après Lucrèce, les questions qu'il aimerait à résoudre sur le ciel, sur les saisons, sur la mort, sur les enfers :

> Tum mihi naturæ libeat perdiscere mores...
> Tisiphones atro si furit angue caput...
> An ficta in miseras descendit fabula gentes
> Et timor haud ultra quam rogus esse potest[1].

Il n'est pas jusqu'au faible Tibulle, tout entier à ses amours, qui ne soit plus ou moins tenté par la science. Deux fois il déclare qu'il ne chantera pas ces merveilles de l'univers, qui sans doute sollicitaient sa curiosité, mais qui effrayaient son débile courage. Même sa Délie ne le possède pas au point qu'il n'ait une pensée pour ces problèmes :

> Alter dicat opus magni mirabile mundi[2]...

Peu à peu dans la poésie latine cette universelle célébration de la physique dégénère en lieu commun. Sénèque le tragique, dans sa pièce d'*Octavie*, chante indiscrètement sur la scène ces difficiles études, mais il les chante, si l'on peut dire, sur le mode stoïcien[3]. Stace à son tour trace le même pro-

---

1. Liv. III, 5, 25-48.
2. Liv. IV, 1, 18.
3. V, 387.

gramme de questions naturelles[1]. Enfin Claudien, le dernier venu, ayant à peindre une jeune fille, Proserpine, qui brode pour sa mère un ouvrage délicat, s'avise de lui faire représenter à l'aiguille sur la toile le débrouillement du chaos, la séparation des éléments. La pauvre enfant y met toutes les ressources de son art. Avec des paillettes d'or elle constelle le ciel, une laine d'azur empourpré figure l'Océan, des pierres précieuses les aspérités du rivage, et des fils savamment entassés en onduleux relief semblent battre ces brillants rochers de leurs flots orageux[2]; mignarde description qui prouve que la physique était devenue assez vulgaire pour qu'on la fît tomber aux mains des femmes. Il ne manquait plus au *Poëme de la Nature* que d'être mis en tapisserie.

Il est dans la destinée de toutes les grandes choses qui d'abord émurent les plus nobles esprits de devenir communes, d'aller en proie à la frivolité, et de degrés en degrés de descendre quelquefois jusqu'aux confins du ridicule. Les plus belles œuvres du génie humain n'ont pas épuisé tous les honneurs, si elles n'ont reçu pour dernière consécration le triste hommage d'une vogue banale.

Pourquoi tous ces poëtes, pourquoi le public lettré à Rome a-t-il accueilli avec tant d'enthousiasme ou de faveur une physique si aride, si peu faite

---

1 *Silves*, V, 3, 19. — *Thébaïde*, VI, 360.
2. *De raptu Proserp.* I, 414.

pour séduire? Était-ce la satisfaction d'une savante curiosité? Non, les Romains n'ont jamais montré de goût pour la pure spéculation, ni pour la science désintéressée. Mais cette explication, quelle qu'elle fût, de la nature avait du moins le mérite d'expliquer quelque chose. Elle faisait évanouir des fables insensées ou terribles, elle enlevait l'âme à des peurs confuses, elle mettait de l'ordre dans les esprits comme dans l'univers. Les lois de la nature proclamées par Lucrèce peuvent nous paraître aujourd'hui fausses ou dangereuses, mais du moins c'étaient des lois. Les Romains se contentèrent à jamais de cette physique, que peu à peu ils confondirent avec celle de l'école stoïcienne, en bien des points semblable et conforme. La poésie de Lucrèce fut pour les Romains la première aurore de la science, aurore charmante, saluée avec joie, mais qui ne devait pas amener après elle la lumière du soleil, et qui jusqu'à la fin du monde antique resta une aurore.

CHAPITRE VIII.

LE CINQUIÈME LIVRE.
FORMATION DE L'UNIVERS.—APPARITION DE L'HOMME SUR LA TERRE.
LA CIVILISATION NAISSANTE. — SENTIMENT DE LA NATURE.

Le cinquième livre est comme le couronnement du système des atomes. On y voit enfin dans le plus vaste ensemble ce que le tumulte de la matière livrée à elle-même a pu produire ; brillante peinture qui embrasse l'histoire de l'univers et de l'homme, où sont abordés en même temps, avec la plus confiante témérité, les plus grands problèmes de la physique, de la religion, de la morale.

Le chaos se débrouille, les atomes de même nature se cherchent et s'assemblent ; les plus pesants se précipitent et forment la terre ; l'air, plus léger, s'élève et flotte au-dessus, et la matière ignée, plus subtile encore, se répand autour du monde qu'elle enveloppe de ses feux. Les astres commencent à paraître et prennent leur course. Après avoir expliqué les causes de leurs mouvements en disciple d'Épicure et avec les faibles lumières de l'école, le poëte fait voir comment la terre donna naissance aux plantes, aux arbres, aux animaux, aux hommes; comment, dans ce premier enfantement, des monstres, informes ébauches de la nature, incapables de vivre et de se reproduire, périrent à jamais; comment des espèces d'animaux, trop faibles pour se défendre, s'éteignirent. Ensuite il nous fait assister à la vie des premiers humains, de ces rudes enfants d'une terre encore vigoureuse, qui cherchent dans les forêts leur sauvage nourriture et luttent contre les bêtes féroces. Peu à peu les mœurs deviennent moins farouches; l'amour, le mariage, le désir de protéger les femmes et les enfants, unissent entre eux les premiers chefs de famille par une sorte de convention tacite et les empêchent d'opprimer la faiblesse. De là un commencement de société que l'invention du langage étend bientôt et fortifie. L'ambition fait les rois, la royauté partage les terres et crée la propriété; de longues anarchies font établir les lois, la terreur enfante les religions. Cependant la découverte du feu et des métaux donne naissance à l'industrie, fournit des armes plus terribles à la guerre et d'utiles instruments à l'agriculture. On s'essaye aux arts de pur agrément, on invente la musique. Guidé par le hasard, excité par le besoin, éclairé par son génie, l'homme a trouvé les arts, les sciences, que l'expérience accroît et perfectionne chaque jour. Déjà il habite des villes, déjà il lance des navires sur la mer, l'écriture lui permet de fixer sa pensée, et les poëtes commencent à raconter son histoire à la postérité. Lucrèce ne s'arrête qu'au moment où s'ouvrent les annales des nations. Il fait revivre ces âges lointains qui n'ont pas d'histoire, qui sont hors de notre portée, dont il ne reste ni monuments, ni souvenir, en deçà desquels la tradition s'arrête et qu'on ne peut aborder qu'à l'aide des inductions les plus aventureuses.

Le poëte traverse avec une confiance intrépide les plus difficiles problèmes posés par la science moderne. Quand il peint la formation du monde et les différents âges de la création, il fait penser à la *Théorie de la terre* de Buffon, au *Système sur les planètes* et aux *Époques de la nature*; quand il parle des races disparues qui n'ont pas su vivre ni se perpétuer, il semble soupçonner certains faits sur lesquels repose l'ouvrage de Cuvier, des *Révolutions du globe*; quand il explique la naissance et la marche des astres, il a la même ambition que Laplace dans son *Système du monde*; enfin, lorsqu'il décrit l'origine des sociétés, des gouvernements et des lois, il agite de grandes questions que les publicistes et les philosophes des deux derniers siècles aimaient à traiter, depuis Grotius jusqu'à J.-J. Rousseau. Hâtons-nous de dire que le hardi poëte n'a point toujours jeté beaucoup de lumière durable sur ces lointaines obscurités de la science physique ou sociale. Mais quand il s'agit de si grands objets, les erreurs mêmes ont leur prix. Un puissant intérêt philosophique et moral s'ajoute à celui de la poésie dans cette étonnante peinture, qui est la plus vaste en ce genre, la plus suivie, sinon la plus parfaite, que nous ait laissée l'antiquité.

Ce n'est point à la légère qu'au sujet de ces hypothèses antiques nous avons prononcé le grand nom de Laplace. Le rapprochement peut paraître forcé à qui n'a lu que le cinquième livre, où les idées du poëte, trop mêlées de discussions accessoires, ne sont point assez ramassées, ne forment pas un ensemble lumineux et nagent, pour ainsi dire, dans une dispersion peu systématique. Il faut les voir réunies et condensées dans l'éclatant et harmonieux résumé qu'en a fait Virgile dans ses *Bucoliques*, où cette cosmogonie s'échappe à flots pressés de la bouche d'un dieu :

« Il chantait comment dans les vastes espaces du vide se trouvaient confondus d'abord les principes de la terre, de l'air, de la mer et du fluide igné, comment de ces premiers éléments tout était sorti, comment le monde enfant a pris de la consistance, comment la croûte terrestre s'est affermie, rejetant peu à peu les eaux de Nérée dans le bassin des mers, donnant aux objets mille formes diverses ; il disait la terre s'étonnant à l'éclat nouveau du soleil, les nuages montant dans l'espace pour retomber en pluie, les forêts apparaissant pour la première fois et les rares animaux errants sur des montagnes inconnues, enfin l'homme... »

Namque canebat, uti magnum per inane coacta
Semina terrarumque animæque marisque fuissent

> Et liquidi simul ignis : ut his exordia primis
> Omnia et ipse tener mundi concreverit orbis,
> Tum durare solum et discludere Nerea ponto
> Cœperit et rerum paulatim sumere formas :
> Jamque novum terræ stupeant lucescere solem,
> Altius atque cadant submotis nubibus imbres,
> Incipiant silvæ quum primum surgere, quumque
> Rara per ignotos errent animalia montes... (VI, 31.)

Qu'on veuille bien peser chaque mot et remarquer la suite et la gradation de ces évolutions de la matière. Si, comme poésie, ces vers sont des plus admirables, comme science antique, ils nous paraissent prodigieux[1].

On a souvent comparé Lucrèce à Buffon. Dans plusieurs ouvrages de notre grand naturaliste on rencontre en effet des descriptions qui rappellent des vers célèbres du *Poëme de la nature*. Ils se ressemblent surtout par l'audace de leur entreprise scientifique. Mais il ne faut pas pousser plus loin la comparaison, de peur de rendre au poëte des honneurs qu'il ne mérite pas. Sans doute Lucrèce a embrassé dans le cinquième livre un grand nombre de problèmes que Buffon cherche à résoudre. Pour raconter et décrire l'origine des choses, tous deux sont forcés par leur sujet même de pénétrer dans les ténèbres des âges à l'aide d'hypothèses téméraires et de mêler, comme dit Buffon, la fable à la physique. Mais tandis que l'un fonde ses conjectures sur des faits, recueille avec patience les

---

[1] Voir une note dans l'Appendice, page 391.

documents épars, les rares et précieux vestiges de ces temps évanouis, tandis qu'il « ne se sert de son imagination, comme il dit encore lui-même, que pour combiner les observations, généraliser les faits, et en former un ensemble qui présente à l'esprit un ordre méthodique d'idées claires et de rapports suivis, » l'autre expose sans scrupule un système préconçu, ne se doute pas qu'il existe une méthode pour arriver à la vérité et s'imagine trop souvent, dans l'aveuglement de sa foi philosophique, que le plus irrésistible moyen de persuasion est une affirmation hautaine. Buffon, aussi bien que Lucrèce, est quelquefois grand poëte, et il faut l'être pour remonter par la seule force de l'esprit à la naissance de l'univers, pour décrire ce qu'on ne peut que deviner; mais combien il garde encore de prudence même dans ses conjectures immodérées!

« Comme dans l'histoire civile on consulte les titres, on recherche les médailles, on déchiffre les inscriptions antiques, pour déterminer les époques des révolutions humaines et constater les dates des événements moraux; de même, dans l'histoire naturelle, il faut fouiller les archives du monde, tirer des entrailles de la terre les vieux monuments, recueillir leurs débris, et rassembler en un corps de preuves tous les indices des changements physiques qui peuvent nous faire remonter aux différents âges de la nature. C'est le seul moyen de fixer quelques points dans l'immensité de l'espace, et de placer un certain nombre de pierres numéraires sur la route éternelle du temps. » Voilà bien le langage d'un poëte, mais d'un poëte qui connaît les conditions impérieuses de la science et dont les erreurs mêmes seront le fruit d'une réflexion profonde. Lucrèce ne prend pas cette peine, ni ces précautions; il s'écrie simplement avec une confiance plus poétique que raisonnable : « Je vais vous révéler des oracles plus certains que ceux de la Pythie. » C'est là toute sa méthode; il se contente de proclamer, les yeux fermés, les arrêts de son divin Épicure.

La partie vraiment originale, intéressante et fondée sur des conjectures vraisemblables, est le tableau qui présente la vie primitive de la race humaine et la naissance des sociétés.

Si Virgile a composé avec amour le sommaire poétique de la cosmogonie du cinquième livre, Horace à son tour fait, en disciple fidèle, le résumé de ce qui suit. Il reprend le sujet exactement au point où Virgile l'a laissé : « Quand sur la terre nouvelle encore rampèrent les animaux humains, troupeau hideux et muet, ils se disputèrent d'abord leurs glands et leurs repaires avec les ongles, les poings, puis avec des bâtons, et de progrès en progrès avec toutes les armes que leur forgea le besoin. Cela dura jusqu'au temps où leurs cris inarticulés se changèrent en un langage capable d'exprimer leurs sentiments et de désigner les objets. Alors cessèrent les luttes sauvages; on bâtit des villes qu'on entoura de remparts, on établit des lois... C'est la crainte de l'injustice qui a fait trouver le droit; il en faut convenir quand on remonte aux origines et qu'on déroule les annales du monde. »

> Cum prorepserunt primis animalia terris,
> Mutum et turpe pecus, glandem atque cubilia propter
> Unguibus et pugnis, dein fustibus, atque ita porro
> Pugnabant armis, quæ post fabricaverat usus,
> Donec verba, quibus voces sensusque notarent,
> Nominaque invenere ; dehinc absistere bello,
> Oppida cœperunt munire et ponere leges...
> Jura inventa metu injusti fateare necesse est,
> Tempora si fastosque velis evolvere mundi [1].

Ce sont en effet les *fastes* du monde, c'est la première histoire des sociétés qu'Horace fait tenir en ces quelques vers d'après Lucrèce. On voit combien la science du *Poëme de la Nature* faisait autorité, comme elle s'imposait aux plus grands esprits. Virgile et Horace, dans leur commune admiration pour leur savant devancier, se relèvent en quelque sorte pour lui faire les honneurs. L'auteur des *Bucoliques* et des *Géorgiques*, qui se montra toujours curieux de connaissances physiques, s'attache à l'histoire de l'univers. Horace avant tout moraliste se réserve la partie humaine. Les deux morceaux mis bout à bout forment le tableau réduit de l'immense peinture qui remplit le cinquième livre.

---

1. *Satires*, I, 3, 99.

Buffon a refait ce tableau dans la *Septième époque de la nature* avec plus de précision scientifique et de force démonstrative. Il n'imite pas Lucrèce, comme on a tort de le redire, il ne lui fait pas d'emprunts; son riche génie n'en avait pas besoin. Il s'en inspire, il rivalise avec lui et semble vouloir égaler par la magnificence de sa prose les vers du grand poëte. Il est un autre écrivain du xviiie siècle qui a profité davantage de Lucrèce, qui, sans le nommer, le suit souvent pas à pas, lui dérobe ses idées et quelquefois ses expressions, c'est J.-J. Rousseau dans son *Discours sur l'origine de l'inégalité*. Rousseau, qui était alors un écolier, non par l'âge, mais par l'inexpérience, qui se cherchait encore lui-même et prenait les idées de toutes parts, coula celles de Lucrèce dans ses propres paradoxes, et, pour étonner le public par son originalité à laquelle il tenait tant, dissimula si bien ses emprunts que personne, je crois, ne s'en est jamais aperçu.

Il ne faudrait pas croire que l'histoire de l'humanité primitive ne soit dans le *Poëme de la Nature* qu'une suite de rêveries. Cette histoire que l'imagination seule peut retracer est du moins fondée sur des analogies et des vraisemblances méditées. Une philosophie dont les principes sont bien arrêtés préside à l'arrangement et à la succession des tableaux. La science de Lucrèce peut n'être pas circonspecte, mais elle ne dédaigne pas toujours de prouver ce qu'elle hasarde. Le but de l'épicurien est de montrer comment l'homme sorti des entrailles de la terre par une sorte de génération spontanée, doué de certaines facultés, apprit peu à peu à en faire usage sous l'empire du besoin, et profitant de quelques accidents naturels et heureux, d'essais en essais, de découvertes en découvertes, s'éloigna de son ignorance et de sa brutalité native et finit par produire les merveilles de la civilisation dont nous sommes les témoins. La doctrine de Lucrèce n'est pas un caprice poétique que le temps a emporté, elle subsiste dans certaines écoles et continue à inquiéter les esprits et même les consciences.

Ce n'est pas ici le lieu d'exposer et de discuter ces questions d'origines qui sont de toutes les plus difficiles et les plus controversées. Buffon l'a dit avec autorité : « L'homme sauvage est de tous les animaux le plus singulier, le moins connu et le plus difficile à décrire[1]. » Qu'il nous suffise de savoir que les idées de Lucrèce ont du poids. Tout philosophe, par exemple, qui traitera de l'origine du langage sera obligé de faire à la théorie du poëte l'honneur du plus grave examen, et si de plus il ne dédaigne pas de donner à sa discussion un sérieux agrément, il ne manquera pas de citer les vers où Lucrèce a rassemblé les plus délicates observations sur le langage naturel des animaux. Le poëte soutient que les hommes n'ont eu d'autre maître que leur instinct; que se trouvant doués de la voix ils ont dû, selon leurs diverses sensations, pousser des

---

1. *Hist. nat.*, *variétés dans l'espèce humaine.*

cris différents qui sont devenus peu à peu des paroles, comme les animaux qui expriment par des sons variés la crainte, la douleur, la joie.

> Quum pecudes mutæ, quum denique secla ferarum
> Dissimiles soleant voces variasque ciere,
> Quum metus aut dolor est, et quum jam gaudia gliscunt.

Il s'oppose à Pythagore et à Platon qui prétendaient qu'un être supérieur, un homme de génie avait inventé seul un langage tout fait et l'avait ensuite appris aux autres. La théorie de Lucrèce occupe encore aujourd'hui une grande place dans la science, et les philosophes qui ne l'adoptent pas prennent du moins toujours la peine de la réfuter.

Selon Lucrèce le langage est si naturel que le petit enfant, dont l'organe n'est pas encore formé, essaie déjà de se faire comprendre par signes et laisse voir ainsi qu'il se sent fait pour parler un jour. Ce naïf effort est comme la première et lointaine révélation de cette faculté qu'il n'aura que plus tard. La démonstration de Lucrèce est aussi précise que poétique:

> L'enfant muet encor déjà parle du geste,
> Montrant du doigt l'objet qu'il aime ou qu'il déteste.
> Tout être est averti de son futur pouvoir
> Dont il tente d'user même avant de l'avoir;
> Vois le jeune taureau qui, la tête baissée,
> Menace de la corne encore non poussée;
> Bien avant d'être armé de la griffe ou la dent,
> De la gueule et des pieds un lion se défend;

Surpris dans son berceau, l'oiselet le plus frêle
Se confie au duvet tremblotant de son aile¹. (V, 1029.)

Est-il surprenant que l'homme, ayant reçu de la nature un organe délicat, ait poussé, selon ses diverses sensations, des cris différents qui sont devenus peu à peu des paroles, quand les animaux, même les plus sauvages, expriment par des sons variés la crainte, la joie, la douleur, et tous les sentiments avec leurs nuances.

Quand l'énorme molosse au seuil de la maison
Se dresse inquiété par un premier soupçon
Il gronde sourdement; les lèvres retirées,
Il traîne un lent tonnerre entre ses dents serrées;
Mais si l'obscur soupçon devient clair sentiment,
Sa fureur se déploie en un vaste aboiement.
Et lorsque sous sa langue et sa patte innocente
Il roule, en se jouant, sa famille naissante,
Que sous sa dent terrible il lève son enfant
Et feint de l'engloutir, heureux et triomphant,
Son petit cri d'orgueil et son murmure tendre
N'est pas ce hurlement si long qu'il fait entendre,

---

1. Non alia longe ratione atque ipsa videtur
Protrahere ad gestum pueros infantia linguae,
Cum facit ut digito quae sint praesentia monstrent.
Sentit enim vim quisque suam quoad possit abuti.
Cornua nata prius vitulo quam frontibus exstent,
Illis iratus petit atque infensus inurget;
At catuli pantherarum, scymnique leonum
Unguibus ac pedibus jam tum morsuque repugnant,
Vix etiam cum sunt dentes unguesque creati;
Alituum porro genus alis omne videmus
Fidere, et a pennis tremulum petere auxiliatum.

Quand seul dans sa prison il se pleure oublié,
Que coupable et rampant du maître il fuit le pié.

Du hennissant coursier l'accent est-il le même
Quand il suit, crins au vent, la cavale qu'il aime,
Que tout étincelant de jeune grâce il court
Éperdu sous un trait, le trait ailé d'amour,
Ou quand ses fiers naseaux appellent la bataille,
Ou que sous un effroi son vaste corps tressaille ?

Les stupides oiseaux, faucons, brigands des airs,
Et plongeons demandant leur vie au flot des mers
Font parler autrement ou leur crainte ou leur joie
Ou leur fureur criarde en disputant la proie.
Même il est des oiseaux dont les rauques chansons
Changent selon l'humeur des mobiles saisons.
Des corbeaux par les cieux quand fuit la noire bande,
Par des cris différents elle annonce et demande,
Comme un devin, dit-on, qui prévoit l'avenir,
La pluie ou l'aquilon, l'orage et le zéphyr.

Puis donc que l'animal et muet et sauvage
Dans ses transports divers trouve un divers langage,
L'être humain, mieux doué, par de plus clairs instincts
Dut pouvoir aux objets donner des noms distincts[1].

(V, 1061.)

---

1. Irritata canum cum primum magna molossûm
   Mollia ricta fremunt duros nudantia dentes,
   Longe alio sonitu rabie restricta minantur,
   Et cum jam latrant et vocibus omnia complent :
   Et catulos blande cum lingua lambere tentant,
   Aut ubi eos jactant pedibus, morsuque petentes,
   Suspensis teneros imitantur dentibus haustus,
   Longe alio pacto gannitu vocis adulant,
   Et cum deserti baubantur in aedibus, aut cum
   Plorantes fugiunt summisso corpore plagas.

Sur l'origine des religions ses idées peuvent choquer plus d'une doctrine, mais si elles ne rendent pas compte de tous les faits religieux qui se sont passés dans le monde, elles expliquent du moins, avec la plus énergique précision, l'établissement des cultes antiques, qui ne sont fondés que sur la terreur. Ces vues ont paru si justes à Buffon qu'il les a reprises dans sa *Septième époque*, en retraçant il est vrai, d'une main plus légère et plus circonspecte, ce que Lucrèce peignait hardiment avec la violence d'une irréligion déclarée.

Il y a dans ce livre des vers bien remarquables sur les progrès de l'industrie. Le savant poëte estime que de la découverte du feu date le commencement de toute civilisation. Il entrevoit ce que

---

Denique, non hinnitus item differre videtur,
Inter equas ubi equus florenti ætate juvencus
Pinnigeri sævit calcaribus ictus Amoris
Et fremitum patulis ubi naribus edit ad arma
Et cum sic alias concussis artubus hinnit?
Postremo, genus alituum variæque volucres,
Accipitres atque ossifragæ mergique marinis
Fluctibus in salso victum vitamque petentes,
Longe alias alio jaciunt in tempore voces,
Et cum de victu certant prædæque repugnant.
Et partim mutant cum tempestatibus una
Raucisonos cantus cornicum secla vetusta
Corvorumque greges, ubi aquam dicuntur et imbres
Poscere, et interdum ventos aurasque vocare.
Ergo, si varii sensus animalia cogunt,
Muta tamen quom sint, varias emittere voces;
Quanto mortales magis æquum est tum potuisse
Dissimiles alia atque alia res voce notare?

l'archéologie la plus récente vient seulement de démontrer, à savoir la succession des trois âges de pierre, de bronze, de fer :

> Arma antiqua manus, ungues, dentesque fuerunt
> Et lapides, et item silvarum fragmina rami...
> Et prius æris erat quam ferri cognitus usus.

Tout dans cette difficile peinture n'est pas d'une égale exactitude. L'imagination du poëte supplée quelquefois, non sans naïveté, à la science impuissante du philosophe. Ainsi, Lucrèce assigne une singulière origine à la propriété. Il imagine que les rois firent le partage des terres et des troupeaux en donnant plus ou moins à chacun de leurs favoris en proportion de sa beauté ou de sa force, parce que, en ce temps-là, c'étaient les qualités qu'on estimait le plus. Observation juste, faite bien souvent par les voyageurs anciens et modernes qui ont décrit les mœurs des peuples barbares. Mais l'existence même de la royauté suppose déjà que les hommes avaient quelque chose à défendre et, en admettant même qu'elle ne fût d'abord qu'une usurpation et une tyrannie, elle n'aurait pas eu d'intérêt à s'établir si les sujets n'avaient rien possédé. Avec plus de vraisemblance, Buffon et Rousseau pensent que ce fut la culture des terres qui amena leur partage et que la propriété dut fonder les gouvernements et les premières règles de justice. La plus haute antiquité n'a-t-elle pas donné à Cérès l'épithète de législatrice? Dans la suite de ce tableau l'imagination de Lucrèce, se montrant plus naïve encore, se figure que les rois ont été renversés et mis à mort par une révolution populaire et que, pour sortir de l'anarchie, on institua des magistratures. Il semble calquer l'histoire des sociétés primitives sur celle de Rome, il pense sans doute à l'expulsion des Tarquins et à l'établissement du consulat, et fait du reste une belle peinture d'une démocratie républicaine, qui n'a que le défaut d'être placée dans les premiers temps du monde :

> Les rois morts sous le fer, leur sceptre ensanglanté,
> De leur trône en débris l'antique majesté,
> Et leur bandeau superbe, épars dans la poussière,
> Pleuraient leur déshonneur sous le pied populaire.
> Tenir sous son talon ce qu'on a redouté
> Pour qui trembla longtemps c'est rage et volupté
> Mais comme au plus vil peuple il allait dans sa chute
> Ce pouvoir convoité que chacun se dispute,
> Sur la foi du plus sage on proposa des lois
> Avec des magistrats gardiens de tous les droits.
> Par la lutte épuisée alors la race humaine
> Comprenant le bienfait d'une commune chaîne,
> Chacun prêta son front et reçut sans ennui
> Un joug qu'on imposait aux autres comme à lui [1].
> (V, 1134.)

---

[1]. Ergo, regibus occisis, subversa jacebat
 Pristina majestas soliorum et sceptra superba;
 Et capitis summi præclarum insigne cruentum
 Sub pedibus vulgi magnum lugebat honorem :
 Nam cupide conculcatur nimis ante metutum.
  Res itaque ad summam fæcem turbasque redibat,
 Imperium sibi cum ac summatum quisque petebat,

On retrouve ailleurs ce même mélange de vérité et de fantaisie, par exemple, dans le tableau où paraît la suite des inventions guerrières qui commencent avec la première industrie et que depuis le génie humain n'a cessé de pousser jusqu'à la perfection la plus destructive. Que l'homme, après la découverte du fer, s'en soit forgé d'abord une arme, qu'il ait fait du cheval l'irrésistible auxiliaire de sa fureur; qu'il ait lancé sur l'ennemi des chars meurtriers et même certains monstres sauvages plus ou moins difficiles à discipliner, toute l'histoire ancienne est là pour le prouver; mais qu'il ait dressé pour le combat les taureaux, les sangliers et les lions, aucun fait, ce me semble, ne permet de l'affirmer. Combien des alliés si terribles et d'une humeur si brutale eussent été dangereux pour ceux qui les auraient employés, Lucrèce le sait lui-même, à en juger par sa propre peinture, si poétiquement tumultueuse :

> Quand le fer fut trouvé, le hardi combattant
> Dompte un cheval farouche, ose en presser le flanc,
> Et sur les ennemis par les airs il s'enlève,
> Le frein dans une main et dans l'autre le glaive.
> Bientôt au même joug unissant deux coursiers,
> Il dirige debout le vol des chars guerriers
> Et, pour mieux moissonner dans les champs du carnage,

Inde magistratum partim docuere creare,
Juraque constituere, ut vellent legibus uti.
Nam genus humanum, defessum vi colere ævom,
Ex inimicitiis languebat; quo magis ipsum
Sponte sua cecidit sub leges arctaque jura.

D'un char armé de faux le quadruple attelage.
Ce n'est pas tout encore, et l'Africain apprend
Au monstre dont la trompe est un hideux serpent
A porter une tour et l'horreur de sa taille
Et son poids dans les rangs de la vaste bataille.
C'est ainsi que la guerre, habile en ses fureurs,
Sans cesse imagina de nouvelles terreurs,
En donnant aux mortels acharnés à se nuire
D'effroyables leçons dans l'art de se détruire.
Même l'on essaya pour ces sanglants travaux
La dent des sangliers, la corne des taureaux;
Plus d'un chef imprudent s'avança dans la plaine
Précédé de lions que tenaient à la chaîne,
Sous l'empire du fouet, de rudes conducteurs
Qui devaient en régler les sauvages ardeurs.
Espoir vain ! Par le bruit, par le sang animées,
Ces bêtes au hasard plongent dans les armées;
Partout flotte et bondit leur crinière ; les rangs
S'ouvrent épouvantés sous d'affreux cris errants.
Le coursier n'écoutant frein, ni voix, ni caresse
Se refuse aux combats immobile, et se dresse.
Les lions en tous sens par leur rage entraînés
Ou retournent sur ceux qui les ont déchaînés,
Ou bien sur un fuyard s'élançant par derrière
S'abattent avec lui d'un bond dans la poussière,
Et sous l'ongle et la dent le tenant embrassé,
De leur énormité pèsent sur le blessé.[1] (V, 1296.)

---

1. Et prius est armatum in equi conscendere costas,
    Et moderarier hunc frenis dextraque vigere,
    Quam bijugo curru belli tentare pericla.
    Et bijugum prius est, quam bis conjungere binos,
    Et quam falciferos armatum ascendere currus.
    Inde boves Lucas turrito corpore, tetros,
    Anguimanus, belli docuerunt volnera Pœni
    Sufferre, et magnas Martis turbare catervas.

La plus incontestable vérité dans la sombre peinture des premiers âges est la vérité de la couleur. Elle produit l'illusion et donne du crédit et de la vraisemblance aux inventions du poëte. Lucrèce s'est bien gardé de placer à l'origine du monde les aimables félicités de l'âge d'or. Ce n'est pas une idylle que la vie de ces premiers hommes, créés par le hasard, misérables enfants d'une aveugle nature, abandonnés par elle à leur ignorance et à leur dénûment, cherchant leur nourriture sous un chêne, se couchant nus sur une terre nue, comme des sangliers, vigoureux, mais sans autres armes que des pierres et des branches arrachées aux arbres, surpris pendant leur sommeil au fond de leurs cavernes par quelque monstre plus puissant, dévorés,

---

Sic alid ex alio peperit discordia tristis,
Horribile humanis quod gentibus esset in armis,
Inque dies belli terroribus addidit augmen.
　Tentarunt etiam tauros in mœnere belli,
Expertique sues sævos sunt mittere in hostes;
Et validos partim præ se misere leones
Cum ductoribus armatis sævisque magistris
Qui moderarier his possent, vinclisque tenere :
Nequidquam, quoniam permixta cæde calentes
Turbabant sævi nullo discrimine turmas,
Terrificas capitum quatientes undique cristas;
Nec poterant equites fremitu perterrita equorum
Pectora mulcere, et frenis convertere in hostes.
Irritata leæ jaciebant corpora saltu
Undique, et adversum venientibus ora petebant,
Et nec opinantes a tergo diripiebant,
Deplexæque dabant in terram volnere victos,
Morsibus adfixæ validis atque unguibus uncis.

engloutis, « se sentant descendre vivants dans un sépulcre vivant, » ou bien, échappés à la griffe de leur ennemi, courant à travers la plaine avec d'horribles cris, leurs mains tremblantes appliquées sur leurs hideuses blessures qu'ils ne savaient guérir. Un poëte des âges classiques eût sans doute reculé devant de pareilles descriptions; le goût scrupuleux d'un Virgile en eût un peu dissimulé l'horreur sous l'élégance et l'harmonie. Mais s'il est permis de peindre avec brutalité une nature brutale, si ce que nous appelons la couleur locale est un charme, on ne peut qu'admirer ces scènes hardiment dépeintes auxquelles d'ailleurs conviennent, par une heureuse rencontre, une langue encore rude, une versification peu polie. C'est une consonnance et une vérité de plus. Si on éprouve un regret en lisant les passages analogues de Buffon, c'est que le soin de l'harmonie et le balancement des périodes donnent à la description de la nature brute un trop délicieux accompagnement.

Cette vérité de couleur se retrouve dans les scènes plus douces où paraissent les plaisirs et les amusements des premiers hommes. Tout est alors d'une grâce vraiment rustique et même un peu sauvage. Lucrèce est loin de prêter à ces premiers nés de la nature les sentiments raffinés des bergeries. Ces rudes humains ne se livrent à la joie que quand ils sont bien repus. Si le ciel est serein, s'ils ont trouvé un doux gazon près d'un ruisseau frais, ils ne désirent plus rien, ils se rassemblent, ils s'essayent à la musique et à la danse; avec quelle rude simplicité ces vers nous le diront :

> D'harmonieux oiseaux l'homme imitait les sons
> Bien avant de former ces savantes chansons,
> Ces vers, enfants de l'art, délicates merveilles,
> Dont il aima depuis à charmer ses oreilles.
> Le zéphyr qui soupire à travers les roseaux
> Leur apprit à souffler dans les creux chalumeaux
> Et, par un lent progrès, la lèvre sut répandre,
> Sous les mobiles doigts, l'accent plaintif et tendre
> Des flûtes, dont l'usage enfin fut découvert
> Dans les divins loisirs des bois et du désert.
> C'est ainsi que par l'art et le cours des années
> Toutes inventions au jour sont amenées.
> Tels étaient des humains les doux jeux au moment
> Où, la faim apaisée, ils trouvaient tout charmant.
> Couchée en cercle ami souvent leur troupe oisive
> Sur un gazon moelleux, au penchant d'une rive,
> Sous le murmure frais d'un arbre aérien,
> Trouvait le vrai bonheur qui ne vous coûte rien,
> Surtout quand la saison et souriante et pure
> Des fleurs sur les prés verts ranimait la peinture.
> Puis naissaient gais propos, longs ris, bruyants éclats
> Où la muse prenait ses agrestes ébats :
> Feuille et fleur sur leur front, à leurs flancs, sans cadence
> Tous essayaient ensemble une robuste danse,
> Heureux et fiers de battre, en sauvages enfants,
> La terre, leur nourrice, au bruit des pas pesants.
> Quels cris montaient au ciel et quel rire sonore !
> Oh ! qu'ils paraissaient beaux ces jeux nouveaux encore[1] !
>
> (V, 1378.)

---

1. At liquidas avium voces imitarier ore
Ante fuit multo, quam levia carmina cantu

Ce vif et juste sentiment de la nature que nous remarquons dans ce cinquième livre paraît du reste dans tout le poëme sous les aspects les plus divers. Le poëte qui chantait la nature devait plus que tout autre s'intéresser à elle. Lucrèce non-seulement aime la vie rustique et simple, mais il en fait son idéal philosophique. La campagne est pour lui le vrai séjour du repos et du bonheur, le plus sûr asile contre les passions. De plus, chose rare dans l'antiquité, il éprouve déjà ces émotions variées et profondes que le spectacle de la nature peut

---

Concelebrare homines possent, auresque juvare.
Et Zephyri, cava per calamorum, sibila primum
Agrestes docuere cavas inflare cicutas.
Inde minutatim dulces didicere querelas,
Tibia quas fundit, digitis pulsata canentum,
Avia per nemora ac silvas saltusque reperta,
Per loca pastorum deserta atque otia dia.
Sic unum quicquid paulatim protrahit ætas
In medium ratioque in luminis erigit auras.
Hæc animos ollis mulcebant atque juvabant
Cum satiate cibi : nam tum sunt omnia cordi.
Sæpe itaque inter se, prostrati in gramine molli
Propter aquæ rivum, sub ramis arboris altæ,
Non magnis opibus jucunde corpora habebant,
Præsertim cum tempestas ridebat, et anni
Tempora pingebant viridantes floribus herbas.
Tum joca, tum sermo, tum dulces esse cachinni
Consuerant : agrestis enim tum musa vigebat.
Tum caput atque humeros plexis redimire coronis,
Floribus et foliis, lascivia læta monebat,
Atque extra numerum procedere, membra moventes
Duriter, et duro terram pede pellere matrem;
Unde oriebantur risus, dulcesque cachinni,
Omnia quod nova tum magis hæc et mira vigebant.

donner à l'homme et que notre poésie contemporaine se plaît à exprimer. Il reste confondu devant l'accablante immensité des espaces infinis et des temps éternels; il est quelquefois saisi de ces frissons poétiques que ressent l'esprit à la pensée des grands mystères. Il comprend la beauté des lois ou leur horreur, il reconnaît et célèbre tour à tour avec douceur ou avec amertume les bienfaits maternels de la nature et ses duretés de marâtre. Déjà même il connaît, avant Virgile, ce sentiment délicat, faut-il dire cet art? qui sait prêter une âme aux êtres inanimés et qui répand sur toutes choses son universelle sympathie. Il y a pourtant une grande différence entre les deux poëtes. Lucrèce étudie la nature, il l'observe, il la fait comparaître devant son mâle génie, il la juge, il la voit devant lui, il ne vit pas en elle. L'âme tendre et plus faible de Virgile a été plus loin et s'est abandonnée davantage à la nature. Lui aussi aurait voulu en sonder les mystères, mais faute de génie, dit-il lui-même, il s'est contenté de l'aimer. Il jouit de ses douceurs, de ses spectacles, de ses bruits, de ses parfums; il oublie en elle la science et la gloire, il s'y repaît de tristesses délicieuses; il en a fait sa confidente et son idole. Lucrèce en demeure toujours le viril contemplateur et s'il est souvent ému, sa mélancolie est celle, non d'un poëte qui se délecte de ses rêves, mais d'un philosophe qui médite et s'afflige.

CHAPITRE IX.

TRISTESSE DU SYSTÈME.

De nos jours, où l'on fait volontiers aux poëtes un mérite de leur tristesse et où la mélancolie est regardée comme le charme suprême des vers, on n'a pas manqué d'écrire sur celle de Lucrèce des pages émues, mais qui ne sont pas toujours justes. Souvent on lui a prêté des sentiments trop modernes. On l'a pris pour un sceptique qui souffre de son scepticisme, en proie aux angoisses du doute, qui aspire à des vérités que sa doctrine ne lui donne pas, qui se sent dépossédé de ses anciennes croyances et, sans regretter précisément ce qu'il ne peut plus admettre, éprouve pourtant les troubles d'une raison non satisfaite. Ce sont là des sentiments qu'on ne peut, en général, attribuer au vieux poëte romain, que par une sorte d'anachronisme moral. Lucrèce, au contraire, est sur tous les points content de sa doctrine, il n'en désire pas une meilleure. Je ne sais si même, dans toute l'histoire de la philosophie, on trouverait un autre exemple d'une conviction si entière, d'une foi si pleine, d'un attachement si obstiné à la parole d'un maître. Le poëte n'est pas triste, parce que son système lui laisse quelque chose à regretter, mais la tristesse est dans le système.

Pour faire comprendre ce caractère de l'épicurisme, qu'on nous permette de nous figurer Lucrèce, comme d'ailleurs il se présente lui-même, méditant « durant le calme des nuits sereines » sur les plus grands mystères du monde ; supposons que, devant l'immensité de la nature et du ciel étoilé, la suite de ses méditations soit celle qu'à l'aide de morceaux épars nous allons établir. Ce sera un chapitre analogue à ceux de Pascal sur l'univers et sur l'homme, dont la conclusion sans doute ne sera pas la même, mais touchante aussi, grave, austère et pleine de cette mélancolie qu'on rencontre toujours dans les hautes et vastes pensées.

D'abord qu'est-ce que le monde ? Une aveugle combinaison d'atomes, l'œuvre du hasard, un ouvrage imparfait. Tandis que les autres philosophes admirent l'ordre de l'univers au point de ne pouvoir attribuer un si bel arrangement [1] qu'à une intelligence souveraine, pleine de sollicitude pour l'homme, le poëte épicurien ne voit partout qu'une incurie désordonnée dont il fait un argument contre la croyance à une création divine :

---

1. Le bon sens populaire a donné au monde le nom de κόσμος, de *mundus*, ce qui signifie, en grec et en latin, ordre, arrangement.

TRISTESSE DU SYSTÈME.

Pour moi, si j'ignorais le jeu des éléments,
Au simple aspect du ciel, de ses déréglements,
De toutes les erreurs que montre la nature,
J'oserais affirmer qu'une telle structure,
Dont partout les défauts nous offensent les yeux,
N'est pas faite pour nous, n'est pas l'œuvre des dieux.
Ce monde, sur lequel le ciel roule et tournoie,
Des sauvages forêts d'abord il est la proie ;
Rocs, monts, vastes marais nous usurpent les champs,
Et puis l'immense mer qui rompt les continents.
Aux mortels retranchez encor deux parts du globe,
Qu'un feu brûlant, qu'un froid éternel nous dérobe.
Et le peu de terrain à nos besoins laissé
Serait en quelques jours de ronces hérissé,
Si, luttant pour sa vie et pour sa nourriture,
L'homme ne repoussait l'assaut de la nature,
Et s'il ne déchirait la terre, en gémissant
Sur sa lourde charrue ou son hoyau pesant.
Car si le soc n'entrait dans la glèbe profonde
Pour en solliciter la puissance féconde,
Le germe ne pourrait sortir de son sommeil,
Se lever dans les airs et flotter au soleil.
Et quand ce doux espoir d'une rude culture
Nous montre enfin ses fleurs ou sa jeune verdure,
Par les feux du soleil souvent il est brûlé,
Noyé par l'eau du ciel, par les frimats gelé,
Ou meurtri par les vents et leur fureur mortelle.
Et pourquoi la nature encore nourrit-elle
Et ces bêtes des bois et ces monstres marins,
Tant d'ennemis cruels, la terreur des humains ?.
Pourquoi l'automne impur promenant son ravage ?
Pourquoi la mort qui frappe au hasard le jeune âge[1] ?

(V, 496.)

---

1. Quod si jam rerum ignorem primordia quæ sint,
Hoc tamen ex ipsis cœli rationibus ausim

Ainsi le désordre règne dans le monde; rien n'est fait pour l'homme, qui est comme perdu dans cette confusion des éléments. Voilà déjà pour l'épicurien une source de réflexions amères. Les autres grandes doctrines de l'antiquité sont plus justes envers la nature, plus sages et moins exigeantes. Elles reconnaissent l'ordre général de l'univers, qui est visible. Les stoïciens surtout, pleins de confiance en la Raison universelle, qui croient à une Providence, déclarent que le mal physique n'est souvent qu'une

---

Confirmare, aliisque ex rebus reddere multis,
Nequaquam nobis divinitus esse paratam
Naturam rerum : tanta stat prædita culpa.
Principio, quantum cœli tegit impetus ingens,
Inde avidam partem montes sylvæque ferarum
Possedere, tenent rupes vastæque paludes
Et mare, quod late terrarum distinet oras.
Inde duas porro prope partes fervidus ardor,
Assiduusque geli casus mortalibus aufert.
Quod superest arvi, tamen id natura sua vi
Sentibus obducat, ni vis humana resistat,
Vitai causa valido consueta bidenti
Ingemere, et terram pressis proscindere aratris;
Si non, fecundas vertentes vomere glebas,
Terraique solum subigentes cimus ad ortus,
Sponte sua nequeant liquidas existere in auras;
Et tamen interdum magno quæsita labore,
Cum jam per terras frondent atque omnia florent,
Aut nimiis torret fervoribus ætherius sol,
Aut subiti perimunt imbres gelidæque pruinæ,
Flabraque ventorum violento turbine vexant.
Præterea, genus horriferum Natura ferarum
Humanæ genti infestum terraque marique
Cur alit atque auget? cur anni tempora morbos
Apportant? quare Mors immatura vagatur?

apparence, ou une nécessité des choses, qui ne peuvent être autrement, ou un moyen d'exercer l'industrie et la vertu de l'homme. N'est-ce pas à Épicure ou à Lucrèce que s'adressent ces beaux mots d'Épictète : « Que crois-tu donc que fût devenu Hercule, s'il n'y avait pas eu le fameux lion et l'hydre et le sanglier et plus d'un homme inique dont il a purgé la terre? qu'aurait-il fait si rien de pareil n'avait existé? Il se serait enveloppé de son manteau et y aurait dormi... Comprends donc tout tout cela, jette les yeux sur les forces qui sont en toi et dis : « Envoie-moi maintenant, ô Jupiter, les « circonstances que tu voudras; car j'ai des res-« sources données par toi-même pour tirer parti de « tous les événements. » « Au lieu de cela, vous restez assis, tremblants, gémissants... c'est le manque de cœur qui fait de vous des impies [1]. » En effet, le mol épicurisme aurait voulu que la nature lui eût d'avance préparé un lit de repos; la loi du travail lui paraissait une oppression et une iniquité. Le stoïcisme, plus juste et plus vaillant, trouvait sa sérénité dans son optimisme religieux et sa gloire dans la nécessité de la lutte.

Non-seulement le monde est mal fait, mais il va de mal en pis; il dégénère. Cette grande machine s'use à la longue et déjà nous sommes témoins de sa vieillesse. Lucrèce va nous peindre en vers désespérés cette décrépitude progressive de la nature :

---

1. *Entretiens d'Épictète,* traduction Courdaveaux, I, 6.

Elle n'enfante plus, cette mère vieillie,
Que d'animaux chétifs une race affaiblie,
Elle qui sut former tous les êtres vivants
Et les corps monstrueux de ses premiers enfants...
De même ses bienfaits, les belles moissons blondes,
Et les prés plantureux et les vignes fécondes,
Tous ces dons qu'elle offrait d'elle-même aux mortels
Sont à peine le prix de labeurs éternels.
Il faut que le bœuf s'use et meure à la charrue,
Que sur le sol durci le laboureur se tue,
Le fer même s'émousse à cette dureté,
Et le fruit diminue à l'effort augmenté.
De ce vieux laboureur entends le long mécompte ;
Secouant son front chauve, il soupire et raconte
Que de fois son sillon retourné sans repos
A mal payé le prix de ses rudes travaux ;
Et, comparant son siècle à des temps plus prospères,
Il se plaît à vanter le bonheur de ses pères
Et ces antiques jours où les hommes pieux,
Également comblés par la terre et les dieux,
Chacun sur son domaine étroit, mais plus fertile,
N'avaient qu'à recueillir une moisson facile.
Naïf étonnement ! Cet homme ne voit pas
Que tout marche à la mort, lentement, pas à pas,
Que sous le poids des ans la nature succombe,
Et, comme nous mortels, s'achemine à sa tombe[1].

(II, 1150.)

---

1. Jamque adeo fracta est ætas, effetaque tellus
 Vix animalia parva creat, quæ cuncta creavit
 Secla, deditque ferarum ingentia corpora partu...
 Præterea nitidas fruges vinetaque læta
 Sponte sua primum mortalibus ipsa creavit ;
 Ipsa dedit dulces fetus per pabula læta,
 Quæ nunc vix nostro grandescunt aucta labore ;
 Conterimusque boves, et vires agricolarum

De pareilles idées sur le désordre et sur la dégénération du monde devaient jeter le poëte dans une certaine affliction d'esprit. On en peut juger par l'aigreur de ses plaintes. Les doctrines modernes qui ont quelque analogie avec celle de Lucrèce admettent du moins le progrès et laissent à l'homme l'espérance d'un sort toujours meilleur. Selon ces systèmes, auxquels on peut plutôt reprocher d'être trop séduisants, la nature elle-même, obéissant à la loi du progrès, a étouffé les enfants monstrueux qu'elle avait d'abord produits et a enseveli leurs gigantesques ossements dans les profondeurs de la terre, comme pour cacher ses premières erreurs. Elle a enrichi son plan, elle a dégrossi et épuré les formes des animaux et des plantes, elle a varié d'une manière infinie leurs espèces qui étaient en petit nombre, elle a enfin peuplé d'une série non interrompue et de plus en plus parfaite toute l'échelle des êtres. En un mot, elle semble être devenue plus ingénieuse, plus délicate et plus bien-

---

Conficimus ferrum, vix arvis suppeditati :
Usque adeo parcunt fetus, augentque labore.
Jamque caput quassans grandis suspirat arator
Crebrius incassum manuum cecidisse labores ;
Et, cum tempora temporibus præsentia confert
Præteritis, laudat fortunas sæpe parentis,
Et crepat, antiquum genus ut pietate repletum
Perfacile angustis tolerarit finibus ævom,
Cum minor esset agri multo modus ante viritim :
Nec tenet omnia paulatim tabescere et ire
Ad capulum, spatio ætatis defessa vetusto.

faisante, confondant ainsi par ses libéralités inespérées les doléances de Lucrèce. Grâce à sa fécondité inépuisable, de plus en plus sollicitée par l'industrie humaine, la terre, vieille demeure de l'homme, est sans cesse rajeunie et parée. Avec l'idée du progrès, le matérialiste moderne peut du moins rêver pour les générations futures un noble et riant avenir. Au contraire, le matérialiste antique assiste dans un morne découragement à l'insensible dissolution du monde et ne peut que gémir à la pensée de cet irrémédiable épuisement.

L'idée du progrès ou physique ou moral se rencontre rarement chez les anciens, mais elle se trouve pourtant çà et là, quoi qu'on en ait dit, chez Aristote, Cicéron, Sénèque et même chez Lucrèce, qui, par une sorte de contradiction, a précisément célébré dans le cinquième livre les conquêtes de l'homme sur la nature. Il a fait plus : avec la netteté la plus lucide il a exprimé la loi même du progrès, il en a trouvé la formule en ces vers qui servent de conclusion et de couronnement à sa grande peinture de l'humanité naissante : « Le besoin, dit-il, l'expérience, l'activité de l'esprit font avancer les hommes pas à pas. Le temps amène au jour peu à peu toutes les découvertes ; l'industrie de plus en plus ingénieuse les met en pleine lumière ; les arts naissent les uns des autres et brillent sous l'effort du génie jusqu'à ce qu'ils aient atteint leur plus haut point de perfection. »

> Usus et impigræ simul experientia mentis
> Paulatim docuit pedetentim progredientes.
> Sic unum quidquid paulatim protrahit ætas
> In medium, ratioque in luminis erigit oras :
> Namque alid ex alio clarescere corde videmus
> Artibus, ad summum donec venere cacumen. (V, 1454.)

Mais cette idée remarquable du progrès humain est noyée et disparaît dans cette grande plainte sur le dépérissement nécessaire et de jour en jour plus visible de la nature.

Ce prétendu dépérissement pouvait paraître assez vraisemblable à un Romain du temps de Lucrèce. L'Italie, épuisée par une culture inintelligente, dépeuplée par la guerre et par l'extension de la grande propriété improductive, avait perdu son antique fertilité. On s'en étonnait et on répétait que la terre vieillit aussi bien que l'homme. L'agronome Columelle, plus sage, voyait bien quelle était la cause du mal et disait que la faute en était à une agriculture inepte qui traitait « la terre en bourreau. » Il semble même directement répondre aux doléances de Lucrèce : « Comment s'imaginer que la nature, douée par le créateur du monde d'une fécondité toujours nouvelle, ait été frappée tout à coup de stérilité, que la terre vieillisse, elle qui a reçu en partage une jeunesse éternelle, cette terre que nous appelons la mère commune de toutes choses, puisqu'elle a enfanté tout ce qui est, et qu'elle enfantera tout ce qui doit être dans les temps à venir? Loin d'attribuer nos maux à l'instabilité de l'atmosphère, cherchons-en la cause dans notre insouciance[1]. » Nous citons ces paroles sensées de Columelle pour montrer comment Lucrèce et ses contemporains ont pu se tromper ; à des imaginations romaines qui se rappelaient les beaux temps de Cincinnatus, les champs déserts de l'Italie, désolés par la misère, ou par l'empiètement d'une richesse destructive, transformés en solitudes stériles, offraient, comme en un morne tableau, la décadence de la nature.

Du reste, pour Lucrèce, comme pour Rousseau, le monde moral est en décadence, comme le monde physique ; la civilisation n'a fait qu'apporter plus de maux et de vices[2].

Lucrèce va plus loin dans ses sombres méditations ; il annonce aux Romains une vérité terrible qui, dit-il, n'a pas encore frappé leurs oreilles, la ruine et la fin prochaine du monde. En vers redoutables, il fait des vœux pour que cet universel désastre soit épargné à ses contemporains, mais il n'ose pas l'espérer :

> ... Dictis dabit ipsa fidem res
> Forsitan, et graviter, terrarum motibus ortis,
> Omnia conquassari in parvo tempore cernes. (V, 106.)

Cette imprudente menace, propagée depuis par d'autres doctrines, se répandra partout et finira par

---

[1]. *De re rustica*, liv. I, préface, et l. II, 1.
[2]. V, 986-1008.

s'emparer de l'imagination populaire. Bizarre fortune des idées! ces craintes d'une philosophie incrédule deviendront au moyen âge les craintes de la piété. Ces peuples entiers qui attendaient avec anxiété l'an mil, qui se hâtaient de donner leurs biens aux églises, ne savaient pas qu'ils cédaient à une terreur jetée dans le monde antique par les épicuriens. Les âmes pieuses qui croyaient trembler sous un frisson divin regardaient sans doute comme des impies ceux qui ne partageaient pas leur terreur, sans se douter qu'elles-mêmes étaient les impies, puisqu'elles tremblaient sur la foi d'Épicure. Ainsi il arrive souvent que dans le cours des âges les idées perdent les marques de leur origine, passent d'une doctrine à une doctrine contraire, et, comme des transfuges déguisés, changent de camp.

Maintenant, si de la contemplation du monde, de ce monde défectueux, décrépit, qui demain peut-être tombera en ruines, Lucrèce passe à celle de l'homme, il reste confondu, comme le sera plus tard Pascal, à la vue de notre petitesse et de notre fragilité. Comme l'auteur des *Pensées,* il se plaît à comparer notre néant à l'immensité de l'espace et à l'éternité de la durée :

Et quota pars homo sit [1]...

Il prévient ces étonnantes méditations de Pascal: « Que l'homme étant revenu à soi, considère ce

---

1. VI., 652.

qu'il est au prix de ce qui est; qu'il se regarde comme égaré dans ce canton détourné de la nature..., qui se considérera de la sorte s'effrayera de soi-même. » A vrai dire, de telles pensées ne sont pas tristes, ou du moins elles n'ont que la tristesse de leur sévère grandeur. Les plus belles doctrines morales ont toujours recommandé ces sublimes méditations. Avant les Pères de l'Église, avant Pascal, avant Bossuet, les stoïciens y trouvaient un texte de fortifiantes réflexions. Mais selon eux, si pour l'homme la part est petite de l'universelle matière, il porte du moins en lui une part de l'âme universelle : « Voilà ce qu'il te faut méditer, se disait Marc-Aurèle à lui-même, afin de te mettre dans l'esprit qu'il n'y a rien de grand que de faire ce qu'exige ta nature, et de souffrir ce que t'apporte la nature commune [1]. » Pour l'épicurien, l'homme n'est qu'un assemblage, une motte d'atomes, qu'un hasard heureux, ou plutôt, pour parler comme Lucrèce, un hasard malheureux, appelé un instant à la vie, et dont les éléments bientôt dissous, dispersés, ballotés par l'inintelligente inconstance de la matière, servent à des créations nouvelles.

> Le monde, sans repos, finit et recommence,
> D'être en être mortel court et fuit l'existence.

---

[1]. *Pensées*, XII, ch. 32. — Voy. liv. IV, 50; V, 24. — « Quota pars omnium sumus. » Sénèque, *Lettres*, 91. — Épictète, *Entret.*, I, 12.

TRISTESSE DU SYSTÈME.

> Telle espèce s'étend, s'accroît et se nourrit
> De tout ce qu'a perdu telle autre qui périt ;
> De la foule qui meurt, dans le plus court espace,
> La foule qui renaît a déjà pris la place,
> Et comme dans les jeux, aux fêtes de Vulcain,
> Vole la torche errante allant de main en main,
> Chaque race à son tour par une autre suivie
> Lui transmet en courant le flambeau de la vie[1]. (II, 75.)

Que sont, en effet, la vie et la mort? Le résultat de la lutte aveugle et perpétuelle entre des atomes qui se recherchent et des atomes qui se repoussent, entre des mouvements créateurs et des mouvements destructeurs, qui, par une alternative infinie, éternelle, de victoires et de défaites, forment les êtres et les dissipent. Le monde n'est que l'immense théâtre de cette guerre entre deux principes qui se surmontent tour à tour et qui infligent à l'homme ou la vie ou la mort :

> L'un ne peut toujours vaincre, et ce qu'il a détruit
> Ne reste pas plongé dans l'éternelle nuit,
> Et l'autre, par qui naît, grandit, s'élève un être,
> Ne peut pas conserver toujours ce qu'il fait naître.
> Principes ennemis et de vie et de mort
> Se disputent le monde en un contraire effort ;
> De toute éternité ces puissances rivales
> Se balancent sans fin dans leurs luttes égales.

---

1. . . . Sic rerum summa novatur
   Semper, et inter se mortales mutua vivunt.
   Augescunt aliæ gentes, aliæ minuntur ;
   Inque brevi spatio mutantur secla animantum,
   Et quasi cursores vitai lampada tradunt.

> Les germes de la vie ici, là, sont vainqueurs,
> Mais pour céder bientôt aux germes destructeurs.
> Tandis que le mourant sanglote, l'enfant crie
> Au moment de toucher aux rives de la vie.
> Le jour chasse la nuit, la nuit succède au jour
> Sans qu'il cesse un moment, ce bruit lugubre et sourd;
> Là, près d'un noir bûcher, familles gémissantes,
> Ici, vagissements et pleurs de voix naissantes[1]. (II, 569.)

Même dans les plus hauts principes de sa physique, on le voit, Lucrèce fait souvent de ces retours mélancoliques sur la destinée de l'homme. Il ne perd pas de vue cette victime de la nature. Combien ses accusations seront plus amères quand il peindra le plus grand malheur de l'être humain, sa naissance, son entrée dans la vie, où il est précipité malgré lui, où son premier cri est un pleur, comme s'il avait déjà le sentiment de ses misères futures! Sans doute il n'y a rien de bien nouveau dans ces plaintes qui sont de tous les temps. Salomon s'écriait déjà : « Étant né... je me suis fait entendre d'abord

---

1. Nec superare queunt motus itaque exitiales
   Perpetuo, neque in æternum sepelire salutem ;
   Nec porro rerum genitales auctificique
   Motus perpetuo possunt servare creata.
   Sic æquo geritur certamine principiorum
   Ex infinito contractum tempore bellum.
   Nunc hic, nunc illic superant vitalia rerum,
   Et superantur item : miscetur funere vagor,
   Quem pueri tollunt visentes luminis oras ;
   Nec nox ulla diem, neque noctem aurora secuta est,
   Quæ non audierit mixtos vagitibus ægris
   Ploratus, mortis comites et funeris atri.

en pleurant comme tous les autres. » Bien des sages dans l'antiquité, Empédocle, Platon, Aristote et d'autres ont dit et redit que naître est un malheur. Pline l'ancien, dans un morceau célèbre, a fait de l'enfant, comparé aux animaux, une sombre peinture; Buffon l'a reprise, et les écrivains chrétiens ont dû à leur tour insister sur notre infirmité native. Mais personne n'a ressenti la profonde émotion de Lucrèce et n'a trouvé de si grandes images. Le poëte épicurien est comme inspiré par son impiété et fait de cette humaine faiblesse un argument contre la Providence. Vous nous parlez de la sollicitude divine; eh bien, contemplez donc cet être si favorisé :

> Le voilà, cet enfant, pareil au matelot
> Lancé sur un rocher par la fureur du flot ;
> Pauvre, nu, sans parole, et sentant sa misère,
> Il salue en pleurant les bords de la lumière,
> Quand du flanc maternel, avec de longs efforts,
> La nature l'arrache et le jette dehors.
> Ah ! je comprends qu'il pleure et se débatte et crie,
> Lui qui doit traverser tant de maux dans la vie [1]!
>
> (V, 222.)

L'ennemi des dieux trouve un aigre plaisir à

---

1. Tum porro puer, ut sævis projectus ab undis
Navita, nudus humi jacet, infans, indigus omni
Vitali auxilio, cum primum in luminis oras
Nixibus ex alvo matris natura profudit ;
Vagituque locum lugubri complet, ut æquum est,
Cui tantum in vita restet transire malorum.

montrer que les animaux sont mieux traités, qu'ils ont reçu des armes, des vêtements, une facile nourriture, tandis que l'homme est nu, désarmé, indigent. Il accable l'homme de ces vers ironiques, pour mieux confondre la prétendue bonté de la nature ;

> Les autres animaux, troupeaux, bêtes des bois,
> Croissent seuls, sans hochet, sans que la molle voix
> D'une tendre nourrice éveille leur faiblesse
> Et de ses demi-mots enfantins les caresse.
> En toutes les saisons leur vêtement est doux ;
> Pour défendre leurs biens leur faut-il comme à nous
> Des armes, des remparts ? Dure pour nous, la terre
> Leur verse de son sein tout ce qui peut leur plaire,
> Et même en les créant, la nature a pris soin
> De leur tout dispenser selon chaque besoin [1]. (V, 228.)

Ici le chœur des grands écrivains, qui tout à l'heure répétait à l'unisson les plaintes de Lucrèce, se sépare de lui. L'irascible poëte, aveuglé par sa doctrine, ne voit pas que cette faiblesse de l'homme est précisément la plus sensible preuve de sa puissance, puisque cet enfant, qui paraît abandonné par la nature, finit par régner sur elle. Tout le

---

[1]. At variæ crescunt pecudes, armenta, feræque,
    Nec crepitacillis opus est, nec cuiquam adhibenda es:
    Almæ nutricis blanda atque infracta loquela;
    Nec varias quærunt vestes pro tempore cœli :
    Denique non armis opus est, non mœnibus altis,
    Qui sua tutentur, quando omnibus omnia large
    Tellus ipsa parit naturaque dædala rerum.

monde est d'accord pour réfuter Lucrèce à des points de vue divers. Montaigne répond que les hommes sont aussi bien pourvus que les animaux ; Plutarque, que les avantages des bêtes sont compensés chez l'homme par le don de la raison ; Pascal, que l'homme n'est qu'un roseau, mais un roseau pensant ; Bossuet, que l'homme ne doit pas se mépriser tout entier. Sur ce point, l'épicurien est réfuté surtout par les doctrines qui reconnaissent autre chose que la matière. Celles-ci, après avoir humilié l'homme, le relèvent, tantôt comme les philosophes, en montrant la supériorité de son intelligence, tantôt comme les chrétiens, en ajoutant à cet avantage celui d'être la plus chère créature de Dieu. Les épicuriens ne parlent jamais de semblables dédommagements, et c'est là ce qui explique la tristesse de leurs considérations sur la nature humaine. Leur amertume est le châtiment de leur doctrine.

Même les doctrines matérialistes qui ont quelque rapport avec celle de Lucrèce repousseraient aujourd'hui cette plainte injuste et trop humble. Elles sont plutôt tentées de faire de l'homme une sorte de Prométhée plus grand que Jupiter. Et comment n'auraient-elles pas de ces transports d'orgueil en voyant que cet enfant chétif, peint par Lucrèce, tient la nature sous sa main, qu'il en dirige ou en élude les lois, qu'il s'est emparé de la terre comme de son bien, qu'il a refoulé ces déserts avec leurs monstres dont le poëte nous faisait peur, qu'il forcé la barrière *insurmontable* de l'Océan, qu'il connaît les mouvements jadis effroyables du ciel, comme une horloge qu'il aurait composée lui-même, que sur un signe de ses sourcils la foudre s'empresse, en messagère docile, de porter sa pensée à travers toutes les distances et toutes les profondeurs, qu'il a captivé les éléments les plus indomptables, qu'il les a enchaînés à ses chars et à ses navires, que les inertes métaux, transformés en gigantesques esclaves, percent les montagnes et unissent les mers? Ce n'est pas l'homme qui est la victime de la nature, c'est elle qui est non-seulement vaincue, mais tourmentée, défigurée, souvent saccagée par nous, et le temps n'est pas loin où des voix s'élèveront pour plaider sa cause et pour défendre cette opprimée contre l'audace ou l'imprévoyance humaines.

De pareilles idées sur la nature et sur l'homme, si peu justes et si dures, n'inquiétaient pas sans doute des épicuriens, dont l'imagination était insensible et sèche, mais à l'âme délicate d'un poëte elles devaient faire sentir leurs pointes. Si du monde physique Lucrèce se tournait vers le monde moral, sa doctrine lui offrait encore de plus affligeants spectacles. Qu'est-ce en effet que la société, sinon le perpétuel conflit des intérêts et des passions, plus ou moins réglé par de faibles lois qui ne sont que des conventions arbitraires et changeantes, par lesquelles les hommes s'engagent à ne pas nuire à autrui pour qu'on ne nuise pas à eux-mêmes. Il n'y a point de justice naturelle. Épicure avait adopté la morale des sophistes, si constamment réfutée par Socrate. Aux épicuriens manque l'idée du droit, qui sert de soutien et de consolation aux hommes, alors même qu'il est violé. Si donc, comme au temps de Lucrèce, un ambitieux opprime la république, ils n'ont que la ressource de penser qu'il sera bientôt renversé par un autre ambitieux et que l'envie fera justice de l'usurpation. Ils ne peuvent pas, comme les stoïciens, se réfugier dans leur conscience et compter sur les revanches du droit un moment méconnu. Tout ce qui leur est donné, c'est de contempler les luttes de loin, de les maudire, de s'applaudir de leur timide sagesse qui les met hors de prise et d'exhaler, dans un silence prudent, leur superbe chagrin [1].

Au fond de cette retraite protectrice commence le vrai malheur de l'épicurien, s'il veut rester grave, austère, fidèle à sa doctrine. Dans les républiques anciennes, que fera-t-il de la vie après avoir refoulé en lui l'activité civique? se donnera-t-il aux lettres? mais il dédaigne l'éloquence et la tient pour suspecte; à la philosophie? mais la science a été fixée par le maître, et il n'est point permis d'en reculer les limites; aux occupations domestiques? mais l'épicurien n'a point voulu de famille, de peur d'en payer les joies par des peines; aux plaisirs? mais s'ils

---

[1]. « Alterius spectare laborem... tua sine parte pericli... o miseras hominum mentes! » Liv. II, 1-15; V, 1115.

sont vifs, ils sont pernicieux et laissent de longs regrets. Le voilà donc parvenu au repos désiré, à cette heureuse *apathie* qui est le but et le prix de la sagesse. Rien ne le trouble, rien ne l'étonne, rien ne le touche. Mais de prudence en prudence il a de plus en plus resserré le cercle de son action ; il étouffe dans les replis de son étroite doctrine. L'ennui entre dans son âme désertée par les passions. L'uniforme spectacle du monde, dont il n'est que l'oisif contemplateur, le fatigue et l'exaspère. Il laissera échapper avec Lucrèce ce cri répété du dégoût : « Toujours, toujours la même chose ! *Eadem sunt omnia semper... Eadem omnia restant!* [1] » Avec plus d'impatience encore il appellera de ses vœux le terme de sa trop placide misère et s'écriera avec le voluptueux de Sénèque : « Jusques à quand ? *quousque eadem?* [2] » Le seul avantage qu'il se soit assuré, c'est de n'avoir point peur de la mort ; car il y a si doucement acheminé sa vie qu'il pourra passer d'un néant à l'autre sans secousse. Peut-être même préviendra-t-il les ordres de la nature pour aller plus vite vers ce sommeil éternel, dont il a déjà goûté les prémices, et pour s'assurer plus tôt le charme de la mort. Combien ces langueurs, ces ennuis d'une doctrine accablante, bien que volontairement acceptée, ont été pénibles et douloureux à une âme aussi fougueuse que celle de Lucrèce,

---

1. III, 943-945.
2. *Lett.* 24.

TRISTESSE DU SYSTÈME.

nul ne le sait, mais on en peut soupçonner quelque chose à travers le voile de deuil qui couvre sa poésie.

La morale aussi bien que la physique avait pour l'épicurien ses amertumes. Reste la théologie. Nous devons dire, en dépit de toutes les injures dont on a couvert surtout cette partie de la doctrine, que là, du moins, s'était réfugiée la vie. C'est le cœur du système où toute l'énergie s'est ramassée. Si l'épicurien sort de sa torpeur et montre quelque vaillance, c'est pour prouver que les dieux ne sont pas les tyrans du monde. Sa joie est de se sentir au-dessus de la superstition, de braver l'opinion commune. Il s'appuie sur une idée généreuse et croit plaider la cause de la majesté divine aussi bien que de la dignité humaine. Attaqué de toutes parts, il se réveille, s'anime, s'exalte et triomphe. C'est en effet cet orgueil légitime de la raison affranchie, qui soutient Lucrèce dans tout le cours de sa vaste entreprise. Mais le juste et violent mépris des épicuriens pour les hontes et les inepties de la religion païenne les entraîne au delà du but. Pour mieux soustraire le monde au vil gouvernement des dieux accrédités, ils refusent à la divinité la toute-puissance, et la relèguent dans je ne sais quel lointain exil, où elle jouit sans travail et sans sollicitude de son impassible immortalité. Ils sont amenés à nier qu'il y ait de l'ordre dans l'univers, à s'opiniâtrer en des paradoxes peu solides où leur raison trébuche, vacille et quelquefois s'attriste. Çà et là, Lucrèce lui-même, si ferme dans sa foi philosophique, est comme en proie à des retours offensifs de l'idée divine. A peine a-t-il enlevé le monde et les hommes au pouvoir détesté des dieux, le voilà forcé tout à coup de reconnaître qu'il est une puissance cachée, sans nom, qui se fait un jeu de renverser les grandeurs humaines. Lui qui ne croit qu'au hasard, il attribue quelquefois à la nature le rôle et les fonctions de la providence, la sollicitude ou le courroux d'une divinité toute-puissante. Ailleurs, après avoir peint le désordre qui règne dans l'univers, il est consterné à la vue de certains mouvements célestes dont l'effrayante et mystérieuse régularité semble révéler la main d'un Dieu. Après un moment d'angoisse il chasse cette idée qui lui fait horreur, mais il a laissé voir qu'elle avait envahi son âme et qu'il avait eu à s'en défendre.

On est plus d'une fois frappé de pareilles contradictions entre le système et l'émotion du poëte, comme on est touché, en lisant Pascal, d'une contradiction inverse, et plus constamment pathétique; car bien qu'on ne puisse comparer les doctrines de ces deux philosophes si diversement émus, ils ont cela de commun que leur imagination paraît encore obsédée par les choses mêmes qu'ils attaquent et qu'ils nient, Pascal, par la raison, Lucrèce, par les dieux.

Peut-être n'est-ce pas impunément qu'une âme grande et passionnée se retranche certaines idées qui font, pour ainsi dire, partie de nous-mêmes, et soit que dans les transports religieux, comme Pascal, on violente sa raison, jusqu'à la meurtrir, soit que dans le fanatisme de l'impiété, comme Lucrèce, on s'arrache l'idée divine, on risque également de ne pas trouver la paix qu'on attendait de cette violence ou de cette mutilation, et de sentir toujours la blessure qu'on s'est faite à soi-même.

La véritable réfutation de la doctrine qui prêche la volupté, est la tristesse de son plus grand interprète.

FIN.

APPENDICE.

NOTES.

Page XIII, ligne 19. — *Et depuis, M. Patin...*

Quelques-unes de ces leçons, en trop petit nombre, ont été publiées depuis par M. Patin en 1869 dans ses *Études sur la poésie latine*. Tout écrivain en France traitant de Lucrèce relève à son insu de M. Patin qui, durant trente années d'enseignement, a répandu sur le *Poëme de la nature* une foule d'idées justes et fines, lesquelles ont passé de main en main et dont on profite souvent sans en connaître la première origine.

Nous ne donnerons pas ici une bibliographie complète de tous les ouvrages qui traitent d'Épicure et de Lucrèce; on la trouvera dans les livres si utiles d'Ueberweg : *Grundriss der Geschichte der Philosophie*, et de Teuffel : *Geschichte der römischen Litteratur*, 1872. Mais qui tient à connaître l'origine et l'esprit de l'épicurisme ne peut se dispenser de lire la profonde étude que M. Ravaisson a faite du système dans sa *Métaphysique d'Aristote*, ainsi que l'excellent ouvrage de M. Denis, *Histoire des théories et des idées morales dans l'antiquité*. Sur Lucrèce, nous signalons parmi les travaux les plus récents la longue et solide étude d'un critique anglais, M. Sellar, dans son livre intitulé : *The Roman Poets of the Republic*, 1863; un essai intéressant de

M. Montée : *Lucrèce considéré comme moraliste*, 1860, deux thèses latines, dont les mérites sont divers, l'une de M. de Suckau : *De Lucretii metaphysica et morali doctrina*, 1857 ; l'autre de M. Hignard : *De philosophici poematis conditione apud Lucretium*, 1864 ; un délicat article de M. Prévost-Paradol dans les *Nouveaux essais de politique et de littérature;* les introductions développées qui sont en tête des traductions françaises.

Ces traductions sont nombreuses, et le nombre s'en est fort accru dans ces dernières années. M. Blanchet semble s'être proposé de rectifier celle de Lagrange, M. Ernest Lavigne de reproduire surtout le sens scientifique des vers. Nous croyons devoir recommander plus particulièrement la plus récente de ces traductions, publiée en 1874, celle de M. Crouslé qui révèle une étude approfondie du texte. M. Crouslé avait déjà donné, en 1866, des *Extraits de Lucrèce* avec une introduction, un commentaire critique et des notes.

Il existe deux traductions complètes de Lucrèce en vers français ; l'une par Le Blanc de Guillet (1788) est oubliée et mérite de l'être, l'autre par M. de Pongerville (1823) ne manque pas d'un certain talent poétique et a ouvert à l'auteur les portes de l'Académie française. Elle pouvait plaire et suffire à un temps qui n'avait pas encore, du moins en pareille matière, le souci de l'exactitude et de la précision. J'ai essayé de faire, sinon mieux, du moins autrement. Récemment, en 1869, un de nos plus brillants poëtes, M. Sully Prudhomme, a publié une traduction en vers du premier livre. Je ne sais si l'œuvre sera continuée.

Dans mes citations je suis en général, sans m'y asservir, le texte de Lachmann amélioré par Bernays, dont l'édition est assez répandue et fait partie de la collection Teubner. On sait que Lachmann a renouvelé le texte de Lucrèce par une exacte recension des plus anciens manuscrits. C'est un critique d'une rare sagacité, qui a fait de vraies découvertes. Je citerai, comme exemples la transposition si heureuse du vers 950 dans le troisième livre (*grandior hic vero*) et la correction du vers 1018 du cinquième (*non violari*). Mais son goût n'égale pas sa science; ses conjectures fantasques gâtent souvent de beaux vers, il semble tenir surtout à n'être pas d'accord avec ses devanciers qu'il traite avec une impertinence qui nous paraît prodigieuse. Il appelle Forbiger *mercenarius homo de ponte dejiciendus*; si le célèbre Orelli approuve une leçon de Forbiger, Lachmann s'écrie: *Mutuum muli*. Si grand que soit un critique on s'en défie à bon droit quand il est si plein de lui-même. Nous croyons aussi devoir prévenir le lecteur, pour qu'il ne se laisse pas décourager par une première surprise, que le latin du très-savant commentateur est aussi épineux que son érudition est hérissée.

De tous les travaux sur Lucrèce, le plus sûr et le plus complet est celui de M. Munro, qui renferme à la fois un texte, une traduction et un commentaire. Si nous n'y avons pas renvoyé tout d'abord, c'est que les deux beaux volumes de cet ouvrage ne se trouvent en France que dans quelques bibliothèques.

Page xiv, ligne 4. — *Le plus grand peut-être...*

Il serait oiseux de se demander lequel est le plus grand poëte, de Lucrèce ou de Virgile. Là-dessus on décide selon les goûts et les temps; dans les temps de fatigue littéraire on préfère souvent une énergie inculte à une élégance continue et classique. Sous l'empire romain bien des lecteurs mettaient Lucrèce au-dessus de Virgile; ainsi chez nous, au xviiie siècle, Laharpe se plaint qu'il y ait des « gens qui, lui ont trouvé plus de force qu'à Virgile, par une suite de ce préjugé ridicule que la dureté tient à la vigueur et que l'élégance est près de la faiblesse. » Miss Berry, la jeune amie du vieux Walpole, écrivait dans une lettre vers 1800 : « Écoutez pêle-mêle tous ceux qui vous vantent Lucrèce. Vous vous plongerez avec eux dans une source de délices, si vous avez l'esprit poétique. Sa métaphysique ne vaut absolument rien, mais sa poésie est divine. Comparé à lui

Virgile n'est que joli. » La vérité est dans ce jugement plus mesuré de Montaigne : « Je suis d'opinion que c'est à la vérité une comparaison ineguale; mais j'ay bien à faire à me rasseurer en cette creance, quand je me treuve attaché à quelque beau lieu de ceulx de Lucrèce. » *Essais,* II, 10. On ne peut les comparer que dans la poésie didactique. Si les *Géorgiques* sont d'une poésie exquise et d'un art accompli, le *Poëme de la Nature* est une œuvre de foi philosophique, animée par un enthousiasme et un ardent désir de convaincre que Virgile ne ressentait pas.

Page 3, ligne 20. — *Accourir à ce jardin...*

Ce jardin était dans l'intérieur d'Athènes. Epicure fut le premier qui transporta la campagne dans la ville : « Primus hoc instituit Epicurus otii magister. Usque ad eum moris non fuerat in oppidis habitari rura. » Pline, *Hist. Nat.,* XIX, 4.

Page 4, ligne 3. — *Cette école commode...*

Épicure n'était ni savant, ni profond. Sans doute il écrivit beaucoup et fut, après le stoïcien Chrysippe, le philosophe le plus fécond de l'antiquité; mais les trois cents livres qu'il publia n'étaient que des livres plus ou moins élémentaires. Cicéron dit et redit qu'il manquait de haute culture : « Non satis politus iis artibus quas qui tenent eruditi appellantur. » *De Finibus,* I, 7 et 21. Quintilien va plus loin : « Disciplinas omnes fugit. » *Inst. orat.,* XII, 2; voir Athenée, XIII, 6; Sextus Empiricus, *Adv. mathem.,* I, 1. On prétend même qu'il avait écrit à Pythoclès : « Fuyez, si vous voulez être heureux, toute science. » Diog. Laerce, X, 6. Il repoussait surtout la dialectique si fort en honneur avant lui dans les écoles, pensant que le chemin du bonheur est moins hérissé d'épines et que le témoignage des sens aidé de la réflexion est le meilleur des guides. *De Fin.,* I, 19; *Acad.,* II, 30; Diog. L., X, 31. Son style, qui n'avait pas beaucoup d'autres mérites, était clair : « Plane dicit quod intelligam. » *De Fin.,* I, 5. Aussi la doctrine était à la portée de tous. « On peut l'apprendre en se jouant. » *Ibid.*, 8. Cicéron, s'amusant quelquefois aux dépens des épicuriens qu'il trouve peu subtils, dit avec bonne grâce : « Ce sont les meilleures gens du monde et je ne connais personne qui ait moins de malice. » *Tuscul.*, III, 21. Il dit ailleurs avec un dédain moins déguisé : « Comme nos ancêtres tirèrent Cincinnatus de la charrue pour le faire dictateur, de même vous prenez les plus simples et les plus grossiers de tous les Grecs pour en faire vos disciples. » *De Fin.*, II, 4. Voir Plut. *qu'on ne peut vivre heureux*, 12. Varron disait : « A primo compito dextimam viam munit Epicurus. » Voir Nonius, II, 198. Torquatus parle avec transport de ce chemin si uni : « O apertam et simplicem et directam viam! » *De Fin.* I, 18.

Page 5, ligne 1. — *L'enjouement de ses épigrammes...*

Épicure se moquait de tous ses devanciers ; Cicéron trouve que ses railleries sont peu attiques. *De nat. Deor.*, II, 17. Il faut se défier des plaisanteries qui courent sous le nom d'Épicure. Ses ennemis lui ont attribué un grand nombre de mots impertinents contre les chefs de doctrine les plus vénérés, pour le rendre odieux et soulever contre lui l'indignation de toutes les écoles. Ce qui est hors de doute, c'est son dédain pour tous les philosophes, dédain où il entrait peut-être de la vanité.

Page 6, ligne 21. — *Emprunta une physique à Démocrite...*

On a dit et on a répété : « Il est surprenant qu'Épicure ne soit pas aperçu que la partie morale de son système pouvait subsister sans la partie physique qui en faisait la faiblesse... Toutes les contestations qui s'élevèrent n'auraient jamais eu lieu, s'il eût déclaré que son grand but était de retirer les hommes de la superstition. » De Pauw, *Rech. phil.*, II, p. 152. Mais c'est précisément ce qu'Épicure ne pouvait faire sans se couvrir d'un appareil scientifique. Une théorie physique, une théorie déjà ancienne et accréditée avait l'avantage de donner à son audacieuse entreprise un air d'innocence. Ne voit on pas qu'à Rome les premiers épicuriens n'osèrent écrire que sur la physique ? Le poëme de Lucrèce en est la preuve. Dans l'antiquité d'ailleurs tout système philosophique était obligé de répondre à ces deux questions : Comment le monde a-t-il été fait ? En quoi consiste le souverain bien ? Épicure aurait paru n'être pas un vrai philosophe s'il n'avait satisfait cette double curiosité, s'il n'avait résolu qu'un des problèmes.

Enfin qu'y avait-il de plus propre que les explications physiques à calmer l'effroi que causait la vue de certains phénomènes naturels qu'on attribuait à la colère des dieux ? L'épicurien Torquatus dit nettement : « E physicis et fortitudo sumitur contra mortis timorem, et constantia contra metum religionis et sedatio animi, omnium rerum ignoratione sublata. » *De Fin.*, I, 49 et V. 29. De notre temps, quelques éléments de physique partout répandus, quelques connaissances courantes ont chassé de nos campagnes bien des terreurs superstitieuses.

Page 9, ligne 10. — *A la vie d'Epicure...*

« Ce n'est que par l'opinion qu'il a laissée de sa probité et de ses mœurs que ses écrits ont autant de cours. » Cic., *De Fin.* II, 31. — « Quis illum neget et bonum virum et comem, et humanum fuisse. » *Ibid.*, 25. — Voir sur son courage la belle lettre qu'il écrivit, étant près de mourir, à son disciple Idoménée. Diog. L., X, 22.

Page 9, ligne 19. — *Élite d'amis...*

L'amitié était le fondement de la société épicurienne. « De tout ce que peut procurer la sagesse, pour rendre la vie heureuse, l'amitié est ce qu'il y a de plus excellent, de plus fécond, de plus doux. » *De Fin.*, I, 20. Sans doute cette amitié, selon les principes de l'école, ne reposait que sur l'intérêt bien entendu. « C'est un champ qu'on ensemence pour récolter. » Diog. L., X, 120. Mais par une contradiction naturelle remarquée par Cicéron (*De Fin.*, II, 26), l'amitié devint un sentiment désintéressé et généreux. « Il est impossible d'entretenir longtemps l'amitié, si nous n'aimons nos amis comme nous-mêmes. » *Ib.*, I, 20. La famille d'Épicure donnait l'exemple : « C'est chose merveilleuse comment ses frères étaient affectionnés envers luy. » Plut., *De l'Amit. fr.*, 16. — Lui-même disait : « Dans l'amitié il vaut mieux faire du bien que d'en recevoir. » Plut. *qu'on ne peut vivre heureux* — « Le sage, s'il le faut, mourra pour son ami. » Diog. L., X, 121. — Pendant le siége d'Athènes par Démétrius il nourrit tous ses disciples. Plut., *Dem.* 34. Sa dernière pensée en mourant a été consacrée à l'amitié : « Soutenez les enfants de Métrodore. » Diog. L., X, 22. Épicure refusa d'établir dans son institut, à l'exemple de Pythagore, la communauté des biens, estimant qu'il faut dans l'amitié tout devoir, non à la contrainte, mais à une assistance purement volontaire. *Ibid.*, 11. L'idée était délicate. On citait en Grèce de beaux exemples d'amitié épicurienne. V. Maxime, I, 8, 17. De même à Rome : « Multi epicurei fuerunt et hodie sunt in amicitiis fideles. » *De Fin.*, II, 25. « Ils s'obligent, par une espèce de traité, d'avoir les uns pour les autres les mêmes sentiments qu'ils ont pour eux-mêmes. » *Ib.*, 26.

Page 10, ligne 15. — *Non avenus tous les systèmes...*

« Épicure se vantait de n'avoir pas eu de maître. » *De nat Deor.*, I, 26 ; αὐτοδίδακτος εἶναι καὶ αὐτοφυής. Sext. Emp. *Adv. math.*, I, 3, 4. Lucrèce s'écrie : « Tu pater et rerum inventor, III, 9 ; pectore parta suo. » V, 5. — Cicéron raille cette prétention : « Je le crois aisément ; aussi ne lui voit-on rien qui sente l'Académie ni le Lycée, rien même qui prouve les plus simples études. » *De nat. Deor.*, I, 26.

Page 10, ligne 26. — *Savoir par cœur...*

La recommandation avait été faite souvent par Épicure lui-même. Diog. L., X, 12, 35, 83, 85. « Qui est celui d'entre vous qui n'a pas appris par cœur les *Maximes fondamen-*

tales d'Épicure ? » *De Fin.*, II, 7. « Scyron sait par cœur tous les dogmes. » *Acad.*, II, 33. Lucrèce se fait gloire de suivre son maître pas à pas :

> Fixa pedum pono pressis vestigia signis... (III, 4.)
> Cujus ego ingressus vestigia dum rationes
> Persequor... (V, 56.)

On voit au Louvre dans le musée des antiques une tête de marbre, sorte de Janus à deux faces, dont l'une est le portrait d'Épicure, l'autre celui de Métrodore, son disciple. L'artiste grec a-t-il voulu exprimer que les deux philosophes ne font qu'un ? on n'ose l'affirmer, mais c'est pour nous un symbole.

Page 44, ligne 5. — *Aucune hérésie...*

La doctrine fut immuable : « Unius ductu et auspiciis dicta. » Sén., *Lett.* 33. Numénius dit que dans cette école « une innovation eût été une impiété. » Eusèbe, *Præp. evang.*, XIV, 5. Les épicuriens proclamaient avec assurance les dogmes du maître, « fidenter, ut solent. » *De nat. Deor.*, I, 8. Au IIIe siècle, Diogène Laërce remarque que toutes les doctrines sont en décadence, excepté l'épicurisme. L. X, 9. Au IVe, Thémistius constate que les préceptes sont observés par tous les disciples comme si c'étaient les lois de Solon ou de Lycurgue. *Orat.*, IV. On a les noms des quatorze successeurs d'Épicure, pendant deux cent trente-sept ans, jusqu'à Auguste. Lucien dit que de son temps encore on élisait pour chef le plus digne. L'école était donc organisée comme une église avec des dogmes fixes et avec une sorte de conclave. Les épicuriens faisaient beaucoup de conquêtes dans toutes les sectes, mais aucun d'eux ne déserta jamais la sienne. Ce fait avait frappé les anciens, et comme on s'en étonnait un jour devant Arcésilas : « Cela est naturel, répondit-il avec esprit, on peut faire d'un homme un eunuque mais non d'un eunuque un homme. » Diog., IV, 43. Ce qui veut dire qu'en morale, on peut descendre, mais non remonter. Cette étroite fidélité des épicuriens explique pour-

APPENDICE.

quoi cette école si durable a été stérile en littérature et en philosophie; elle n'a produit d'autres grands hommes que Métrodore, Hermachus, Polyænus, qui ont été formés sous l'influence directe du maître : « Magnos viros non scola Epicuri, sed contubernium fecit. » Sén., *Lett.*, 6. Lucrèce est une brillante exception.

Page 13, ligne 10. — *La morale privée...*

On connaît le principe d'Épicure : « Cache ta vie, λάθε βιώσας. » Il disait à un ami : « Nous sommes l'un pour l'autre un assez grand théâtre. » Sénèque, *Lett.* 7. Il recommandait de fuir le monde, ἐκχώρησιν τῶν πολλῶν, Diog., X, 143. Il vécut dans l'obscurité à Athènes et put écrire à Métrodore : « Nous ne nous sommes pas mal trouvés d'être demeurés inconnus, même de nom, à toute la Grèce. » Sén., *Lett.* 79. Ses disciples ne faisaient non plus parler d'eux : « Delicata et umbratica turba. » *Id., De Benef.* IV, 2. « Qui se ne viventes quidem nosci volunt. » Pline, *Hist. Nat.* XXXV, 2.

N'est-ce pas à ce caractère, en quelque sorte domestique, de sa morale que Lucrèce fait allusion quand il dit qu'Épicure est venu apporter un remède aux maux intérieurs : « Nec minus esse *domi* cuiquam tamen anxia corda. » VI, 14. Il ajoute : « Viam monstravit tramite *parvo*. » VI, 27. Édit. Lachmann. Horace dit de même :

> At secretum iter et fallentis semita vitæ. (*Ép.* I, 18, 103.)

Page 13, ligne 20. — *Un humble ami...*

Épicure disait : « Ne pas punir l'esclave, en prendre pitié, ἐλεήσειν. » Diog. L., X, 118. Il fit de ses esclaves ses compagnons d'études et, par son testament, donna la liberté à ceux qui avaient cultivé la philosophie, particulièrement au célèbre Mus, qui devint l'honneur de l'école. C'est à peu près ainsi que Descartes associa ses domestiques à ses travaux et mit son valet de chambre Gillot et son copiste Gutschoven en état de devenir professeurs de mathématiques pures, ce dernier à l'université de Louvain.

Page 14, ligne 22. — *Cette morale était périlleuse...*

Le mot de *volupté* était mal choisi, équivoque, et n'avait pas été nettement défini par le maître lui-même. « Nunc dico ipsum Epicurum nescire, et in eo nutare. » *De Fin.,* II, 2. De là des interprétations plus ou moins nobles, des discussions sans fin, qui n'étaient pas toujours sincères ni désintéressées. Plutarque avait écrit un livre, aujourd'hui perdu, sous ce titre : *Comment il faut entendre Épicure.* Torquatus disait à ses adversaires : « Vous n'entrez pas dans sa pensée. » *De Fin.,* II. 7. Cicéron en plus d'un endroit signale les équivoques et les dangers de la langue épicurienne : « Lubricum genus orationis, adolescenti non acriter intelligenti sæpe præceps. » *In Pis.* 28. Le nombre était grand de ceux surtout qui feignaient de se méprendre sur le sens du mot et donnaient à leurs vices l'apparence d'une sagesse doctrinale. « Non ab Epicuro impulsi luxuriantur, sed vitiis dediti luxuriam suam in philosophiæ sinu abscondunt. » Sén., *de Vit. beat.* 12. Voir tout ce long et éloquent passage de Sénèque, qui dit un peu plus loin aux Épicuriens : « Choisissez donc une meilleure enseigne. » *Ibid.,* 13. Horace, sur un autre ton, fait des réflexions analogues et badine agréablement au sujet des faux adeptes qui s'imaginent que la doctrine apprend l'art d'apprêter un festin. *Sat.* II, 4.

Page 15, ligne 16. — *Par le monde élégant...*

L'amour des jouissances grossières ou raffinées, le désir du repos pendant et après les guerres civiles, le goût pour la vie rurale et pour les délicieuses villas où on pouvait s'arranger un bonheur si commode, tout cela explique la rapide fortune d'une doctrine qui semblait prêcher le plaisir et qui prêchait en effet le repos. L'épicurisme devint même populaire à Rome, « populus cum illis facit. » *De Fin.,* II, 44. « Commota multitudo contulit se ad eamdem potissimum disciplinam. » *Tusc.,* IV, 3. Outre que le mot de volupté était une amorce, le système était de tous le plus facile à comprendre et à mettre en latin. Aussi les premiers livres philosophiques écrits en langue latine sont des livres épicuriens. On verra plus loin que le discrédit de la religion donnait à ces informes essais une grande importance.

Page 17, ligne 4. — *Le Grec toujours complaisant...*

C'était Philodème, un savant et un homme d'esprit, dont il nous reste de nombreux fragments, trouvés à Herculanum, sur la philosophie épicurienne, sur la rhétorique et la musique. Il était poëte aussi, et composait, pour se rendre agréable, de petits vers lascifs où il chantait les bonnes fortunes de son protecteur, « adulteria ejus delicatissimis versibus. » *In Pis.* 29. Il nous reste de lui un certain nombre d'épigrammes, une entre autres, où précisément il invite son disciple Pison à un de ces banquets annuels dont nous avons parlé, où était célébrée dévotement la *nativité* d'Épicure : « Demain, cher Pison, un disciple d'Épicure, chéri des Muses, t'entraînera dès la neuvième heure vers une chaumière modeste, où il doit célébrer dans un banquet *l'eicade annuelle*. Tu n'y savoureras, il est vrai, ni les mamelles succulentes de la truie, ni le vin de Chios, doux présent de Bacchus ; mais tu y verras des amis parfaitement sincères ; mais tu y entendras des sons plus doux que tout ce qu'on nous vante de la terre des Phéaciens. Si tu daignes, Pison, jeter sur nous un regard favorable, ta présence donnera de l'éclat à la fête, et nous tiendra lieu des mets les plus exquis. » *Anthologie grecque,* Hachette. T. I, p. 397. On voit que ces banquets étaient simples, que l'amitié et la musique en faisaient seules le charme ; c'était sans doute selon le vieux rite institué par Épicure. Dans tout le reste Philodème ne parut pas avoir été un rigide épicurien. Il faut convenir que si les Romains se méprenaient sur le sens de la doctrine, c'était souvent la faute de leur maître grec. Ils remettaient leur esprit et leur conscience entre de singulières mains.

Page 17, ligne 16. — *Mauvaise foi de ses reproches.*

La critique du système faite par Cicéron est sur certains

points aussi péremptoire que spirituelle; mais souvent aussi il prête à ses adversaires des opinions qu'ils n'ont pas, et affecte de croire que la doctrine recommande les plaisirs grossiers. Les épicuriens se plaignaient. *Tusc.*, III, 21. Au fond Cicéron savait bien que l'école était austère. Il fait dire à Torquatus : « Quam gravis, quam continens, quam severa sit. » *De Fin.*, I, 14. Ne dit-il pas lui-même au débauché Pison : « Que n'as-tu mieux compris les préceptes d'Épicure ! » *In Pis.*, 18. Il n'avait raison que contre les faux sectateurs alors nombreux à Rome. Cela lui donnait prise même sur les véritables. Dans ses livres il les harcèle, dans ses lettres il les taquine. Il faut lire sa jolie lettre à son ami Trebatius qui venait de se convertir à l'épicurisme. Ses victimes étaient bonnes gens et entendaient raillerie. Mais Cassius, moins accommodant, proteste. Cicéron lui ayant écrit : « Ta philosophie à toi est à la cuisine, *tua in culina est*. Cassius relève noblement ce mot qui le blesse : « Ceux que tu appelles φιλήδονοι, sont φιλόκαλοι et φιλοδίκαιοι. » *Lett. fam.*, XV, 18 et 19.

Page 19, ligne 2. — *Tous les vices de l'univers...*

La chute des mœurs fut subite : « Majorum mores non paulatim ut antea, sed torrentis modo præcipitari. » Salluste, *fragm.* — Non gradu, sed præcipiti cursu a virtute descitum. V. Paterc., II, 1.

Page 23, ligne 2. — *Il me semble que certaines bienséances...*

On voudrait savoir ce que Cicéron pensait de Lucrèce, son contemporain; mais là-dessus on en est réduit aux conjectures. Il en est qui affirment, sur un mot équivoque de saint Jérôme, que le grand orateur se chargea de corriger le *Poëme de la Nature* resté inachevé. Cela n'est point vraisemblable. Ce qui est certain, c'est que Cicéron, qui se plaît à nommer et à citer les poëtes latins, n'a pas nommé Lucrèce dans ses ouvrages destinés au public, et n'en parle qu'une fois, comme à la dérobée, dans une lettre intime adressée à son frère Quintus : « Lucretii poemata, ut scribis, ita sunt; multis ingenii luminibus, multæ etiam artis. » Ce texte même est incertain, et bien des critiques lisent *non multis*. Quoi qu'il en soit, que Cicéron ait accordé du génie à Lucrèce avec beaucoup d'art, ou beaucoup d'art avec peu de génie, son jugement n'a pas grande valeur, parce que la gloire du poëte est bien au-dessus d'un éloge aussi sommaire ou d'une critique aussi injuste.

Ce qui vaut la peine d'être constaté, c'est le silence de Cicéron dans ses ouvrages philosophiques, où il avait sans cesse l'occasion, non-seulement de nommer Lucrèce, mais de le citer, notamment dans les dialogues où il fait parler des épicuriens. Ce silence n'aurait-il pas été commandé par certaines bienséances morales ou politiques? Ou bien faut-il penser que Cicéron connaissait peu le *Poëme de la Nature*? Pour moi, je crois qu'il le connaissait bien. En y regardant de près, on trouverait dans ses dialogues un grand nombre de pensées et d'expressions qui sont des souvenirs de Lucrèce. Comme personne, que je sache, n'en a fait la remarque, je crois devoir faire ici quelques rapprochements qu'on pourrait facilement multiplier.

LUCRÈCE.	CICÉRON.
Sur Épicure : Atque omne immensum peragravit mente animoque. I, 74.	Qui infinitas regiones qua nulla esset extremitas, mente peragravisset. *De Finibus*, II, 31.
Viam monstravit. VI, 27.	Omnes monstret vias. *Ibid.* I, 14.
Cura semota metuque. II, 19.	Ut sine cura metuque vivamus. *Ibid.* I, 15.
Neque ullam Esse voluptatem liquidam puramque relinquit. III, 40.	Gustare partem ullam liquidæ voluptatis *Ibid.* I, 18.
Nam jam sæpe homines patriam carosque parentes Prodiderunt, vitare acherusia templa petentes. III, 83.	Mortis metu... multi parentes, multi amicos, nonnulli patriam prodiderunt. *Ibid.* I, 15.

Perpetuo tamen id fore clam diffidere debet. V. II, 55.	Quamvis occulte fecerit, nunquam tamen confidet id fore semper occultum. *Ibid.* I, 16.
Nec miser impendens magnum timet aere saxum Tantalus... III, 978.	Mors quæ, quasi saxum Tantalo, semper impendet. *Ibid.* I, 18.
Si vocem rerum natura repente Mittat... III, 929.	Hac exaudita quasi voce naturæ. *Ibid.* I, 21.
Quæ bene cognita si teneas, natura videtur Libera continuo, *dominis* privata superbis... II, 1090.	Enfin Cicéron ne pense-t-il pas à Lucrèce, ne fait-il pas une allusion directe à un passage du poëme, quand il s'élève contre la témérité impie des épicuriens : « Soleo sæpe mirari nonnullorum insolentiam philosophorum, qui naturæ cognitionem admirantur, ejusque inventori et principi gratias exsultantes agunt, eumque venerantur, ut deum : liberatos enim se per eum dicunt *gravissimis dominis*, terrore sempiterno. » *Tuscul.* 1, 21.

Pour expliquer ces ressemblances, faut-il penser que les deux auteurs ont puisé à une source commune? Dans ce cas Lucrèce aurait emprunté à des devanciers latins, non-seulement des idées, mais des expressions poétiques. N'est-il pas plus naturel de croire que Cicéron, dans sa polémique contre l'épicurisme, avait présents à l'esprit les vers de Lucrèce? S'il ne l'a pas nommé, ce silence lui était imposé par des convenances officielles. Il nous dévoile d'ailleurs son vrai sentiment, quand il dit de la doctrine épicurienne : « Un tel langage aurait plutôt besoin d'être réprimé par un censeur, que d'être réfuté par un philosophe. » *De Finibus*, II, 40.

Page 23, ligne 5. — *Un ennemi des dieux...*

Lucrèce constate lui-même qu'on le soupçonnait d'impiété; il repousse le soupçon, mais avec une si grande hardiesse de langage qu'il le confirme, I, 80.

APPENDICE.

Page 24, ligne 6. — *Famille Lucretia...*

Puisque tous les commentateurs se sont fait un devoir de recueillir sur cette famille les moindres vestiges historiques, je ne crains pas de faire part ici d'une bien petite découverte. Au moment même où, l'esprit occupé de notre poëte, je passais à Molsheim (Bas-Rhin), je vis sur les murs de l'ancien hôtel de ville, à la hauteur du premier étage, ces mots gravés qu'un ouvrier badigeonneur s'était amusé à peindre en noir : LVCRET... ROMA... MARCUS. Ce sont les débris d'une inscription dont la pierre brisée aura fourni des moellons à la construction du bâtiment. On retrouvera peut-être un jour l'inscription entière sous le plâtre.

Page 38, ligne 13. — *La paix, la paix!...*

Liv. I, 40. Ce mot revient souvent; il se trouve trois fois en dix vers, VI, 69-78. — L'essence de la Divinité, c'est la paix, I, 45; III, 24; la vraie religion est dans la paix de l'âme, *placida cum pace quietus*, VI, 73; la science n'a qu'un but, c'est de nous faire tout considérer en paix, *pacata posse omnia mente tueri*, V, 1204. Le crime consiste à troubler la paix, *fœdera pacis*, V, 1154; la prière est pour le matelot en péril un moyen d'obtenir des dieux la paix, *pacem Divum*, avec la paix des vents, *paces ventorum*, V, 1228; les animaux mêmes, s'ils se sont soumis à la domestication, c'est pour échapper aux bêtes féroces, pour avoir la paix, *pacemque secuta*, V, 865.

Page 41, ligne 9. — *Il compare à un dieu...*

C'est le ton de l'école. Velleius a de la peine à se défendre de révérer Épicure comme un dieu. *De nat. Deor.*, I, 16. Pour Torquatus la doctrine est descendue du ciel : « Quasi delapsa cœlo regula. » *De Fin.*, I, 19. Le sceptique Lucien lui-même appelle Épicure : « Cet homme vraiment sacré, divin, qui, seul, a réellement connu la vérité et l'a transmise à ses disciples dont il est devenu le libérateur » *Alex.*, 61. Colotès alla plus loin; il embrassa les genoux d'Épicure et voulut l'adorer. Plutarque ajoute qu'Épicure fut si flatté qu'il « contre-adora » Cololès, et que rien ne fut plus plaisant que la scène où ces deux hommes se prosternèrent l'un devant l'autre. L'historiette est bien contée, mais suspecte. *Contre Col.*, 17.

Page 44, ligne 19. — *Cette disette de mots...*

Il recule même devant une partie de son sujet, faute de termes :

rationem reddere aventem
Abstrahit invitum patrii sermonis egestas. (III, 260.)

Voir encore liv. I, 830. Ces plaintes étaient légitimes surtout dans la bouche d'un poëte. La langue latine, même en prose, se sentait impuissante devant les idées grecques; elle n'était pas prête, elle avait été comme surprise par la subite introduction de la philosophie. Cicéron éprouve le même embarras : « In omni arte, cujus usus vulgaris communisque non sit, multam novitatem nominum esse. *De Fin.*, III, 1. Près d'un siècle plus tard, Sénèque voulant exposer un point de Platon, répète la plainte même de Lucrèce : « Quanta verborum nobis paupertas, imo egestas sit... » *Lett.*, 58.

Page 46, ligne 6. — *D'un mot :* Desipere est...

Lucrèce se livre à ce mouvement d'impatience quatre fois en employant le même mot, III, 362, 803; V, 166, 1042. Remarquons aussi que si le poëte prend quelquefois des précautions, ce n'est jamais pour se couvrir lui-même contre le reproche d'impiété, mais pour rassurer son lecteur engagé avec lui dans une entreprise hardie : « Peut-être que, retenu encore sous le joug de la religion, tu regardes comme une impiété semblable à celle des Titans, etc. » V, 114. « Dire que c'est un crime d'attaquer cette croyance, c'est tout simplement de la folie. » V, 457. Il parle des scrupules du lecteur avec ironie et, sans se défendre, riposte avec l'insolence de la foi.

APPENDICE.

Page 46, ligne 12. — *Le trépied d'Apollon...*

Le fier Achille ne parle pas autrement, quand il dispute Iphigénie aux dieux et s'écrie dans Racine :

> Les dieux auront en vain ordonné son trépas :
> Cet oracle est plus sûr que celui de Calchas !
>
> (Acte III, scène VII.)

Du reste les disciples donnaient le nom d'*oracles* à certaines sentences d'Épicure : « Quasi oracula edidisse sapientiæ dicitur. » *De Finib.*, II, 7. Cicéron se moque de l'air de confiance des épicuriens, « qui ne craignent rien tant que de paraître douter et parlent comme s'ils revenaient à l'heure même de l'assemblée des dieux. » *De nat. Deor.*, I, 8.

Page 47, ligne 8. — *Que le premier il apporte...*

Il le dit lui-même avec joie :

> Denique natura hæc rerum, Ratioque reperta
> Nuper, et hanc primus cum primis ipse repertus
> Nunc ego sum, in patrias qui possim vertere voces.
>
> (V, 326.)

Lucrèce pouvait parler ainsi, parce que ses devanciers, Amafinius, Rabirius et Catius, étaient de pauvres écrivains. « Nulla arte adhibita, de rebus ante oculos positis vulgari sermone disputant. » *Acad.*, I, 2. — « Mali verborum interpretes. » Cicéron, *Lett. fam.*, XV, 19. — « Inculta quædam et horrida, de malis Græcis latine scripta deterius. » *De Fin.*, I, 3.

Page 47, ligne 8. — *L'ardeur de son prosélytisme...*

Le prosélytisme de Lucrèce emploie des expressions d'une vivacité singulière. Ce n'est pas seulement le poëte qui est ardent à persuader; il lui semble que les idées elles-mêmes ne peuvent se contenir, qu'elles brûlent de s'échapper pour s'offrir aux oreilles et aux yeux de Memmius :

> Nam tibi *vehementer* nova res molitur ad aures
> Accidere, et nova se species ostendere rerum. (II, 1023.)

Nous aurions pu relever d'autres sentiments qui entrent dans l'enthousiasme de Lucrèce, l'amour de la gloire, *laudis spes magna*, I, 923, la douceur qu'il trouve à faire des vers, *lucida carmina*, IV, 8, — *suaviloquis versibus*, II, 528 et *passim*, la compassion pour ceux qui errent, *o miseras hominum mentes !* II, 14, enfin, la plénitude de son esprit et de son cœur qui lui permet de verser des flots de vérités.

> Usque adeo largos haustus e fontibu' magnis
> Lingua meo suavis diti de pectore fundet. (I, 412.)

Page 50, ligne 2. — *N'est-ce pas l'amitié...*

La lettre de Cicéron à Trébatius offre l'exemple d'une conversion faite par un ami. Épicure avait toute une théorie sur la *direction* et l'art de convertir ; il distinguait ceux qui vont tout seuls à la sagesse, ceux qui ont besoin d'un guide, ceux qu'il faut pousser et violenter, « quibus non duce tantum opus sit, sed adjutore et, ut ita dicam, coactore. » Sén., *Lett.*, 52.

Il paraît même que la doctrine avait des secrets et des mystères qu'on ne révélait pas à tout le monde. Cicéron reproche aux épicuriens de ne pas tenir le même langage en public et en particulier : « Sententiam, aliam domesticam, aliam forensem, ut in fronte ostentatio sit, intus veritas occultetur. » *De Fin.*, II, 24.

Page 66, ligne 16. — *D'une gravité chaste...*

Il n'existe pas de plus beaux vers sur l'amour. Virgile lui-même n'a rien fait de plus ravissant. Que de nobles et pénétrantes expressions, et quel rhythme ! « In gremio qui sæpe tuum se rejicit — æterno vulnere — pascit — corpore sancto — circumfusa. » C'est le sublime dans la grâce. Montaigne relève quelques-uns de ces mots et s'en délecte. III, 5. Hesnault, qui a donné de ce morceau une traduction en vers partout citée, méconnaît cette chasteté et semble faire de Mars un petit-maître entreprenant.

Page 67, ligne 10. — *Deux sens, l'un scientifique...*

On a donné de ce morceau des explications bien bizarres dont il faut dire ici quelque chose, ne fût-ce que pour marquer les progrès de la critique. Creech lui-même s'est puérilement trompé sur le sens de cette allégorie, lui qui, dans tout le reste, est si précis, et si capable de saisir le sens dogmatique des vers. Nul critique, d'ailleurs, n'a été plus fidèle à son auteur et n'a donné de sa fidélité une preuve plus singulière. Comme il ne doutait pas du suicide de Lucrèce, il tint à honneur de faire comme lui. Il avait écrit sur son manuscrit : « Quand j'aurai terminé mon commentaire, il faudra que je me pende, » et il se pendit. Voilà un commentaire bien anglais et plus complet qu'il n'était à désirer. Eh bien, ce savant homme soupçonne que Lucrèce ici s'est moqué de Vénus en la montrant comme en conversation criminelle avec Mars. Ce beau tableau ne serait qu'un bon tour joué à une divinité par un incrédule, et une magnifique épigramme. Cela est bien peu sensé. Un autre critique, réfuté par Creech, pense que la Providence, pour confondre l'impie poëte, lui a inspiré la pensée d'adresser un hommage à la plus mal famée des déesses, pour bien prouver qu'un homme qui s'éloigne de la religion ne peut avoir que des idées absurdes et honteuses. Ce n'est plus une malice du poëte, mais une malice de la Providence. Une autre opinion, qui a fait fortune, est celle de Bernardin de Saint-Pierre qui croit que Lucrèce a voulu, au début, se montrer religieux parce que « on ne peut intéresser fortement les hommes, si on ne leur présente quelques-uns des attributs de la Divinité;... l'exorde de ce poëme en est la réfutation. » *Études de la Nature,* étude VIIIe. Mais si, pour avoir invoqué poétiquement Vénus, Lucrèce doit être regardé comme un dévot païen, il faudra donc décider que Bernardin lui-même est un païen, lorsqu'au début de ses *Harmonies de la Nature,* il fait cette invocation à la même divinité : « O toi qui d'un sourire fis naître le printemps, douce Aphrodite, belle Vénus, sois-moi favorable... » On pourrait répondre à Bernardin : Pour vous comme pour Lucrèce Vénus ne représente ici qu'une loi de la nature, et le poëte n'est pas plus religieux, en empruntant ces images consacrées, que vous qui les reprenez à votre tour. Il n'y a donc pas d'inconséquence et cet hymne n'est pas la réfutation du poëme. Bayle a réfuté d'avance l'opinion de Bernardin, qui était déjà ancienne, et ne veut voir dans ce morceau qu'une allégorie de physicien. En un mot, pour conclure, Lucrèce, avec des formes plus poétiques, parle comme Buffon qui, faisant aussi, à sa façon, un *de rerum natura,* s'écrie : « Amour, désir inné! âme de la nature,... puissance souveraine qui peut tout... cause première de tout bien, etc. » Voilà en prose le vrai sens philosophique de cette allégorie souvent si mal interprétée.

Page 67, ligne 25. — *La mère des Romains...*

Je suis tenté de croire que Lucrèce a reproduit un tableau ou un groupe de marbre connu des Romains et qui se trouvait peut-être dans un de leurs temples. Certaines expressions semblent peindre des formes plastiques, celle-ci entre autres : « la molle rondeur de son cou, *tereti cervice reflexa.* » Plusieurs monuments de la statuaire romaine nous montrent Vénus essayant d'apaiser le dieu de la guerre. C'est sous cette forme allégorique qu'ont été souvent représentés les empereurs et les impératrices, Marc-Aurèle et Faustine, Adrien et Sabine. (Émeric David, *Histoire de la sculpture.*) L'impératrice, par un geste caressant, calme son terrible époux, lui demande une grâce et fait penser à ce vers :

Circumfusa super, suaves ex ore loquelas...

Il est vrai que, dans les groupes qu'on voit au musée du Louvre, les figures sont debout; mais l'idée est la même que celle de Lucrèce, elle est traditionnelle et consacrée. On voit donc combien le tableau du poëte est ingénieux et grand. Vénus, mère des Romains, âme du monde politique, est aussi l'âme de la nature. Le début du poëme se comprend mieux s'il renferme une allusion à une image révérée des Romains.

Page 71, ligne 6. — *Par des dieux innombrables...*

Hésiode pense qu'il y en a trente mille (*Œuvres et jours*, v. 252); mais Maxime de Tyr trouve que c'est bien peu et qu'il vaut mieux reconnaître que leur multitude est infinie. (*Dissert.*, I.)

Page 71, ligne 19. — *Du sommeil...*

« Le sommeil même, qui devrait faire oublier toutes les peines, vous prépare de nouvelles terreurs. » Cic., *de Divin.*, II, 72. Un personnage de comédie, Démonès, est exaspéré et s'écrie : « Que les dieux se jouent étrangement des humains!... ils ne nous laissent pas de repos, même quand nous dormons. »

Miris modis di ludos faciunt hominibus...
Ne dormientes quidem sinunt quiescere. (*Rudens*, 501.)

Page 71, ligne 22. — *La prière...*

Un de ces manquements se rencontre dans une scène tristement charmante d'Ovide. Quand Apollon eut percé de ses flèches les fils de Niobé l'un après l'autre, le dernier qui reste, ayant vu tomber tous ses frères sous les traits lancés par une main invisible, demande grâce aux dieux : « Dique ô!... Parcite. » Le pauvre enfant ne savait pas et ne pouvait savoir qu'il fallait n'invoquer qu'Apollon :

Communiter omnes
Dixerat, ignarus non omnes esse rogandos.

La prière fut inutile, n'ayant pas été faite dans les règles.

Page 72, ligne 2. — *Les angoisses de sa piété...*

Sur le dévot païen devenant athée par peur, voir Plutarque, *de la Superstition*, fin. Il faut lire tout le traité où l'auteur, pourtant ami des dieux, peint ce qu'il appelle « cet ulcère de conscience, cette combustion d'esprit et cette servile abjection. »

Plutarque, si hostile aux épicuriens, préfère pourtant leur doctrine à la superstition : « Si quelqu'un pense que les atomes et le vuide soient les principes de l'univers, c'est une faulse opinion qu'il a, mais elle ne luy engendre pas d'ulcère, elle ne lui donne pas de fiebvre, n'y luy cause point de douleur. » *De la Superst.*, 1. — Cicéron parle à peu près comme Lucrèce : « La superstition, il faut l'avouer, a enchaîné presque tous les esprits chez tous les peuples et subjugué la faiblesse des hommes... Qui parviendrait à détruire cette crédulité rendrait un grand service à ses concitoyens et à lui-même. Mais qu'on m'entende bien : détruire la superstition, ce n'est pas détruire la religion. » *De Divinat.*, II, 72.

Page 73, ligne 10. — *Il n'y a pas de science...*

A Rome surtout, tout homme qui hasarde une explication scientifique d'un phénomène naturel a l'air d'entreprendre sur le pouvoir illimité des dieux. Pour faire de la science, il faut avoir le courage d'une impiété déclarée. Voilà pourquoi les Romains sont restés si longtemps dans l'ignorance.

Page 80, ligne 23. — *Tenté de se faire athée...*

Sed quum res hominum tanta caligine volvi
Adspicerem, lætosque diu florere nocentes,
Vexarique pios, rursus labefacta cadebat
Relligio...
Abstulit hunc tandem Rufini pœna tumultum
Absolvitque Deos............... (*In Ruf.*, I, 12.)

C'est à l'opinion épicurienne que se range un moment Claudien disant : « Numina nescia nostri. » L'épicurisme était le refuge de ceux qui boudaient les dieux. Ces sentiments se retrouvent même chez nos poëtes imitateurs des anciens. Malherbe a dit :

Le ciel est résolu de se justifier.

Oreste dans l'*Andromaque* de Racine s'écrie:
Je ne vois que malheurs qui condamnent les dieux.

Page 82, ligne 19. — *Leurs propres enfants...*

« Ceux qui n'en avaient point en achetaient des pauvres, comme si c'eussent esté des agneaux ou des chevreaux. » Plutarque, *de la Superst.*, c. 13.

Sur les immolations de Marseille, voir Servius, Virg., *Énéid.* l. III, 57. — Dans la Grèce antique, Polyxène est immolée sur le tombeau d'Achille; douze captifs sont égorgés sur celui de Patrocle. Dans la suite, la religion continue à commander de ces sacrifices, mais elle n'est plus obéie; on élude ses ordres. Après un songe, Pélopidas est mis en demeure par les devins de sacrifier « une vierge rousse; » il se tire d'affaire en jouant sur les mots et immole une jeune jument qui avait « le poil rouge fort luisant. » Plutarque, *Pélop.*, 21 et 22. — Agésilas doit immoler sa propre fille, « ce qu'il ne voulut pas faire par avoir eu le cueur trop tendre. » *Ibid.* Il y a encore des Calchas, mais il n'est plus d'Agamemnon.

Page 83, ligne 15. — *Un sénatus-consulte...*

« DCLVII demum anno urbis... senatus consultum factum est, ne homo immolaretur, palamque fuit in tempus illud sacri prodigiosi celebratio. » Pline, *Hist. nat.*, XXX, 3. « Etiam nostra ætas vidit. » *Ibid.*, XXVIII, 3. Plutarque dit aussi que, de son temps, il y avait encore de ces sacrifices, « quelques secrets anniversaires qu'il n'est pas loisible de voir à tout le monde. » *Marcellus*, 3. Adrien crut les abolir par un édit célèbre; ils subsistèrent.

Page 85, ligne 8. — *Un instrument commode...*

Épicure le dit formellement lui-même: « Si nous savions quelle est la véritable fin des maux et des biens, l'étude et la spéculation de la physique nous seraient inutiles... Il faut

guérir son esprit des impressions ridicules des fables. »
Diog., X, 10, 11, 12.

Page 88, ligne 13. — *Railler les dieux...*

Bientôt on sera plus irrévérencieux encore. On mettra les dieux sur le théâtre, et Tertullien se demandera : « Utrum mimos an Deos vestros in jocis et strophis rideatis. » *Apologétique.* Sous Dioclétien on donnera un mime intitulé : *Le Testament de défunt Jupiter*.

Page 89, ligne 2. — *Entre la foi et l'incrédulité...*

Plutarque, *Sylla*, 29 et 12. Le libre Horace, pour avoir entendu le tonnerre dans un ciel serein, renonce à l'épicurisme, qu'il appelle une folle sagesse, *insanientis sapientiæ*. *Odes*, I, 34. L'empereur Titus, témoin du même phénomène naturel, est si effrayé qu'il prend la fièvre et meurt. Suétone, *Titus*, 10. Cicéron, qui s'était si bien moqué de la *divination*, s'indigne contre Antoine qui a tenu les comices un jour qu'il tonnait et que le ciel protestait par ses cris contre une pareille impiété, *cœlesti clamore prohibente*. Ve *Philippique*. Rien n'est plus commun que ces retours à la superstition. On croyait encore aux présages. Le désastre de Crassus chez les Parthes tenait, disait-on, à ce qu'il avait combattu malgré les auspices. Pompée est contraint de livrer la bataille de Pharsale parce que les présages sont favorables. A Philippes, Cassius, quoique épicurien, perd courage pour avoir vu un sacrificateur portant de travers sa couronne de fleurs. Appius Claudius dédie à Cicéron un livre sur le pouvoir réel de l'art augural; ses collègues, il est vrai, se moquent de sa crédulité.

La liberté d'esprit était chose assez rare, car Horace fait un mérite au sage de ne pas croire aux songes, aux revenants, etc.

Somnia, terrores magicos, miracula, sagas,
Nocturnos lemures, portentaque Thessala rides?

(*Épit.*, II, 2, 208.)

APPENDICE.

Page 90, ligne 16. — *Pratiques monstrueuses de l'Orient...*

L'épicurien Velleius disait: « Aux fables des poëtes, ajoutons les folies des mages et celles des Égyptiens... Peut-on se défendre, après cela, de révérer Épicure comme un dieu? » Cicéron, *De nat. Deor.*, liv. I, 46. Lucrèce lui-même semble avoir eu en vue la sombre terreur qu'inspiraient ces cultes étranges, quand il dit:

> Unde etiam nunc est mortalibus insitus horror
> Qui delubra Deum nova toto suscitat orbi. (V, 1164.)

Il a peint la procession des fêtes de la *Magna Mater* en témoin qui observe l'horreur religieuse que ce spectacle produit sur la foule.

> Horrifice fertur divinæ matris imago. (II, 609-625.)

Bientôt s'introduira à Rome le culte persan de Mithra. Parmi les initiés je trouve le nom d'un Lucrèce qui vécut au temps de l'empire, et qui fit peut-être à son dieu une immolation humaine; « Deo invicto Mithræ C. Lucretius Mnester. » *Insc. lat.* d'Orelli, n° 1908. Voilà un membre de la famille qui a dû peu lire le *Poëme de la Nature*. Sur ces immolations voir Porphyre, *de Abstin.* II, 56; Lampride, *Commode*, 9.

Page 94, ligne 9. — *Révéler une puissance...*

Il faut ici relever une erreur de M. de Humboldt qui dit dans son *Cosmos*: « Un tel argument en faveur de l'existence des puissances célestes, puisé dans la beauté et dans l'infinie grandeur des œuvres de la création, est un fait très-rare chez les anciens. » Traduct., t. II, 45. Cela est, au contraire, assez commun. Sans parler de Xénophon, de Cicéron (*De Divin.*, II, 72), qui ont recours à cet argument, Plutarque dit exactement comme Lucrèce : « Les sages hommes anciens voyans qu'il n'y avoit rien que l'on sceust reprendre au ciel, ny négligence, ou désordre et confusion quelconque au mouvement des astres, ny aux saisons de l'année... ils ont à bon droict condamné de tout poinct l'impiété des athéïstes. » *De la Superst.*, 12. Plutarque dit ailleurs : « Nous avons doncques pris de là imagination de dieu. » *Opinions des philos.*, I, 6. Manilius s'exprime comme un moderne :

> Quis credat tantas operum sine numine moles
> Ex minimis, cæcoque creatum fœdere mundum.
> (*Astr.*, I, 484.)

Il faut bien que cet argument fût non-seulement connu, mais qu'il parût puissant, puisqu'il inquiète Lucrèce.

Page 95, ligne 6. — *Par des allusions précises...*

Lucrèce désigne ici clairement toutes les formalités de la prière romaine. Ailleurs il repousse avec dédain la divination étrusque qui était si fort en honneur chez les Romains et que les Grecs ne connaissaient pas. Liv. VI, 86 et 379. Delille se trompe en disant que Lucrèce « n'a pas osé attaquer le fond de la religion romaine. » *Les trois Règnes*, Disc. prélim. N'est-il pas évident qu'il en sape les fondements, quand il méprise la science des aruspices : « Auspiciis hunc urbem conditam esse, auspiciis bello ac pace, domi militiæque omnia geri, quis est qui ignoret? » Tite-Live, VI, 41.

Page 100, ligne 5. — *Athéisme déguisé...*

Cela n'est pas certain. Le stoïcien Posidonius prétendait qu'Épicure n'avait admis des dieux que pour se dérober à l'indignation publique, et Cicéron fait parler de même Cotta. *De nat. Deor.*, I, 44; III, 1. Mais d'autres n'étaient pas si affirmatifs, et Claudien ne sait à quoi s'en tenir sur ce point :

> Quæ numina sensu
> *Ambiguo* vel nulla putat, vel nescia nostri. (*In Ruf.*, I, 19.)

Bacon dit, non sans raison : « On prétend qu'au fond Épicure ne croyait pas qu'il existât de dieu, imputation qui ne me paraît pas assez bien fondée. » Il cite une phrase d'Épicure et ajoute : « Platon n'aurait pas mieux parlé.

Ennius fit un jour au théâtre une profession épicurienne et tout le peuple applaudit :

> Ego Deum genus esse semper dixi, et dicam cœlitum ;
> Sed eos non curare opinor quid agat humanum genus.

Peut-on penser que le vieil Ennius fut athée ? Nous ne nions ni n'affirmons l'athéisme des épicuriens, mais nous pensons que c'est un problème non encore résolu.

Page 100, ligne 13. — *Le consentement universel...*

Il est remarquable que cet argument dont la philosophie a fait depuis un si grand usage ait pour auteur Épicure ; le premier il l'a employé : « Solus enim vidit, primum esse Deos, quod in omnium animis eorum notionem impressisset ipsa natura. » *De nat. Deor.*, I, 16.

Page 101, ligne 5. — *D'une plus fine étoffe...*

On a beaucoup ri de ces dieux au corps subtil et on a eu raison ; mais il est juste de remarquer que tous les anciens, excepté Platon, n'ont jamais imaginé des âmes humaines ou divines qui ne fussent composées de matière plus ou moins subtile. Dans le christianisme primitif ces idées subsistent. Tertullien pense que nous verrions le corps de Dieu, si nos sens étaient assez fins. *De Anima*, 22. — Faute de mieux, Épicure spiritualisait, si l'on peut dire, la matière. Son impuissance peut paraître plaisante, mais non son effort. La substance divine, disait-il, n'est pas visible, mais intelligible : « Ut non sensu, sed mente cernatur. » Cicéron, *De nat. Deor.*, I, 18.

Page 102, ligne 2. — *L'idéal de la félicité...*

La sagesse, selon Lucrèce, nous procure une vie semblable à celle des dieux :

> Ut nihil impediat dignam Dis degere vitam. (III, 323.)

C'est à peu près ainsi que les Indiens, qui regardent l'entière inaction comme l'état le plus parfait, donnent au souverain Être le surnom d'*immobile*. Montesquieu, *Esprit des lois*, XIV, 5.

Page 104, ligne 13. — *Philosophique langage...*

La première maxime est celle-ci : « Un être heureux et immortel n'a point de peine et n'en fait à personne. » *De nat. Deor.*, I, 34.

C'est ce que dit aussi Lucrèce :

> Omnis enim per se Divûm natura necesse est
> Immortali ævo summa cum pace fruatur.   (II, 645.)

L'homme pieux doit donc être sans crainte et sans espérance, puisque la Divinité

> Nec bene promeritis capitur, nec tangitur ira.   (II, 650.)

De là une adoration désintéressée : « Pie, sancteque colimus naturam excellentem atque præstantem. » *De nat. Deor.*, I, 20, et I, 17.

Lucrèce aussi s'arrête en extase devant cette paix divine :

> Nam proh! sancta Deum tranquilla pectora pace.   (II, 1093.)

D'autres écoles adoptent pour d'autres raisons ce quiétisme épicurien. Un néoplatonicien enthousiaste et plus ou moins mystique, Porphyre, dans sa lettre à Anébon, ne parle pas autrement qu'Épicure : « Les dieux sont impassibles ; c'est donc vainement qu'on pense les concilier, les fléchir par des invocations, des expiations, des prières... ce qui est impassible ne peut être ni ému, ni contraint. »

Toute la philosophie antique, celle même qui attaque vivement Épicure, est, en religion, épicurienne à demi ; car si elle reconnaît la bonté des dieux, elle ne veut pas croire à leur justice vindicative : « Hoc quidem commune est omnium philosophorum... numquam nec irasci Deum, nec nocere. » Cicér., *De Offic.*, III, 28. L'épicurisme, on le voit, n'était pas si hardi qu'on pense et répondait à l'opinion générale fatiguée et désabusée du paganisme.

APPENDICE.

Page 108, ligne 7. — *Une décision tranquille...*

« Épicure avait voulu mettre fin à toutes les disputes subtiles dont les dieux avaient été l'occasion. » Plutarque, *Fragments*, 8. Pythagore, Platon, les stoïciens discutaient sur la nature des demi-dieux, des *démons*. « Épicure ne reçoit rien de tout cela. » Idem, *Opinions des phil.*, I, 8. Épicure était aussi le seul philosophe qui n'admît pas la divination. Cicéron, *de Divinat.*, I, 3.

Page 110, ligne 17. — *Épicure seul...*

A la divination par le vol des oiseaux et les entrailles des victimes il faut ajouter celle qui se faisait par les sorts, par l'évocation des ombres, par l'eau, par le feu, par les plantes, par les noms, etc. Voir Cicéron, *de Divinat.*, II, 72 et *passim*. Cicéron, qui se moque si bien de ces préjugés en philosophe, lorsqu'il parle en citoyen est d'un autre avis : « Je pense qu'il y a une divination et que c'est réellement une partie de cette science que l'art d'observer les oiseaux et tous les autres signes. » *De Leg.*, II, 13. L'obligation qui est imposée à Cicéron homme politique de soutenir la divination prouve que la polémique épicurienne n'était pas inutile.

Page 116, ligne 29. — *Par d'inutiles peintures...*

Il ne s'agit pas seulement de peintures poétiques. A Rome, dans les temples ou ailleurs, il y avait des tableaux représentant les supplices infernaux, comme nous l'apprend un esclave de Plaute :

> Vidi ego multa sæpe picta, quæ Acherunti fierent
> Cruciamenta... (*Captifs*, V, 4, 1.)

Ces tableaux faisaient peur. Nous savons par Cicéron qu'au théâtre, quand un héros tragique échappé des enfers disait d'une voix caverneuse : « Adsum atque advenio Acherunte... » les femmes et les enfants tremblaient. » *Tuscul.*, I, 16.

Page 118, ligne 10. — *Des espérances confuses...*

On peut dire des anciens, si occupés de politique et de plaisirs, ce que Bossuet disait de ses contemporains affairés : « Nous ne désirons même pas l'immortalité ; nous cherchons des félicités que le temps emporte. » Cela peut s'appliquer aux Romains, si actifs, si peu rêveurs, surtout sous la république. Au temps de l'empire, les sentiments changent ; la désoccupation politique et le malheur donnent alors du prix à l'idée de l'immortalité.

Page 121, ligne 22. — *Et non pas de l'espérance...*

Cicéron pense que c'est la croyance à la vie future selon la Fable qui fait craindre la mort : « Idcirco mortem censes esse sempiternum malum. » *Tuscul.*, I, 5.

Sénèque, pour consoler Marcia, une mère qui avait perdu son fils, croit pouvoir calmer sa douleur en lui apprenant qu'il n'est pas de vie future et que, par conséquent, le cher défunt jouit d'un parfait repos : « Cogita nullis defunctum malis affici ; illa quæ nobis inferos faciunt terribiles, fabulam esse ; nullas imminere mortuis tenebras, nec carcerem, nec flumina flagrantia igne, nec oblivionis amnem, nec tribunalia, et reos, et in illa libertate tam laxa ullos iterum tyrannos. Luserunt ista poetæ, et vanis nos agitavere terroribus... Excepit illum magna et æterna pax. » *Consol. ad Marciam*, 19. Pour oser donner une pareille consolation à une femme, à une mère qui pleurait un fils plein de jeunes vertus, ami des dieux, et qui par la pureté de ses mœurs avait mérité d'entrer encore enfant dans un collége de prêtres : « hac sanctitate morum effecit, ut puer admodum dignus sacerdotio videretur, » 24, il fallait bien que la vie future offrît peu d'espérances et qu'elle fût un objet d'horreur même pour les âmes pieuses et les plus méritantes.

Plutarque va jusqu'à dire que le superstitieux qui croit aux enfers envie l'athée : « Il aimerait bien chèrement, et trouverait bien heureux la disposition et condition de l'athéiste, comme une franchise et liberté. » *De la Superstition*, 11.

C'est aussi le cri de joie du doux Virgile quand il a mis sous ses pieds ces craintes :

> Atque metus omnes et inexorabile fatum
> Subjecit pedibus, strepitumque Acheruntis avari.

Page 122, ligne 4. — *L'idée de la rémunération...*

On peut se figurer quelles devaient être chez les anciens les idées du peuple sur la vie future, en lisant les chants funèbres des Grecs modernes, qui en sont encore à Charon, et jamais ne parlent ni de peines, ni de récompenses. Le christianisme même, après tant de siècles, n'a pas pu faire pénétrer l'idée d'une rémunération dans ces imaginations demeurées païennes. Voir Fauriel, *Chants popul. de la Grèce moderne*.

Page 124, ligne 9. — *Les apparences de la vie...*

C'était le royaume des ombres.

De là ces mots ordinaires dans la poésie latine : « Umbræ tenues, graciles, silentes, pallentes, simulacra luce carentum, cava sub imagine formæ, domos vacuas et inania regna. » Ce triste lieu était peuplé de monstres. « Qualia poetæ inferna monstra finxere. » Sénèque, *de Ira*, II, 35.

Le plus souvent c'était une noire région ignorée et terrible : « Tenebrarum metus, in quas adductura mors creditur. » Sénèque, *Lettres*, 82. Ajoutez à cela que les fictions des poëtes en avaient augmenté l'horreur : « Multorum ingeniis certatum est ad augendam ejus infamiam. Descriptus est carcer infernus et perpetua nocte oppressa regio. » *Ibid*. Dans une tragédie de Sénèque, Hercule a visité le sombre royaume et décrit ce qu'il a vu : « Vidi... noctis æternæ chaos. » *Herc. fur.*, 610. « Chaos cæcum, squalidæ mortis specus. » *Med.*, 741. « Inane chaos. » Ovid., *Fast.*, IV, 597. « Loca nocte silentia late. » Virg., *Æn.*, VI, 265. Plusieurs pages ne suffiraient pas à recueillir toutes les expressions pareilles à celles-ci : « Descendere nocti, — loca plena timoris, — æternæ caliginis, — nigra formidine, — silentem nocte perpetua domum. »

Page 126, ligne 5. — *Ses plus douces espérances...*

« La cupidité de toujours être, qui est le plus véhément de tous les désirs, surpasse en doux contentement cette puérile crainte des enfers. » Plutarque, *Qu'on ne peut vivre heureux,* 56.

« Il ne s'en faut guères, que je ne dise, que tous, tant hommes que femmes, voudraient plus tost porter l'eau en vaisseaux percés, comme les Danaïdes, que de périr du tout, afin de pouvoir seulement demeurer en estre. » *Ibid.* On voit que ce n'est là qu'un argument de polémique que Plutarque lui-même hésite à employer. Ils sont bien rares, chez les anciens, les passages où la vie future, selon la mythologie, est regardée comme désirable.

Page 128, ligne 14. — *Conserver un reste de vie...*

Ceux même qui ne croyaient plus aux fables éprouvaient encore de vagues terreurs. « Sed restat miseris vivere longius. » Sénèque, *Troyennes,* 878. « La superstition fait sa peur plus longue que sa vie, et attache à la mort une imagination de maux immortels : et lorsqu'elle achève tous ses ennuys et travaux, elle se persuade qu'elle en doit commencer d'autres qui jamais n'achèveront. » Plutarque, *de la Superst.,* 4. C'est pourquoi, dès le début de son poëme, Lucrèce dit si naturellement que les hommes ne seront tranquilles que quand ils verront un terme fixe à la vie et à leurs malheurs.

  Si certam finem esse viderent
  Ærumnarum homines...

Ils vivent dans les angoisses :

  Æternas quoniam pœnas in morte timendum.

Par le mot *pœnas*, il ne faut pas entendre un juste châtiment réservé au crime, mais les misères dont la religion menace indistinctement tous les hommes. I, 108-112; III, 44.

Page 132, ligne 8. — *Pas même devant le crime...*

L'idée de Lucrèce est très-juste. La trop grande peur de la mort est corruptrice. Qu'on se rappelle à quelles extrémités se sont portés les païens pendant la peste d'Athènes et les chrétiens pendant la peste de Florence. Thucydide l'a dit : « On pensait qu'il fallait tout donner à la volupté... La crainte des dieux ne retenait personne... avant d'être frappés, il leur semblait naturel de jouir de ce qui leur restait à vivre. » Boccace, dans le *Décaméron,* fait les mêmes observations sur la peste de Florence, et Manzoni, dans les *Fiancés,* sur celle de Milan. Voir l'excellente étude de M. Jules Girard sur Thucydide, où ces descriptions sont comparées.

Page 132, ligne 17. — *Sans espérance et sans justice...*

La doctrine chrétienne elle-même condamne la peur sans espérance et sans amour de la justice : « Tant qu'on est touché par la seule terreur des supplices, sans aucun commencement d'amour de la justice, on n'est jamais converti comme il faut. » Bossuet, *Avert. sur le livre des Réflexions morales,* § 22.

Page 133, ligne 4. — *Faute de faire ces distinctions...*

Les chrétiens disent avec Lactance (*Inst. div.,* III, 17) · « S'il n'est pas de vie future, volons, tuons, *rapiamus, necemus;* » Lucrèce, au contraire, prétend que c'est la crainte de la vie future qui pousse au vol et au meurtre. D'où vient cette différence étrange? C'est que les chrétiens, espérant en la justice divine, n'ont pas à se disputer les biens de ce monde, tandis que les païens, en face d'un avenir qui sera horrible, qu'ils aient été justes ou non, se jettent en désespérés sur les biens présents. Faute de connaître les idées antiques, on ne comprend rien au raisonnement de Lucrèce.

qui n'est pas faux, bien qu'il aille, pour ainsi dire, à rebours.

Page 435, ligne 20. — *Que la mort n'est rien...*

« Nil igitur Mors est, ad nos neque pertinet hilum. » III, 842. Voici la pensée d'Épicure : « Tant que nous vivons, la mort n'est point encore ; quand elle est survenue, nous ne sommes plus rien nous-mêmes. » Diogène Laërce, X, 244. — On a fait là-dessus ce distique concis :

> Pourquoi contre la mort tant de cris superflus ?
> Je *suis*, elle *n'est* point ; elle *est*, je ne *suis* plus.

Bayle, dans son Dictionnaire (art. *Lucrèce*), relève fort bien le sophisme des épicuriens : « Ils ne peuvent pas nier que la mort n'arrive pendant que l'homme est doué encore de sentiment. C'est donc une chose qui concerne l'homme, et de ce que les parties séparées ne sentent plus ils ont eu tort d'inférer que l'accident qui les sépare est insensible... L'amour de la vie est tellement enraciné dans le cœur de l'homme que c'est un signe qu'elle est considérée comme un très-grand bien ; d'où il s'ensuit que de cela seul que la mort enlève ce bien, elle est redoutée comme un très-grand mal. A quoi sert de dire contre cette crainte : *Vous ne sentirez rien après votre mort ?* Ne vous répondra-t-on pas aussitôt : C'est bien assez que je sois privé de la vie que j'aime tant ? » Bayle ne fait que développer ici, à son insu peut-être, cette courte et vive réfutation de Lactance : « Quam argute nos fefellit Epicurus ! Quasi vero transacta mors timeatur, quia jam sensus ereptus est, ac non ipsum mori, quo sensus eripitur... mors misera non est, aditus ad mortem est miser. » *Instit. div.*, III, 47.

Page 436, ligne 7. — *Reste de vie dans le tombeau...*

« Sub terra censebant reliquam vitam agi mortuorum. » Cicéron, *Tuscul.*, I, 16. Lucien, qui se moque de cette croyance, fait parler un mort répondant à son père qui le pleure : « Peut-être ce qui t'afflige, c'est de penser aux ténèbres qui m'environnent, et tu crains que je n'étouffe enfermé dans mon tombeau. » *Sur le deuil*, 18, trad. de Talbot.

« En sorte qu'un mort qui n'a laissé sur la terre ni ami, ni parent, est réduit à ne point manger et condamné à une faim perpétuelle. » Lucien, *Sur le deuil*, 9. « Vous figurez-vous que ce vin filtre jusqu'à moi ? » *Ibid.*, 19. « Combien n'ont pas été jusqu'à immoler sur des tombeaux, des chevaux, des concubines, des échansons! » *Ibid.*, 14. Voir Plutarque, *Qu'on ne peut vivre heureux*, 26. — C'est sans doute par allusion à ces croyances païennes que les livres chrétiens répètent : « Les bienheureux n'auront ni faim ni soif. »

Page 136, ligne 18. — *Qui jusque dans la tombe...*

Il subsiste encore dans notre langue religieuse des vestiges de ces croyances antiques : « *Ici repose*, etc.; *que la terre te soit légère!* » Chez les anciens cela se prenait à la lettre. Cicéron, *Tuscul.*, III, 44.

Martial a fait, non sans grâce, ces vers sur la mort d'une jeune fille :

> Mollia non rigidus cespes tegat ossa, nec illi,
>   Terra, gravis fueris : non fuit illa tibi. (V, 35)

Contre un ennemi on faisait cette imprécation :

> Gravisque tellus impio capiti incubet.
>   (Sénèque, *Hippolyte*, 1280.)

Voir sur ces sentiments et ces usages le beau livre de M. Fustel de Coulanges: *La Cité antique*, ch. 1.

Page 140, ligne 10. — *A dû fortifier le cœur...*

Le stoïcisme cherche aussi à dissiper la crainte d'une mort sans sépulture : « Utrum projectum aves differant, an consumatur..., quid ad illum?... Nulli reliquias meas commendo : ne quis insepultus esset, rerum natura prospexit. » Sénèque, *Lettres*, 92. Le stoïcien rend hommage sur ce

point à la sagesse épicurienne et cite ce vers de Mécène :
« Nec tumulum curo; sepelit natura relictos! » *Ibid.* Voir
Lucain, VII, 208.

Page 148, ligne 15. — *Un poète contemporain...*

Les beaux vers de Lamartine paraissent avoir été inspirés par Sénèque : « Si hunc naturam vocas, Fatum, Fortunam, omnia ejusdem Dei nomina sunt, varie utentis sua potestate. » (*De Benef.*, IV, 9.)

Page 152, ligne 4. — *Loi universelle.*

> Rem gigni patitur nisi morte adjuta aliena.
> (Lucrèce, I, 264.)
> Non perit in tanto quicquam (mihi credite) mundo,
> Sed variat faciemque novat, nascique vocatur.
> (Ovide, *Métam.*, XV, 254.)

M. de Lamartine reconnaît la même loi dans le monde moral :

> On sent à ce travail qui change, brise, enfante,
> Qu'un éternel levain dans l'univers fermente...
> Que le temps naît du temps, la chose de la chose,
> Qu'une forme périt afin qu'une autre éclose,
> Qu'à tout être la fin est le commencement,
> La souffrance, travail, la mort, enfantement.
> (*Jocelyn*, 3e époque.)

Page 161, ligne 15. — *C'est le péché même...*

Bossuet revient sur la même idée : « Si vous voulez voir, chrétiens, des peintures de ces gouffres éternels, n'allez pas rechercher bien loin ni ces fourneaux ardents, ni ces montagnes ensoufrées qui vomissent des tourbillons de flammes, et qu'un ancien appelle des cheminées de l'enfer, « ignis « inferni fumariola. » (Tertull.) Voulez-vous voir une vive image de l'enfer et d'une âme damnée, regardez un pécheur. » Plus loin, il appelle les pécheurs « les damnés vivants. » 2e serm. *sur l'exaltat. de la sainte croix.*

Je ne sais si Bossuet est ici bien orthodoxe. Le quatrième

concile de Latran, en 1215, a condamné un certain Amalaric, docteur de Paris, « qui docuit infernum non esse locum specialem; sed... eum, qui in statu peccati mortalis versatur, in se ipso habere infernum. » Liebermann, *Institutiones theologicæ*, t. V.

Il est vrai que sur ce point Bossuet tient souvent un tout autre langage qui n'a plus rien de commun avec celui de Lucrèce.

Page 164, ligne 10. — *User la crainte en usant la surprise...*

L'idée de Lucrèce se retrouve partout sous des aspects divers. Balzac, au xviie siècle, disait : « Il n'y a que la première nuit, non plus que la première mort, qui ait mérité de l'étonnement et de la tristesse. » Le calme que demande le poëte se trouve dans ce beau mot de Descartes à ses amis qui assistaient à ses derniers moments : « Êtes-vous donc étonnés de voir mourir des hommes? » De plus, dans toute société où il existe une grande inégalité de conditions, l'idée de l'égalité devant la mort sera bien reçue. De là ces lieux communs d'Horace : « Pallida mors æquo pulsat pede pauperum tabernas, regumque turres. » C'est aussi le fond des *Dialogues des morts* de Lucien. La Bruyère dit avec raison : « Si de tous les hommes les uns mouraient, les autres non, ce serait une désolante affliction que de mourir. » Quant à l'énumération des illustres trépassés, on la trouve partout, dans de vieux cantiques de l'Église, dans les profanes rêveries du poëte Villon : « Mais où est le preux Charlemaigne! » Hamlet s'enivre de ces noires réflexions : « Alexandre est redevenu poussière, etc. » Sait-on pourquoi ce genre de consolation ne sera jamais abandonné? C'est qu'il n'en est pas beaucoup d'autres.

Page 167, ligne 15. — *Les ennuis, les divertissements...*

Sénèque, dans son traité sur la *Tranquillité de l'âme*, ch. 2, a peint avec force cet ennui romain, ce dégoût de soi-même et cette inconstance furieuse qui selon les moralistes de tous les temps ne peut être fixée que par une foi philosophique ou religieuse. « Omnis stultitia laborat fastidio sui. » Sénèque, *Lettres*, 9. — « Non contingit tranquillitas, nisi immutabile certumque judicium adeptis. » 25. — « O homme, où courez-vous d'affaire en affaire, de distraction en distraction, de visite en visite, de trouble en trouble ? vous vous fuyez vous-même. » Bossuet. « De là vient que les hommes aiment tant le bruit et le remuement. » Pascal.

Page 174, ligne 1. — *Deux moitiés d'éternité...*

Lucrèce parle exactement comme Pascal, qui dit : « Quand je considère la petite durée de ma vie, absorbée dans l'éternité précédant et suivant... je m'effraye. » (Édit. Havet, XXV, 16.) Seulement le poëte ne s'effraye pas, il voit, au contraire, dans la tranquille éternité qui nous a précédés, l'image séduisante de l'éternité tranquille qui nous suivra :

> Respice item quam nil ad nos ante acta vetustas
> Temporis æterni fuerit, quam nascimur ante.
> Hoc igitur speculum nobis natura futuri
> Temporis exponit post mortem denique nostram.

Il semble répondre d'avance aux angoisses de Pascal :

> Numquid ibi horribile apparet, num triste videtur...
> (III, 970.)

Page 174, ligne 3. — *La volupté...*

Proposer *le bonheur* pour fin dernière de la philosophie n'est pas absolument une erreur. Tout dépend du sens qu'on attache à ce mot. Varron, qui n'était pas épicurien, disait : « Nulla est homini causa philosophandi, nisi ut beatus sit. » *Logistor. de phil.*, § 11 (édit. de M. Chappuis, 1868). Montaigne : « Toutes les opinions du monde en sont là, que le plaisir est nostre but, quoyqu'elles en prennent divers moyens : aultrement on les chasseroit d'arrivée ; car qui escouteroit celuy qui, pour sa fin, establiroit nostre peine et mesaise ? Les dissensions des sectes philosophiques en ce sens sont verbales... quoy qu'ils disent, en la vertu mesme, le dernier but de nostre visée, c'est la volupté. Il me plaist de battre leurs aureilles de ce mot qui leur est si fort à contre-cœur, etc. » Liv. I, 19. Le christianisme lui-même déclare résolûment par la bouche de Bossuet que « toute la doctrine des mœurs tend *uniquement* à nous rendre heureux. Le maître céleste commence par là. » *Médit. sur l'Évang.*, *X*e *jour*. Où placera-t-on le bonheur? Là est la question.

Page 175, ligne 5. — *Oter leur frein aux passions...*

Delille, après avoir fait le tableau des mœurs abominables de Rome, ajoute : « A cette époque, un poëte qui venait, sur les pas d'Épicure, annoncer aux Romains l'indifférence des dieux pour les choses humaines, recommander la jouissance du présent, traiter de fable un avenir vengeur... devait, escorté des passions pleinement affranchies, arriver rapidement à la faveur publique, et se faire lire avec plaisir par une génération avide de crimes et d'impunité. » *Les trois Règnes*, Disc. prélim. C'est de la pure déclamation. La morale de Lucrèce, au contraire, contient, condamne, flétrit les passions contemporaines. Le poëte n'est si éloquent que pour être si irrité contre elles. Le P. Tournemine va plus loin : « Il n'y a que l'envie d'apaiser les remords qui fasse écouter Lucrèce. » *Remarq. sur Lucr.* Voilà un jugement qui est fait pour nous inquiéter et nous humilier, nous qui tâchons ici de faire écouter Lucrèce.

Page 176, ligne 20. — *Une morale sévère...*

« Cet homme que vous dites esclave de la volupté, Épicure vous crie qu'il n'est pas de bonheur sans sagesse, honnêteté, vertu. » *De Fin.*, I, 18.

Voir dans le poëme l'énumération des vices qu'Épicure est venu combattre : « superbia, spurcitia, petulantia, luxus, etc. » V, 45. Aussi l'empereur Marc-Aurèle ne s'est point fait scrupule de fonder à Athènes une chaire d'épicurisme en y attachant un traitement de dix mille drachmes. Du reste, lui-même raisonne souvent en épicurien.

Page 477, ligne 3. — *Leur enchaînement fatal...*

Lucrèce paraît réfuter ici les stoïciens, qui étaient fatalistes et disaient : « Causa pendet ex causa, privata ac publica longus ordo rerum trahit. » Sénèque, *de Provid.*, 5. Cette force fatale était appelée par eux Dieu ou Providence. Cicéron a raison quand il trouve ridicule cette « chimère de la déclinaison des atomes ». *De Fato*, 20. Mais Épicure devait tenir beaucoup à établir sur n'importe quel principe la liberté humaine pour répondre indirectement aux religions, aux doctrines philosophiques, aux poëtes, qui mettaient l'homme entièrement sous la main des dieux ou du destin. Reconnaître que l'homme est libre, c'était enlever quelque chose au pouvoir divin. Voy. Diogène L., X, 134.

Il est singulier qu'Épicure, étant donné son système physique, ait si hautement proclamé le libre arbitre ; peu de philosophes ont été sur ce point plus fermes et plus nets : « La liberté que nous avons d'agir comme il nous plaît, dit-il, n'admet aucune tyrannie qui la violente ; aussi sommes-nous coupables des choses criminelles, de même que ce n'est qu'à nous qu'appartiennent les louanges que mérite la prudence de notre conduite » Diogène Laërce, liv. X, § 133, *Lettre à Ménécée*. Épicure repoussait le fatalisme et disait : « La nécessité du destin n'existe pas. » Nous venons de dire pourquoi.

Page 482, ligne 3. — *Se détacher des affaires.*

« Quid est beata vita ? securitas et perpetua tranquillitas. » Sénèque, *Lettres*, 92 ; *de Vit. beat.*, 3. Sénèque dit de l'épicurisme et du stoïcisme : « Utraque secta ad otium diversa via mittit. » *De Otio sap.*, 30. — Faut-il donner ici les formules par lesquelles les Grecs désignaient toutes les nuances de ce bonheur et les divers états de l'âme arrivée à ce parfait repos recommandé par les doctrines ? On aspirait à l'*apathie*, à l'*athaumasie*, à l'*ataraxie*, à l'*euthymie*, à l'*aponie*, à l'*aochlésie*, à l'*athambie*, à l'*atyphie*, à l'*acataplexie*. Il ne faut pas se laisser effrayer, comme le personnage de Molière, par ces mots grecs qui désignent, non des maladies, mais les biens de l'âme. Tout cela veut dire la *tranquillité* dont on tenait à distinguer et à nommer toutes les délices. Bien des anciens ont composé des traités sur ce sujet; tout le monde connaît ceux de Sénèque et de Plutarque. C'était le fonds de tous les livres de morale pratique.

Page 183, ligne 1. — *Fuyaient les honneurs...*

Ainsi fit Lucullus : « Il quitta soudainement toute entremise du gouvernement des affaires de la chose publique, pour ce qu'il veist qu'elle avoit desja pris coup, et qu'il estoit trop mal aisé de la retenir qu'elle n'allast en précipice. » Plutarque, *Lucullus*, 38.

Ce fut aussi le sentiment d'Atticus : « Quod neque peti more majorum, neque capi possent conservatis legibus... neque geri e republica sine periculo, corruptis civitatis moribus. » C. Nepos, *Atticus*. — Salluste pense de même : Magistratus et imperia, postremo omnis cura rerum publicarum, minime mihi hac tempestate cupiunda videntur, etc. » *Jugurtha*, 3.

On désespérait de l'État : Bien des gens pensaient ce que les partisans de César osaient dire tout haut. A Cicéron qui demandait où en était la république, Curion répondait : « Quam rempublicam ?... nullam spem reliquam. » *Lett. à Attic.*, X, 4. — Dolabella engage Cicéron, son beau-père, à ne pas rester attaché à un fantôme. *Ad divers.*, IX, 9. — « La république n'est plus qu'un nom, appellationem sine corpore, » disait César, fort intéressé à le dire. Cicéron lui-même est souvent incertain, dégoûté, découragé.

On en vint à ne plus se soucier que de la cité universelle, c'est-à-dire, selon les stoïciens, des choses divines et humaines. « Huic majori reipublicæ et in otio deservire possumus. » Sén., *de Otio sap.*, 31. Virgile parle en épicurien quand il méprise les luttes de la liberté, *insanum Forum,* quand il déclare que rien n'émeut le sage, ni les affaires de Rome, ni le Dace descendant de l'Ister conjuré,

> ... Non res romanæ perituraque regna,
> Aut conjurato descendens Dacus ab Istro.

On n'a plus même de patriotisme. Cette indifférence générale explique le succès de la doctrine épicurienne.

Page 486, ligne 4. — *Professions de foi...*

Indiquons le sens philosophique de certaines expressions : « vera ratione » signifie la vraie, l'unique sagesse, c'est-à-dire l'épicurisme. Voy. encore liv. III, v. 46. — « Vivere parce... neque penuria parvi, » grand principe d'Épicure qui disait, par exemple : « Je suis plus avancé que mon ami Métrodore ; je n'ai besoin pour vivre que d'une demi-obole, tandis qu'il lui faut encore une obole entière. » Sénèque, *Lettres,* 18. — « Parere quietum, » autre principe épicurien sur l'indifférence et l'abstention politique.

Voir sur la morale, liv. II, 37-54 ; III, 70-78 ; V, 1425-1433 ; VI, 9-34.

Page 493, ligne 22. — *Le bien le plus précieux...*

L'image de Lucrèce, *suave mari magno...* est peut-être empruntée à Épicure qui « mettait, dit Plutarque, le souverain bien en un profond repos, comme en un port couvert de tous les vents et de toutes les vagues du monde. » — Du reste, l'idée du poëte est bien simple et chacun a eu l'occasion de l'exprimer. Qui de nous n'a dit comme un poëte grec : « Il est doux de contempler la mer du rivage ? » La Phèdre de Racine

> Pensait toujours du port contempler les orages.

Quand les vents au dehors faisaient rage, le voluptueux Tibulle s'écriait dans son lit :

> Quam juvat immites ventos audire cubantem!

Bernardin de Saint-Pierre nous dit pourquoi : « Dans le mauvais temps, le sentiment de ma misère humaine se tranquillise en ce que je vois qu'il pleut et que je suis à l'abri... Je jouis alors d'un bonheur négatif. » XII° *Étude de la nat.* A son insu, Bernardin explique bien le bonheur de Lucrèce, qui est précisément le *bonheur négatif* recommandé par sa doctrine.

Page 198, ligne 2. — *Saisir les allusions...*

Bien que ces peintures soient toujours très-générales, les allusions y sont sensibles. En écrivant ce vers et les suivants : « Certare ingenio, contendere nobilitate, » II, 11, le poëte pensait évidemment aux luttes de Rome, à la fin de la République, à l'ardente rivalité des hommes nouveaux et des patriciens. — Cet autre vers : « Ad summas emergere opes rerumque potiri, » II, 13, résume l'histoire de Marius et de Sylla, qui sera celle de Pompée et de César et de tant d'autres. Plus loin, cette brillante description : « Si non aurea sunt juvenum simulacra per aedes..., » II, 23, qui semble au premier abord une description de fantaisie, peint une opulente maison romaine. Ces vers, je le sais, sont traduits d'Homère, *Odyssée,* VII, 100, mais n'est-il pas naturel de penser que plus d'un amateur romain, en un temps où on était si fort épris du grec, mettait de l'érudition dans son luxe et se plaisait à reproduire dans son appartement les magnificences vantées du palais d'Alcinoüs ? On sait jusqu'où l'empereur Adrien poussera ce luxe archaïque. N'avons-nous pas à Paris une maison de Pompéi ? Marc-Aurèle constate ce luxe en déclarant qu'il ne veut pas « de ces flambeaux soutenus par des statues ». I, 17.

Il est encore plus facile de sentir sous la broderie poétique le tissu de la doctrine. Tout ce magnifique début, « suave mari magno... » renferme un précepte sur l'impassibilité épicurienne, l'*ataraxie.* Nous ne parlerons pas des vers purement philosophiques, où chacun peut reconnaître les formules de l'école. Mais la peinture même des plaisirs champêtres a une valeur doctrinale, « attamen inter se prostrati in gramine molli..., » II, 29. Épicure recommandait la campagne comme le vrai séjour de la sagesse et du bonheur simple, φιλαγρήσειν, Diogène, liv. X, 120. De là ces mots : « Non magnis opibus. » Les commentateurs ne remarquent pas que les mots « inter se » sont une allusion aux douceurs de l'amitié dont Épicure faisait une des principales joies de la vie.

Page 200, ligne 18. — *A la tyrannie de la passion...*

Nous ne croyons pas devoir exposer longuement la trop simple et bizarre psychologie d'Épicure. Selon lui, toutes nos idées nous viennent du dehors. Les objets extérieurs laissent échapper des *simulacres*, des images, des enveloppes légères qui parcourent les airs avec une rapidité merveilleuse et pénètrent en nous par la porte des sens. L'atmosphère est remplie de ces simulacres qui assiégent nos organes, voltigent autour de nous, entrent en nous et produisent toutes les opérations de notre esprit. Dans la veille ils nous font voir les objets, dans le sommeil ils se glissent en nous à notre insu et en se mêlant font naître des visions fantastiques. C'est alors, pourrions-nous dire aujourd'hui, le pêle-mêle d'un kaléidoscope. Ce sont de pareilles images de beauté et de fraîcheur qui excitent en nous l'amour et que l'on fait bien de brouiller par une savante inconstance pour qu'elles ne s'impriment pas en nous. La même théorie explique l'origine des idées, les effets de l'imagination et les troubles du sentiment. Liv. IV, 1603.

Page 202, ligne 14. — *Dépenser en folies..*

Ce tableau est bien romain, surtout la longue énumération des dépenses. A Rome la trop grande dépense en amour était regardée comme une honte. Voyez, dans les comédies de Plaute, les jeunes amoureux au milieu de leurs transports ; au moment de s'engager dans une passion ils n'ont qu'un scrupule : *Quoi ! compromettre ma fortune, mon crédit, mon bien!* Le seul danger, c'est la dépense ; le seul déshonneur, c'est la dépense. On ne supporterait pas chez nous, sur la scène, un amoureux calculateur. Pour Plaute, ces jeunes gens sont les sages. Ce que Plaute nous fait voir avec une vérité comique, Lucrèce nous le montre avec une tristesse amère et une grande élévation poétique. Nous faisons ces remarques parce qu'un lecteur moderne risque fort de ne pas sentir ce qu'il y a dans ces vers de mépris romain et d'indignation.

Page 206, ligne 44. — *Railler un ami...*

C'est ici une allusion à des plaisanteries romaines. Je m'étonne que les commentateurs n'aient point rapproché de ces deux vers ceux d'Horace qui nous dépeint une scène de ce genre. *Odes*, liv. 4, 27. Dans un festin, des jeunes gens se disputent et en viennent aux mains. Horace les ramène à la paix et à la joie par une proposition enjouée. Il fera raison aux convives à condition que le plus jeune de la troupe, un adolescent timide, lui dira le nom de sa maîtresse. Celui-ci hésite et finit par se laisser arracher son secret. Comme il était sans doute en proie à une courtisane dangereuse, Horace s'écrie : « *Ah! miser!* » Cette petite scène de mœurs romaines est un joli commentaire des vers de Lucrèce.

Page 208, ligne 28. — *De la comédie nouvelle...*

Cependant les vers de Lucrèce ne sont pas empruntés à une comédie. A y regarder de près, les mots grecs que Lucrèce a semés dans ce morceau semblent plutôt appartenir à un poëme écrit en vers hexamètres ou en distiques. Peut-être avait-il sous les yeux une épigramme délicate comme on en trouve dans les *Anthologies*.

Page 209, ligne 44. — *Euphémisme de la tendresse...*

On pourrait faire l'histoire de cette idée : « Ne dites-vous pas du nez camus qu'il est joli, de l'aquilin, que c'est le nez royal ? et quel autre qu'un amant aurait comparé la pâleur à la couleur du miel ? » Platon, *Républ.*, liv. V. Horace, qui paraît se rappeler les vers de Lucrèce, voudrait qu'on s'abusât de même dans l'amitié et qu'on donnât un nom honnête aux défauts de ses amis. Il recommande ces euphémismes qui partent d'un bon cœur et qui rendent plus doux et plus aimable le commerce de la vie. *Satires*, I, 3, 48. — Ovide, en rusé corrupteur, enseigne comment on peut faire son profit de ces mensonges pour obtenir des faveurs. *Ars am.*, II, 660. Le simple La Fontaine, qui ne voit pas même le mal, écrit bonnement et sans façon : « Pour peu que j'aime, je ne vois dans les défauts des personnes non plus qu'une taupe qui aurait cent pieds de terre sur elle. » *Lettres*.

Page 216, ligne 21. — *Cette mutuelle concession.*

Si on veut voir un de ces heureux mélanges de doctrines, il faut lire les *Lettres* de Sénèque. Quand elles ne nous offrent que l'idéal du sage stoïcien, elles sont insupportables par leur mépris fastueux pour tous les biens de la vie. Mais lorsque Sénèque, qui estimait fort Épicure, lui emprunte son esprit et ses maximes et fait une part aux besoins légitimes de la nature, il devient raisonnable et persuasif. Son stoïcisme en s'amollissant prend du crédit et du charme.

Page 218, ligne 16. — *Non l'école, mais l'étable...*

Le mot est de Cicéron s'adressant à Pison : « O le nouvel Épicure ! Epicure noster, ex hara producte, non ex scola. » *Disc. contre Pison*, 16. *Hara* est une étable à porc. Cela rappelle le mot ironique d'Horace : « Epicuri de grege porcum. » *Épît.*, I, 4. C'étaient là des aménités romaines que les stoïciens lançaient à leurs adversaires et quelquefois non sans raison.

Page 224, ligne 5. — *Un cadran...*

Schoell, *Hist. de la litt. romaine*, t. II. — « Non congruebant ad horas ejus lineæ : paruerunt tamen eis annis undecentum. » Pline, *Hist. nat.*, VII, 60.

Voir sur l'introduction des cadrans solaires les réflexions spirituelles d'un parasite qui se plaint de cette exactitude nouvelle et désolante qui fixe l'heure de se mettre à table, tandis que dans son enfance on ne consultait que son estomac, le meilleur des cadrans: *venter erat solarium. Fragm.* d'Aquilius, Ribbeck.

Page 225, ligne 9. — *Alexandre...*

Alexandro Magno rege inflammato cupidine animalium naturas noscendi, delegataque hac commentatione Aristoteli, aliquot millia hominum in totius Asiæ Græciæque tractu parere jussa, omnium quos venatus, aucupia, piscatusque alebant, quibusque vivaria, armenta, alvearia, piscinæ, aviaria in cura erant : ne quid usquam genitum ignoraretur ab eo... quinquaginta ferme volumina illa præclara de animalibus condidit. » Pline, *Hist. nat.*, liv. VIII, 47. — Athénée, liv. IX. — A. de Humboldt ne croit pas à ce témoignage.

Page 225, ligne 45. — *Aristote.*

« Son *Histoire des animaux* est peut-être encore aujourd'hui ce que nous avons de mieux fait en ce genre... Il les connaît peut-être mieux et sous des vues plus générales qu'on ne les connaît aujourd'hui... » Buffon, 1er *Disc. sur l'hist. nat.*

Page 227, ligne 5. — *Fidélité de l'interprète...*

Voir une récente étude : *Lucretii philosophia cum fontibus comparata*, par Voltjer, Groningue, 1877, 185 pages.

Page 233, ligne 3. — *Il s'est trouvé avoir des mains.*

Ἀναξαγόρας μὲν οὖν φησὶ διὰ τὸ χεῖρας ἔχειν φρονιμώτατον εἶναι τῶν ζῴων ἄνθρωπον. Plutarque, *Amitié frat.*, 2. — A cela le judicieux Plutarque répond : « L'homme n'est pas le plus sage des animaux, pour autant qu'il a des mains : mais pour ce que de sa nature il est raisonnable et ingénieux, il a aussi de la nature obtenu des utils qui sont tels. » *Ibid.*

Page 235, ligne 7. — *De la dent d'or...*

Le bruit courut qu'en Silésie une dent d'or avait poussé à un enfant. Aussitôt les savants de prendre la plume. L'un dit que cette dent est envoyée de Dieu pour consoler la chrétienté affligée par les Turcs; d'autres confirment ou réfutent cette opinion. On fait là-dessus des volumes. « Il ne manquait autre chose à tant de beaux ouvrages, sinon qu'il fût vrai que la dent était d'or... On commença par faire des livres, et puis on consulta l'orfévre. » Fontenelle, *Hist. des oracles*, IV.

Page 235, ligne 16. — *Pline...*

« Gallinaceorum cristæ terrent. » *Hist. nat.*, VIII, 19; Plutarque parle plus d'une fois de cette peur du lion. *De l'Envie*, 1.

Page 236, ligne 16. — *Singulière ignorance...*

« Épicure, postérieur à Eudoxe et à Platon, était resté dans la première enfance de l'astronomie. » Bailly, *Hist. de l'astron.*, liv. VIII. Il faut remarquer, du reste, que, dans l'antiquité, les connaissances astronomiques ont eu de la peine à se répandre. Ainsi plusieurs Pères de l'Église, savants d'ailleurs, demeurent fidèles aux plus anciennes idées cosmographiques.

Page 239, ligne 11. — *Cette indifférence...*

Sur les corps célestes Épicure n'approuvait et n'improuvait aucune opinion des philosophes. « Il s'en tient, dit Plutarque, à son : il peut être. » *Opin. des phil.*, II, 13. Cicéron, qui se moque souvent de cette négligence indifférente d'Épicure, dit qu'il a l'air d'un homme qui fait de la philosophie en bâillant : « Quæ oscitans hallucinatus est. » *De nat. Deor.*, I, 26. « Omnes istas esse posse causas Epicurus ait. » Sénèq., *Quest nat.*, VI, 20.

Page 239, ligne 22. — *Les taches qu'on observe dans la lune...*

Voir Stobée, *Eclog. phys.*; Plutarque, *Opin. des phil.*, II, 25. Ailleurs Plutarque développe l'idée de Démocrite : « Ainsi comme ceste terre, sur laquelle nous sommes, a de grandes sinuositez de vallées, aussi est-il probable que celle-là est ouverte et fendue de grandes fondrières et baricaves, ès quelles il y a de l'eau, ou bien de l'air obscur, au fond desquelles la clarté du soleil ne peut penetrer, ains y default, et en renvoie icy bas la réflexion. » *De la face de la lune.*, 21. — Cicéron dit, avec raison : « Épicure suit presque en tout Démocrite, et quand il change quelque chose, il me semble que c'est toujours en mal. » *De Fin.*, I, 6.

Page 267, ligne 18. — *Ce qu'il voit et ce qu'il invente...*

D'Alembert dit, avec justesse : « La philosophie qui fait le mérite du poëte n'est pas celle qu'il peut arracher par lambeaux de certains livres; c'est celle qu'on trouve chez soi ou nulle part. Lucrèce en est un bel exemple. Quand est-il vraiment sublime? Est-ce quand il se traîne tranquillement sur les pas des autres? C'est quand il pense et sent d'après lui-même, quand il est peintre et non l'écolier d'Épicure. » *Réflex. sur la poésie.* — Voilà pourquoi, dans toute cette étude, nous cherchons surtout à deviner ce qui appartient en propre à Lucrèce.

Page 269, ligne 11. — *Peindre l'infini...*

I, 1002. — On ne peut faire comprendre l'espace infini et l'éternité qu'à l'aide de pareilles images. « Élevez, dit un prêtre bouddhiste, une vaste enceinte de murailles, qu'elle ait des milles de circonférence et des centaines de mètres de profondeur; remplissez cette enceinte de grains de sable et qu'une fois, tous les dix mille ans, un ange enlève un seul grain de ce sable; quand tous seront enlevés, vous ne serez qu'au commencement de l'éternité. »

Page 273, ligne 27. — *Que la science soit nouvelle...*

Chénedollé, l'auteur du *Génie de l'homme*, pense, au contraire, que pour chanter la science il faut qu'elle soit déjà bien avancée. Il écrivait avec candeur sur un exemplaire de son livre : « J'avais eu, en faisant cet ouvrage, une grande pensée, c'était d'appliquer la poésie aux sciences; mais je crois que les sciences sont encore trop vertes, trop jeunes pour recevoir un pareil vêtement, etc. » M. Sainte-Beuve relève cette idée si peu juste: « Non, la poésie de la science est bien à l'origine; les Parménide, les Empédocle, les Lucrèce en ont recueilli les premières et vastes moissons. Arrivée à un certain âge, à un certain degré de complication, la science échappe au poëte, le rhythme devient impuissant à enserrer la formule et à expliquer les lois. » *Chateaubriand*, t. II. — Voir Alex. de Humboldt, *Cosmos*, t. II, Guill. de Humboldt, Fréd. Schlegel.

Page 277, ligne 25. — *Théorie des soulèvements...*

« Quant aux rochers et croppes des montagnes, Empédocle estime qu'ils aient esté poulsez contremont, et soustenus dessoubs par la violence d'un certain feu bouillant, qu'il dit estre aux entrailles de la terre. » Plutarque, *du Froid*, 19. Voir Henri Martin, *Timée*, p. 112.

Page 280, ligne 4. — *Chacun de ces éléments...*

« Empédocle est d'opinion que devant les quatre éléments il y a de très-petits fragments, comme éléments devant éléments, de semblables parcelles, tous ronds. » Plutarque, *Opin. des phil.*, I, 13 et 17.

Page 280, ligne 17. — *Propriétés hostiles...*

C'est ce qu'Horace appelle *concordia discors*. Epist., I, 12. Claudien a dit :

Nectit amicitiis quidquid discordia solvit.

(*In Mall. cons.*, 72.)

Empédocle dit lui-même, en parlant de ses éléments: « Quelquefois l'amour les réunit tous en un seul corps; d'autres fois la discorde se met entre eux et les divise. » Pseudo-Plutarque, *sur Homère,* 99.

Page 280, ligne 27. — *Que de rapports...*

Quoique nous n'ayons d'Empédocle que 450 vers épars, mutilés, un examen attentif y fait découvrir des traces visibles d'imitation. Remuons un peu cette poussière poétique. On y trouve des fragments de passages que Lucrèce a dû traduire pour les réfuter, par exemple, sur les monstres, liv. V, 876. Il adopte quelquefois des idées bizarres de son devancier sur les premiers essais de la création, sur les êtres incomplets, liv. V, 835. On rencontre çà et là des expressions communes aux deux poëtes. Les quatre éléments sont appelés τέσσαρα ῥιζώματα, les atomes, *radices,* — ὄμβρος, l'eau, *imber;* — ἔθνεα θηρῶν, *secla ferarum;* — σκότος, les ténèbres de la vie, *qualibus in tenebris vitæ.* — Il y a des vers entièrement traduits: πυρὶ δ' αὐξάνεται πῦρ... αἰθέρα δ' αἰθήρ. « Ignem ignes procudunt, ætheraque æther. » — Les deux poëtes comparent la verdure et les feuilles aux poils et aux plumes des quadrupèdes et des oiseaux; ils appellent la mer la *sueur de la terre.* Le religieux Empédocle annonce qu'il va parcourir sa carrière sur le char de la piété; Lucrèce monte aussi sur un char, mais ce n'est point celui-là: « institui conscendere currum. » Nous n'insistons pas ici sur ces imitations qui intéressent plus la littérature que la morale et la science. Plutarque *Opin. des phil.,* I, 24 et 30.

Page 282, ligne 24. — *Il suivit ses élans...*

Par exemple, la pieuse exclamation d'Empédocle sur les hommes qui, pour une faute, sont déchus de leur condition céleste: « O race malheureuse des mortels, de quels désordres, de quels pleurs vous êtes sortis! » devient, chez Lucrèce, une exclamation impie sur les misères qu'enfante la religion. « O genus infelix humanum... » Liv. V, 1492.

Page 283, ligne 2. — *Est le hiérophante...*

A l'enthousiasme de Lucrèce je ne trouve à comparer, dans les temps modernes, que celui de Képler, après qu'il eut découvert la loi du mouvement des planètes : « Depuis dix-huit mois, j'ai vu le premier rayon de lumière; depuis trois mois j'ai vu le jour, enfin j'ai vu le soleil de la plus admirable contemplation. Je me livre à mon enthousiasme, je veux braver les mortels, etc. » Voy. les *Fondateurs de l'astronomie*, par M. J. Bertrand. Képler rend grâces à Dieu, Lucrèce au divin Épicure, voilà la différence, mais le langage du poète est plein de ce qu'il appelle lui-même « divina voluptas atque horror. »

Page 285, ligne 40. — *Intitulé Ciris...*

M. Patin a déjà montré que l'auteur de ce petit poëme pensait à Lucrèce; il a aussi délicatement recueilli les souvenirs de Virgile. *Études sur la poésie latine*, t. I, p. 82.

Page 288, ligne 12. — *Ovide...*

Liv. I, 287. — De tous les poètes latins, c'est Ovide qui a le plus ouvertement vanté le *Poëme de la Nature* :

Carmina sublimis tunc sunt peritura Lucreti,
   Exitio terras quum dabit una dies.   (*Amor.*, I, 15, 23.)

Il en parle même aux dames, il est vrai pour les engager à ne pas le lire. *Trist.*, II. 26.

Page 289, ligne 24. — *Célébration de la physique...*

Nous pourrions ajouter d'autres poètes à ceux que nous avons cités. Dans le petit poëme sur l'Etna attribué à Lucilius, l'ami de Sénèque, on trouve la même curiosité enthousiaste, et l'auteur semble penser à Lucrèce quand il se demande « si cette immense machine est assujettie par un lien éternel. » C'est la question que se fait Lucrèce. Liv. V, 1215.

Page 292, ligne 1. — *Le cinquième livre...*

Nous recommandons un excellent et commode *commentaire* sur ce cinquième livre, publié récemment, en 1884, par MM. E. Benoist et Lantoine.

Page 296, ligne 13. — *Paraissent prodigieux...*

Nous devons ici laisser parler un physicien dont le jugement en ces matières aura plus d'autorité que le nôtre : « Virgile montre d'abord la matière disséminée dans l'espace, ensuite se réunissant et s'agglomérant pour former les astres et le globe de la terre lui-même à l'état naissant... Le poëte passe très-fidèlement des époques cosmologiques aux époques géologiques, car il nous montre ensuite le sol se consolidant, la mer se séparant des continents, le soleil éclairant la terre pour la première fois et les nuages disséminés dans l'atmosphère, laissant tomber la pluie d'en haut. Plus tard, les végétaux apparaissent, puis les animaux qui errent en petit nombre sur des montagnes encore sans nom. Enfin, le poëte passe à la naissance de l'homme... On voit que rien ne manque à la succession des événements. La théorie que Virgile développe ici en style poétique ferait grand honneur à l'antiquité, si elle eût été généralement adoptée; mais à côté de l'école, quelle qu'elle soit, qui professait cette belle doctrine, il en était d'autres... Le secret de ces rencontres merveilleuses (avec la science moderne) et du peu d'estime qu'on en a fait, c'est que la Grèce et l'antiquité ont tout dit, mais qu'*elles n'ont rien démontré*. » Babinet, *Études*, t. IV. Ces derniers mots font comprendre pourquoi la science des anciens est si flottante. Chez eux il n'y a pas, comme chez nous, des résultats acquis et reconnus. Virgile lui-même peut servir d'exemple. Ici il célèbre la physique de Lucrèce, dans l'*Énéide* il célébrera celle de Platon. Bossuet a fait là-dessus des remarques bien sévères : « Ainsi voit-on dans Virgile le vrai et le faux également établis... il a contenté l'oreille; il a étalé le beau tour de son esprit... C'est assez à la poésie; il ne croit pas que la vérité lui soit nécessaire. » *De la Concupiscence*, 18. Paroles rigoureuses de théologien qui possède la vérité fixée une fois pour toutes. Mais Virgile ne cherchait pas à étaler seulement le beau tour de son esprit, il se laissait charmer par de grandes idées auxquelles rien ne l'obligeait de rester fidèle. Sans être indifférent à la vérité, il empruntait, selon ses études du moment, à tous les systèmes ; il se sentait libre, précisément parce que, selon ces mots si justes, *rien n'était démontré*.

Page 300, ligne 12. — *Sur l'origine de l'inégalité...*

Rousseau a disséminé dans son discours la substance des vers latins. Seulement il faut les avoir présents à l'esprit pour saisir partout les traces de cette imitation clandestine. Il a le cinquième livre sous les yeux, il s'en occupe pour le suivre souvent ou pour le réfuter. Il faudrait plusieurs pages de citations pour en donner les preuves. Voyez ce qu'il dit de la force des premiers hommes, des causes qui amenèrent des mœurs plus douces, de la propriété, de la découverte du fer, etc. Tel retour de Lucrèce sur les mœurs de son temps inspire à Rousseau une déclamation contre son siècle. Ce n'est pas que je prétende qu'il eût besoin de modèles pour se livrer à un accès de misanthropie. Il y a même quelques expressions qui trahissent une étude familière : « Les portes de la mort » « Janua leti. » — « Je vois l'homme se rassasiant sous un chêne, se désaltérant au premier ruisseau. »

> Glandiferas inter curabant corpora quercus...
> At sedare sitim fluvii...

On fait ces remarques simplement pour montrer que les idées de Lucrèce ont une valeur plus que poétique, puisqu'un philosophe moderne ne les a pas trouvées indignes d'être étudiées et discutées.

Page 306, ligne 3. — *De pierre, de bronze, de fer...*

Voir liv. V, 1283. Cette vue n'est pas commune, car Sénèque

(*Quest. nat.*, I, 17) dira plus tard : « Le fer est le premier métal dont on se servit. » Peut-être Lucrèce fut-il mis sur la voie par un vers d'Hésiode où il est dit que le cuivre fut découvert avant le fer. Il pouvait d'ailleurs se rappeler que, dans l'*Iliade*, les armes des héros sont ordinairement d'airain, et que les Gaulois qui attaquèrent Rome n'avaient que des épées de bronze. Il paraît même savoir que le cuivre et le plomb, se rencontrant quelquefois à l'état de lingot (concreta videbant, V, 1255), devaient d'abord attirer les regards, tandis que le fer échappe à la vue, parce qu'il ne se trouve qu'à l'état de minerai.

Page 306, ligne 14. — *De sa beauté...*

« Les Éthiopes et les Indiens, elisants leurs roys et magistrats, avaient esgard à la beauté et procérité des personnes... Platon désire la beauté aux conservateurs de sa république. » Montaigne, liv. II, 17.

Page 311, ligne 26. — *Bien repus...*

C'est une idée antique que la musique et la danse doivent suivre le repas; Homère est de cet avis. Amyot, traduisant Plutarque, dit, dans son langage spirituellement enfantin : « De la panse, comme l'on dit, vient la danse. » *Les causes naturelles*, 21. Le mot est de Villon.

Page 313, ligne 1. — *Juste sentiment de la nature...*

Voir sur ce sentiment chez les anciens le bel ouvrage de M. De Laprade, une thèse délicate de M. Gebhart, 1860, et une vive dissertation de M. Secretan, Lauzanne, 1866.

Page 314, ligne 18. — *Fin prochaine du monde...*

Lucrèce réclame hautement pour l'épicurisme la gloire de cette découverte : « Nova res miraque menti... insolitam rem. » Liv. V, 97-100. Il est assez curieux de voir que la doctrine qui prétendait en tout calmer les esprits les ait livrés à cette peur. Lucrèce était amené là par le désir de renverser une certaine croyance religieuse qui attribuait aux corps célestes une substance divine et, par conséquent, éternelle. Il parle ici à peu près comme Salomon. « Ils ont pensé que le feu ou les cercles des astres, ou les lumières du ciel étaient des dieux qui gouvernaient le monde. » *Sagesse*, XIII, 2. — Pour détruire une superstition assez innocente, les épicuriens en établissaient doctement une autre bien plus accablante.

Page 326, ligne 20. — *Un hasard malheureux...*

Quidve mali fuerat nobis non esse creatis? (V, 176.)
... Quid obest non esse creatum? (V, 180.)

Lucrèce semble dire comme Lamartine :

Si l'on m'eût consulté, j'aurais refusé l'être.

Page 326, ligne 23. — *Des créations nouvelles...*

Ces idées de Lucrèce ont frappé André Chénier. Dans son *Hermès*, dont il se proposait de faire une sorte de « de rerum natura, » et qui est à peine ébauché, il place en note, comme pierre d'attente, cette pensée : « La terre est éternellement en mouvement. Chaque chose naît, meurt et se dissout. » Il ajoute, en républicain : « Cette particule de terre a été du fumier, elle devient un trône, et, qui plus est, un roi. » Plutarque avait dit : « Ne plus, ne moins que l'imager d'une mesme masse d'argile peut former des animaux, et puis les confondre en masse, et puis derechef les reformer et derechef les reconfondre; aussi la nature d'une mesme matière a jadis produit noz ayeulx et puis après consecutivement a procreé nos peres, et puis nous après et de nous par tour en engendrera d'autres et après d'autres de ces autres. » *Cons. à Apoll.*, 10.

Page 329, ligne 5. — *Une sombre peinture...*

Nous ne citons pas les morceaux connus de Pline et de Buffon. — Bossuet dit : « Nous saluons tous, en entrant au monde, la lumière du jour par nos pleurs, et le premier air que nous respirons nous sert à pousser des cris. » *Orais. fun. de Gornai.* — « Infantia a fletu orditur hanc lucem. » Saint Augustin, *Cité de Dieu,* XXI, 14. — « Primam vocem plorationis edimus, merito quidem, utpote vallem plorationis ingressi. » Saint Bernard, *Sermon sur la Passion.* — « Aspice nudum et informem inter vagitus et lacrymas nascentem, etc. » Pétrarque, *de Contemptu mundi.* — Les beaux vers de Lucrèce se sont emparés des âmes les plus religieuses.

Mais tous ces écrivains trouvent des raisons de se consoler. En revanche, le pauvre Léopardi, accablé par deux maladies mortelles, condamné par les médecins à vivre sur la croupe désolée du Vésuve, adhérait avec un douloureux enthousiasme à l'acte d'accusation de Lucrèce contre la nature : « Ah! qu'il vienne donc ici celui qui exalte le sort de l'homme et qu'il voie combien nous sommes chers à la nature aimante!... Mais il est un noble cœur, celui-là qui ose *soulever ses yeux mortels* contre la destinée commune,... qui rejette la faute sur la vraie criminelle, la nature mère des hommes par l'enfantement, marâtre par la volonté. » Trad. de M. Marc Monnier. L'allusion à Lucrèce est évidente :

Mortales tollere contra
Est oculos ausus, primusque obsistere contra. (I, 66.)

Page 331, ligne 1. — *D'accord pour réfuter...*

Pline dit de l'homme : « Flens animal cæteris imperaturum. » *Hist. nat.,* VII, 1.

Montaigne discute longuement, en les citant, les vers de Lucrèce. *Essais,* II, 12.

Plutarque répète ce qui a été dit par Platon, Euripide, etc. — Lucrèce n'a pas pensé qu'il allait bientôt se contredire en peignant dans ce même cinquième livre la civilisation naissante et les progrès de l'homme, de son industrie, de ses arts.

Bossuet, en plus d'un endroit, attache une extrême importance à montrer la supériorité de l'homme sur les animaux.

Page 331, ligne 27. — *Tient la nature sous sa main...*

Il y a dans Bossuet, sur ce sujet, des pages admirables et peu connues que nous signalons parce qu'elles étonnent, venant d'un orateur sacré qui se plaît à humilier l'homme. Pour abréger, il nous faut mettre cette éloquence en poussière : « Je ne puis contempler sans admiration ces merveilleuses découvertes... Il serait superflu de vous raconter comme il sait ménager les éléments, après tant de sortes de miracles qu'il fait faire tous les jours aux plus intraitables, je veux dire au feu et à l'eau, ces deux grands ennemis, qui s'accordent néanmoins à nous servir... Quoi plus! il est monté jusqu'aux cieux... il a appris aux astres à le guider dans ses voyages... Pour mesurer plus également sa vie, il a obligé le soleil à rendre compte de tous ses pas... Notre âme supérieure au monde n'a rien à craindre que de son auteur. » *Sermon sur la Mort.* Le religieux Sophocle avait aussi célébré le génie de l'homme dans un beau chœur qui se termine par ces mots : « Contre la mort seule il n'a pas d'asile. » *Antigone.*

Page 332, ligne 28. — *Pour qu'on ne nuise pas à eux-mêmes...*

Εἰς τὸ μὴ βλάπτειν ἀλλήλους μηδὲ βλάπτεσθαι. Diog. Laërce, X, 150; formule épicurienne que Lucrèce traduit : « Nec lædere nec violari » correction de Lachmann, V, 1018. Horace soutient cette théorie contre les stoïciens :

> Atque ipsa utilitas, justi prope mater et æqui.
> (Sat., I, 3, 98.)

C'est celle de nos écoles dites positivistes, qui repoussent aussi l'idée du droit comme entachée de métaphysique.

Au contraire les stoïciens, d'accord en cela avec les platoniciens, disent : « Avant la loi écrite, il y avait une loi naturelle non-seulement plus ancienne que les peuples et les cités, mais contemporaine du Dieu qui régit le monde: la loi véritable et primitive est la raison même de cette suprême intelligence. » Cicéron, *de Legibus*, II, 4.

Page 333, ligne 11. — *Revanches du droit...*

Voir le regret de l'épicurien Cassius disant à Brutus avant la bataille de Philippes, où il allait mourir : « Je voudrois qu'il y eust des dieux, à fin que nous eussions confiance, non-seulement en si grand nombre d'armes, de chevaux, de navires, mais aussi à leur secours, attendu que nous sommes autheurs et défenseurs de très-beaux, très-saints et très-vertueux actes. » Plutarque, *Brutus*, 37.

Page 334, ligne 5. — *Rien ne le touche...*

« Cum Epicuro quiescere. » Sénèq., *de Brevit. vit.*, 14. — « Quæ maxima Epicuro felicitas videtur, nihil agere. » *De Benef.*, IV, 4.

« O la grande félicité, dont jouissent ces gens là, s'éjouïssant de ce qu'ils n'endurent point de mal! N'ont-ils pas bien occasion de s'en glorifier en s'appelant égaux aux dieux immortels! » Plutarque, *Qu'on ne peut vivre heureux*, 7. — Les épicuriens disaient qu'on devait imiter les animaux, dont toute la prudence consiste à fuir la douleur; Plutarque, là-dessus, les réfutait avec une bonhomie charmante : « Quant aux animaux qui sont un peu plus gentils, et qui ont plus d'esprit, la fuite du mal n'est point le comble de leur bien : car quand ils sont saouls, ils se mettent aucuns à chanter, les autres à voler, et à contrefaire toute sorte de voix et de sons, en se jouant de guayeté de cœur, pour le plaisir qu'ils y prennent, monstrants par là que après qu'ils sont sortis du mal, la nature les incite à chercher et poursuyvre encore le bien. » *Ibid.*

De là l'ennui : « In angusto inclusæ cupiditates, sine exitu, se ipsæ strangulant; inde mœror marcorque. » Sénèq., *de Tranq.*, II, 8. « In villa, aut in lecto suo, in media solitudine, quamvis ab omnibus recesserunt, sibi ipsi molesti sunt. » *De Brevit. vit.*, 11. — « Æger est; immo mortuus est. » *Ibid.*, 43.

Lucrèce, III, 943-945.

Page 334, ligne 24. — *Le charme de la mort...*

Un docteur de l'école cyrénaïque, laquelle a de grands rapports avec l'école épicurienne, Hégésias avait fini par enseigner que même la volupté n'est rien, que les maux l'emportent sur les biens, et prêchait avec tant d'éloquence que le roi Ptolémée lui interdit la parole publique, parce que plusieurs de ses auditeurs s'étaient donné la mort. *Tuscul.*, I, 34.

La doctrine d'Épicure était plus vaillante, et disait : « Ridiculum est currere ad mortem tædio vitæ. » Sén., *Lettres*, 24. Ailleurs Sénèque, racontant la mort volontaire de Diodore, ajoute : « Negant ex decreto Epicuri fecisse. » *De Vit. beat.*, 19. Mais ces mots prouvent que la doctrine sur ce point n'était pas très-explicite.

FIN DE L'APPENDICE.

TABLE.

		Pages.
Avant-Propos de la deuxième édition....................		I
Préface de la première édition.		V
Chap. I.	Épicure............................... ..	11
Chap. II.	La vie et les sentiments de Lucrèce............	22
Chap. III.	Enthousiasme pour Épicure, foi, propagande; Memmius...................................	39
Chap. IV.	La religion de Lucrèce......................	58
Chap. V.	La crainte de la mort et de la vie future.......	113
Chap. VI.	La morale de Lucrèce; l'ambition, l'amour.....	173
Chap. VII.	La science...........................	222
Chap. VIII.	Le cinquième livre, formation de l'univers, naissance de la civilisation....................	292
Chap. IX.	Tristesse du système......................	315

FIN DE LA TABLE.

Imprimerie A. Lahure, rue de Fleurus, 9, à Paris.

www.ingramcontent.com/pod-product-compliance
Lightning Source LLC
Chambersburg PA
CBHW070929230426
43666CB00011B/2372